生涯学習の基礎
―――［新版］―――

鈴木眞理
永井健夫
梨本雄太郎

［編著］

学文社

執筆者紹介

＊	永 井　　健 夫	山 梨 学 院 大 学	[第1章, 第10章]
＊	梨 本　　雄 太 郎	宮 城 教 育 大 学	[第2章, 第12章]
	津 田　　英 二	神 戸 大 学	[第3章]
	大 島　　ま な	九州女子短期大学	[第4章]
	松 橋　　義 樹	国立青少年教育振興機構	[第5章]
	久 井　　英 輔	広 島 大 学	[第6章]
	梨 本　　加 菜	鎌 倉 女 子 大 学	[第7章]
	小 川　　誠 子	青山学院大学(非常勤)	[第8章]
	山 本　　珠 美	香 川 大 学	[第9章]
	青 山　　鉄 兵	文 教 大 学	[第11章]
	青 山　　貴 子	山 梨 学 院 大 学	[第13章]
	佐 々 木　　裕 子	白百合女子大学	[第14章]
	小 出　　泰 士	芝 浦 工 業 大 学	[第15章]
	永 沢　　裕 美 子	良質な金融商品を育てる会	[第16章]
	松 岡　　廣 路	神 戸 大 学	[第17章]
＊	鈴 木　　眞 理	青 山 学 院 大 学	[第18章]

＊印は編者／執筆順

まえがき

　倉内史郎・鈴木眞理編著の『生涯学習の基礎』が刊行されたのは，1998年のことであった。その「はしがき」には，「あらためて生涯学習を基本に立ち返って考えようとするねらいがある」という表現が見られる。
　この『生涯学習の基礎［新版］』も，その考え方を継承している。ただ，時代状況も異なり，生涯学習の現実や生涯学習に関わる行政の動きなどもまったく様相が異なってきており，さらに，この間「生涯学習概論」のテキストも多様なものが刊行されてきた。
　そのような環境のなかで，『生涯学習の基礎』とは構成も論点も異なる，今日の状況に適合的な標準的なテキストをめざして，この本は企画された。前半では，生涯学習ということを考えるうえで前提になる事項についての解説・検討が，後半では，生涯学習が向き合う今日の社会的課題についての問題提起とが，単に「教科書的」にではなく，多少とも論争的になされていると考えている。平易な表現を心がけつつ，内容的には本質に迫るものをめざした。
　大学における「生涯学習概論」の講義だけではなく，生涯学習支援の関係者の方々にも意味のある本であることを願っている。なお，学文社から刊行されている『社会教育計画の基礎』(鈴木眞理・清國祐二編著)および『社会教育の基礎』(鈴木眞理・松岡廣路編著)とも通じる考え方での執筆・編集がなされており，それらも併読していただければ幸いである。
　2010年初秋

鈴木　眞理
永井　健夫
梨本雄太郎

目　　次

第1章　現代的理念としての生涯学習 ……………………………………… 7
- 1　現代的理念であるということ　7
- 2　「生涯教育」と「生涯学習」　8
- 3　生涯教育論の始まり　11
- 4　生涯教育・生涯学習の具体的展開　13
- 5　「知識」の時代の生涯学習　17

第2章　学校教育の役割 …………………………………………………… 22
- 1　生涯学習と学校教育　22
- 2　学校教育とは　23
- 3　生涯にわたる学習の基礎を培う　25
- 4　学校外の学習機会へと誘う　28
- 5　生涯学習機関としての学校　31

第3章　社会教育の役割 …………………………………………………… 35
- 1　社会教育とは何か　35
- 2　社会教育行政の位置づけ　38
- 3　社会教育のこれから　41

第4章　家庭教育の役割 …………………………………………………… 47
- 1　家庭教育とは何か　47
- 2　家庭教育の現状と課題　49
- 3　家庭教育の支援　51
- 4　地域ぐるみの子育て──子どもの健全育成　55

第5章　生涯学習に関わる政策の展開 ……………………………… 59
1　生涯学習に関わる政策とは何か　59
2　生涯学習に関わる政策の成立　60
3　生涯学習に関わる政策の具体的展開　63
4　生涯学習に関わる政策の実施主体　68
5　生涯学習に関わる政策の課題と展望　70

第6章　生涯学習の社会的文脈 ……………………………………… 73
1　生涯学習の多様性と社会的文脈　73
2　生涯学習とボランタリズム・国家・地域社会　75
3　職業教育と生涯学習　79
4　南北問題と国際的な理念展開　82
5　生涯学習の比較検討における有効性・実践性　86

第7章　学習を支援する仕組みと場 ………………………………… 90
1　生涯学習振興行政と学習支援の仕組み　90
2　学習支援の形態・方法　96
3　新しい学習支援の仕組みと方法　99

第8章　さまざまな学習者 …………………………………………… 104
1　生涯学習における3つの教育学　104
2　生涯発達論　108
3　各期における学習の具体的側面　112
4　個人の要望と社会の要請　115

第9章　さまざまな学習課題・学習内容 …………………………… 122
1　学んでいる内容／学びたい内容／学ぶべき課題　122
2　現代社会における学習課題　125
3　国際社会と「現代的課題」　128

第 10 章　知識社会と情報リテラシー ……………………………………… 133
　　1　情報社会と知識社会　133
　　2　鍵としての情報リテラシー　137
　　3　メディア・リテラシーと情報リテラシー　139

第 11 章　健康への関心と生涯スポーツ …………………………………… 143
　　1　健康への関心と生涯学習　143
　　2　生涯スポーツ支援の展開　146
　　3　健康・スポーツに関する学習支援をめぐる問題　149

第 12 章　遊び・居場所・人間形成 ………………………………………… 152
　　1　遊びと学びの微妙な関係　152
　　2　居場所のアーキテクチャ　155
　　3　複雑系としての人間形成　157

第 13 章　芸術文化活動がもたらす社会的成熟 …………………………… 162
　　1　社会的な豊かさと芸術文化活動　162
　　2　芸術文化活動の支援に関する取り組みと課題　163
　　3　芸術文化活動における「学習」の位置づけ　166

第 14 章　現代人にとっての精神世界 ……………………………………… 171
　　1　精神的価値をめぐる意識の変化　171
　　2　精神世界への関心と学びとの関わり　175
　　3　今後の課題——「個」と「共」の接点へ　176

第 15 章　生命をめぐる社会的責任 ………………………………………… 180
　　1　生命をめぐる現代の問題　180
　　2　医療との付き合い方　183
　　3　成熟した社会の構築へ向けて　186

第16章　消費者の自立と自律 ……………………………………………… 191
　1　消費者が直面する課題——安全・安心な暮らしの実現に向けて　191
　2　消費生活環境の現状と学習課題　194
　3　わが国の消費者教育の現状と課題　195

第17章　民主主義社会の創造とシティズンシップ …………………… 200
　1　生涯学習推進の機軸としてのシティズンシップ教育　200
　2　シティズンシップ教育の特徴　202
　3　「キー・コンピテンシー」という枠組みとの交差　204
　4　参加型民主主義とシティズンシップ教育　206
　5　社会教育・生涯学習としてのシティズンシップ教育の可能性　208

第18章　生涯学習のこれまで・これから ……………………………… 213
　1　生涯学習についての理解　213
　2　データに見る生涯学習の現在　214
　3　時流に乗った「生涯学習」　215
　4　「生涯学習」は，なぜ時流に乗ったか：その背景　218
　5　「生涯学習」は，なぜ時流から外れるのか　220
　6　時流を越える「生涯学習」　222
　7　「生涯学習」について学ぶということ　223

　資　料 ……………………………………………………………………… 229
　教育基本法＊生涯学習の振興のための施策の推進体制等の整備に関する
　法律＊社会教育法＊図書館法＊博物館法
　生涯学習・社会教育関係年表

　索　引 ……………………………………………………………………… 253

第1章　現代的理念としての生涯学習

1　現代的理念であるということ

　「理念」とは本来的には「永遠の真実在」，つまり理性の働きが到達しうる究極の実在のことを示す哲学用語であるが，今日の一般社会では「事業・計画などの根底にある根本的な考え方」(広辞苑第5版)として理解されるのが通例であり，本章における「理念」も同様である。したがって，「現代的理念」とは，「現代人が実現すべき何らかの状態・仕組みについての原則的な考え方」と表現できる。

　では，「生涯学習」(lifelong learning) には現代的理念としての資格があるのだろうか？

　生涯学習への関心を促すための常套句として，「生涯学習の考え方は古くからあって…」などと言う場合がある。実際，本書の旧版においても，『論語』の「学而時習之不亦説乎」が引き合いに出され，「孔子から2500年……人が学ぶということ，学ぶ存在であること，その学びが学ぶ者に説(よろこ)びを与える事実に，いまあらためて生涯学習の基礎を置いて考えたいと思う」という書き出しで始まっている[1]。

　たしかに，人間が学習する存在であるという事実は，生涯学習の根本的な基礎である。誕生から死に至るまで，実にさまざまな次元・方法・内容でもって作用し続けるわれわれの高度な学習能力こそが，太古の昔からの人類の発展を成り立たせてきた。数千，数万年前までさかのぼっても，人が生涯学び続ける存在であったことは今と同じであろう。このようなことに着目すれば，生涯学習のルーツが過去の伝統社会にあると考えても間違いではない。しかし同時に，

人間が生涯にわたって学習できる，そして学習しなければならないという事実を強調するだけの議論であるなら，昔から言われてきたことの繰り返しにすぎず，そのような「生涯学習論」を「現代的」とは呼びにくい。

　すなわち，生涯学習が「現代的理念」であると言えるためには，古典的な議論にはない，現代に特有の属性や要素がそこに備わっていなければならない。では，生涯学習の考え方や議論の現代性を成り立たせる特質とはどのようなものか。関連する事象として，次の3点を指摘できる。

　①背景としての現代的危機……生涯学習論は，現代的な危機や課題が深刻さを増していることが主要な背景となって提起され，発展してきた。

　②国際的な共有……国際的な機関・組織が仲立ちとなって，生涯学習は世界共通の政策概念として共有されている。

　③公共政策さらには社会理念とのつながり……修養訓や社会的奨励として重視されるだけでなく，政策化や制度化が行われ，さらには新たな社会像（「学習社会」）を模索する考え方ともつながっている。

　これらは，近代化が進展する以前の時代には生じ難いことがらであった。生涯にわたる学習の必要性や意義を説く議論にこれらの特質や論点が備わり始めるのは，本格的には20世紀初頭，実質的には20世紀中盤以降である。

2　「生涯教育」と「生涯学習」

　「生涯学習」と密接な類縁関係にある言葉として「生涯教育」(lifelong education) がある。1980年代後半あたりから「生涯学習」がよく使われるようになった一方，「生涯教育」を掲げる書物や事業は随分と少なくなってきた。どちらも，知識・技能を継続的に獲得・更新することの現代的意義を表す概念であるという点では同じである。互いに似たような意味の言葉でありながら，「生涯学習」のほうが多用されることの背景の一つに，「教育」にまつわる否定的なイメージがある。つまり，「優れた者が未熟な者をオシエ・ソダテル営為」が教育であり，学校や教師の指導には従わざるをえないといった，窮屈な印象

である。このような観点からすると，「生涯教育」は指導・管理の束縛が死ぬまで続くことを意味する語に思える。学校教育に関する成功体験に恵まれなかった人たちにとって，それは忌まわしい言葉となろう。他方，「学習」には自由意志によって成り立つという意味合いがある。実際には強制される学習もあれば，不本意な学習もあるのだが，それでもなお，「オシエ・ソダテル」教育に比べれば，学習には主体の自由や裁量が保たれるという響きが残る。こうしたニュアンスの違いに加え，自主的・自発的であるべき成人が現に当事者の多数を占めることも影響して，生涯教育よりも生涯学習が好まれるようになったようだ。

　しかしながら，「自由な学習」を強調することの負の側面には留意する必要がある。個人の自発性・自主性を基本的な前提として生涯学習をとらえるということは，国家の責任や公共の関与が最小限に抑制されることを意味する。そのような場合は，たとえば，就業のための新たな知識や能力に対する社会的ニーズが広範に存在していても，政府は必ずしも積極的には教育訓練の機会を供給せず，人々は自らの責任と費用負担によって対応しなければならない。教育・訓練に関する公共的な機会・環境の整備に代わって，知識や能力の習得を支援する営利的サービスが発達すると同時に，公共部門も「受益者負担」を求めるようになるだろう。すなわち，政策として「生涯学習」を強調することは，「生涯教育」に期待されていた「公共の責任」を希薄にし，市場化・商品化した学習機会のなかから自己責任で利用可能なものを選ぶ「自由」を強制することでもある[2]。

　さて，日本の場合，政策理念として「生涯教育」が重視された時期もあった。その代表となる文書が1981（昭和56）年の中央教育審議会（中教審）答申（「生涯教育について」）である。それによると，生涯学習とは，現代社会にあって自己の充実，啓発，生活向上のために求められる学習で，「各自が自発的意志に基づいて行うことを基本とするものであり，必要に応じ，自己に適した手段・方法は，これを自ら選んで，生涯を通じて行うもの」とされる。これに対し生涯教育は「この生涯学習のために，自ら学習する意欲と能力を養い，社会のさま

ざまな教育機能を相互の関連性を考慮しつつ総合的に整備・充実しようとする」考え方であり、「国民一人一人が充実した人生を送ることを目指して生涯にわたって行う学習を助けるために、教育制度全体がその上に打ち立てられるべき基本理念」であると意味づけられている[3]。

　この解説のなかには、ａ）個人が行うものか／公共的に取り組まれるものか（→主体の違い）、ｂ）具体的な活動か／原理的な方向づけか（→機能の違い）、という２つの対比を読み取ることができる。それをふまえて整理すると、当時の中教審の考え方においては、個人が生涯にわたって自主的に取り組む学習活動そのものを表すのが生涯学習であり、公共的に取り組まれる教育・学習の条件整備の原理的な指針を意味するのが生涯教育である、と理解されていたといえる。つまり、生涯学習は「理念」ではなく学習の様相を記述する用語のような位置づけにすぎなかったのだ。

　しかしながら、両者のこのような併用と使い分けは、その後の政策的な議論や文書のなかで定着したわけではなかった。たとえば、「生涯学習の組織化・体系化と学歴社会の弊害の是正」を主要課題の一つとしていた臨時教育審議会（1984〜87年）の各答申のなかでも、あるいは「生涯学習の振興に寄与すること」を目的とする「生涯学習の振興のための施策の推進体制等の整備に関する法律」（1990年成立・施行）の条文においても、生涯教育という言葉は見当たらない。後者の場合、上述した中教審答申の考え方に基づくなら、生涯学習を活発化させるための体制づくり・基盤整備はいずれも「生涯教育」として記述できるはずなのだが、この法律では生涯学習の「推進」や「振興」という言い方に終始している。

　「生涯教育」を避け「生涯学習」を積極的に使用する傾向はその後も継続し、2006（平成18）年に改正された教育基本法においては、生涯学習に関する次のような条文が設けられることになる。

　　（生涯学習の理念）
　　　第３条　国民一人一人が、自己の人格を磨き、豊かな人生を送ることができるよう、その生涯にわたって、あらゆる機会に、あらゆる場所におい

て学習することができ，その成果を適切に生かすことのできる社会の実現が図られなければならない。

「理念」という以上，その事柄についての原則的な考え方が記されてしかるべきであるが，ここには「学習」の目的が簡潔に述べられるにとどまり，残りの部分では望ましい社会像が記述されているだけである。つまり，生涯学習それ自体の定義づけ・意味づけが十分に示されないまま，生涯学習の振興のための基本的な社会条件が提示される形となっている。その意味で，この第3条が規定しているのは，「生涯学習の理念」よりもむしろ「生涯学習社会の理念」である。言い換えれば，1981（昭和56）年の中教審答申における「生涯学習」が学習の特質を記述する概念であったのとは異なり，改正教育基本法に含意されている「生涯学習」は「学習活動が盛んに行われ，その成果が適切に生かされる理想社会」（つまり，社会理念）として意味づけられているのである。

いったい，「生涯学習」とは学習活動のことなのか，社会理念のことなのか？「学習」と「教育」の基本的な関係に即して考えれば，個人的・具体的な学習活動が生涯学習であり，社会全体で尊重されるべき教育・学習に関する条件整備の原理（基本理念）が生涯教育，というように整理できる。ところが，その両方の意味が混濁した形で「生涯学習」が使われる場合も多く，混乱を生じさせやすい。「生涯学習」は頼もしい響きがするかもしれないが，その意味は単純明快ではなく，慎重な取り扱いを要する言葉なのである。

3　生涯教育論の始まり

ここで，今日の生涯学習論の源流を振り返っておこう。既述のとおり，近年は「生涯学習」が多用されるが，先に広まったのは「生涯教育」であった。

生涯教育論が世界的に注目される契機となったのは，1965年に開催されたユネスコ（UNESCO，国際連合教育科学文化機関）の成人教育推進国際委員会である。この1965年が生涯教育の始まりの年と位置づけられることも多いが，生涯にわたる教育の必要やその権利保障を謳う政策文書の類はそれ以前にもあっ

た。その例として引き合いに出されることが多いのが「1919年レポート」[4]である。これは、第1次世界大戦後、イギリス政府に設けられた「復興省成人教育委員会」の議論がまとめられたもので、そこには「生涯教育」の必要が明記され、市民社会を構築するためには成人の教養教育が基礎として不可欠であることが提起されている。つまり、この「レポート」は、生涯にわたる教育の必要性を政策的な課題として明確に示した点で、画期的な文書であった。しかし残念ながら、その後の社会不安と混乱の時代にあって、労働者階級にも保守的中間層にもこの考え方を支持する十分な余裕はなかったようだ。結果として、この提言は十分に具現化されないまま、歴史的文書として残るに終わった[5]。

その後、第2次世界大戦の終結後にユネスコが創設され、その主導による国際的な会議——とくに1949年（デンマークのエルシノア）と1960年（カナダのモントリオール）に開かれた2回の国際成人教育会議——が契機となって、学校教育後の教育・学習の意義や必要性についての関心が培われてゆく。こうした流れを経て、1965年に開かれた委員会において、ラングラン（Lengrand, P.）の「ワーキングペーパー」[6]を土台として提起されたのが今日の生涯教育の考え方である。それはどのような議論であったか、振り返っておくと以下のとおりである。

比較的安定した社会における人の一生は、社会で活躍するための準備として教育を受ける青少年期と、教育によって得た知識を利用して生活するその後の成人期、という不均等な2つの部分に分割されていた。そこでは、教育は若い時期に終わり継続する必要は乏しいものと理解されていたのであるが、現代社会においてはこれと異なる新たな教育観が迫られるという。現代社会の特質を象徴する現象として、科学と技術の進歩による社会・経済・政治上の急速な変化、成人が負う社会的・市民的責任の増大、文化生活の民主化、産業の発展がもたらした余暇、伝統と慣習の崩壊、大規模な人口移動、知識の増大などがある。このような状況のなかで、人々は社会で作用するさまざまな諸力について理解し、種々の困難な問題や変化に対処・適応しなければならない。だが、それを可能にする知識は、旧来型の「終わりのある制度的教育」(terminal formal education)によっては十分にもたらされない。これからの教育システムは，あらゆる種類のボランティア団体や非政府組織など，学校・大学以外の集団・機関も含めて構成されたものでなければならず，教育資源は計画的に活用され，教育は全体的なものとして理解されなければならない。このような認識に立ち，委員会は，「幼少期の早くから死に至るまでの個人の生涯を通じて継続する，それゆえ統合的に編成されることが求められるような，教育の全体過程の活性化原理」という意味での「生涯教育」が推奨されるべきであり，「生涯的な時間軸に沿った垂直的な統合，諸個人・各社会において営まれる生活の諸局面全般に及ぶ水平的な統合」が必要であると提起したのである[7]。

ここに明らかなとおり，この初発の段階における生涯教育概念の特徴を端的に表す言葉が「統合」である。学校教育後の教育・学習の必要が認識され，具体的な取り組みがなされたとしても，それが散発的・断片的に行われるならば，効果は部分的で一過性のものにとどまる。複雑な現代社会の要求に対応する教育であるためには，教育を構成する諸要素や教育関連の諸部門それぞれが相互に依存し，活発に交流しあうような，全体として調和のとれた体系であることが必要となる。このような統合的な在り方を実現することが，従来とは異なる教育に変わるために，何よりも求められたのであった。

4　生涯教育・生涯学習の具体的展開

ユネスコの成人教育推進国際委員会が生涯教育の必要について勧告した後の1960年代終盤以降，この考え方を実現するための政策，制度，環境条件に関するさまざまな具体論が提起された。それらのうち，生涯教育の政策やとらえ方にとくに大きな影響を与えた政策文書や主張などのなかから，3つの例について触れておこう。

(1)　フォール報告書

一つは1972年に刊行された『未来の学習』[8]である。これは，国際レベルの教育方略について検討する際の必要事項を提示することを目的に設置された

ユネスコの教育開発国際委員会の議論をまとめたもので，その委員長の名前を冠して「フォール報告書」と呼ばれる。

　その議論は，教育開発にともなう問題の解決策を独立性・客観性をもって批判的に考察することをめざすもので，次のような4つの基本前提を基礎に置いているという。①国々の事情は多様であるが，同じ希望，問題，趨勢，運命を共有する国際社会が存立している，②民主主義とは，人々が自らの可能性を実現し未来の構築を共有する権利であり，教育がその要である，③開発の目的は，人格的豊かさ，表現力の複雑さ，多様な義務などから成る人間性の完全な実現である，④全面的で生涯にわたる教育のみが「完全な人間」(complete man) を形成できるのであり，われわれは一度に知識を獲得するのではなく，生涯を通して生きることを学ぶ (learn to be) べきである[9]。フォール報告書は，これらの前提に基づき，現代の教育状況を歴史，文化，経済，産業，政治等の視点も交えて総合的に点検する。そのうえで，実現すべき教育目標として「科学的ヒューマニズム」(scientific humanism)，「創造性」(creativity)，「社会参画」(social commitment)，「完全な人間」(complete man) などを提示しながら，教育の制度・体系の全面的な改革を主張している。

　この報告書は，学習者の主体性や自由を重視する視点に立ち，旧来の教育制度の単純な拡大ではなく，学習に比重を置いた教育の実現を求める論調となっている。そして，「革新策と変化に向けた探求」の第一番目の原則として「すべての人は生涯を通じて学習を続けることが可能でなければならない」[10] と明記するなど，学習が人間の生涯にわたる権利でありかつ不可欠のものであることを訴えている。実際には「生涯学習」(lifelong learning) の語句は用いられていないものの，この報告書は（生涯教育ではなく）生涯学習が意識されるようになる重要な契機をもたらした。

　また，フォール報告書は，教育を学校制度の範囲に閉じ込めるのではなく，社会のさまざまな集団・組織の教育機能（つまり，ノンフォーマル／インフォーマルな教育・学習の機会）が活用されるべきであると指摘する。そのようにして教育と社会の関係が本質的に改まった社会が「学習社会」である。それは「教育

と社会・政治・経済構造との緊密な相互交錯の過程」として現れ，そこでは「すべての市民が，学習と訓練と自己開発を自由に行なう手段を，どのような環境の下でも自ら入手」するものとされ，「責任が義務に取って代わる」ことになるという[11]。このような社会観がそのまま受容されていったわけではないが，フォール報告書は生涯学習・生涯教育と相補的な関係にある学習社会への関心を喚起する役割も果たしたといえる。

(2) OECDのリカレント教育論

フォール報告書の刊行直後，1973年にOECD（経済協力開発機構）の教育研究革新センターから発表された『リカレント教育—生涯学習のための戦略—』[12]も生涯教育の議論に多大な影響を及ぼした。

長らく学校教育制度は，人々の才能を可能なかぎり育み，広範な社会的平等をもたらす仕組みと信じられてきた。従来の社会では，若者は10代後半あるいは20代はじめまでの間に，初等教育段階または高等教育段階を過ごして就職していった。つまり，人生の最初の限られた期間に，フルタイムの教育を連続的に受けたうえで仕事の世界に入っていくという流れが基本となっている。このような「フロントエンド型」と呼ばれる教育システムは，個人の社会的成功にとっても社会的平等の達成にとっても最良だと思われてきた。

しかしながら，現実の学校教育制度はそのような役割を十分に果たしているわけではない。複雑化する現代社会の問題や教育的課題に対応するためにも，根本的に異なる発想の教育システムが必要である。そこで，若年期に連続的に教育を集中させる方法に代わるものとしてOECDが提起するのが，リカレント教育（recurrent education），つまり「個人の一生を通して教育の機会を循環的な方法で配分する」[13]という教育システムである。そこでは，人生の初期段階に教育を集中させる必要はなく，人は「教育」「労働」「余暇」それぞれの活動の間を循環的に移動できるものとされる。言い換えれば，義務教育段階後のいずれの時期でも教育を享受できる環境の実現と，人が生涯学習に取り組みやすい社会的条件の実現をめざすのがリカレント教育の考え方である。報告書においては，そのようなシステムに向けた具体的課題として，学校教育の制度，

内容，方法などを多様な状況やニーズに対応できるように改めること，あるいは，労働・雇用に関する条件・慣行を改善し権利保障を充実してゆくことなどが指摘されている[14]。この報告書は，まさにその表題のとおり，生涯学習が自由に行われるための社会的戦略を提起している。リカレント教育そのものはすでに1960年代後半から注目されており，1970年代初頭にはさまざまな議論が起こりつつあった。それらのなかでもこの報告書は，経済戦略に影響力をもつ国際機関であるOECDによるもので，しかも具体的な分析と提案を多く含む内容であったため，生涯教育の議論や政策に大きな影響を与えた[15]。

(3) **変革・解放の生涯教育論**

3つ目に取り上げるのは，ラングランの後任としてユネスコにおける生涯教育部門の責任者を務めたジェルピ (Gelpi, E.) の生涯教育論[16]である。

1960年代後半以降，生涯教育に関するさまざまな主張や提案が表されるようになったが，どちらかといえば，言わば適応の発想に立つものが多かった。それらは，現代社会が直面する変化や課題に対応しうる教育の在り方を探ることに比重が置かれ，生涯教育について社会構造や権力関係の問題と絡めて検討することには必ずしも積極的ではなかった。それに対しジェルピは，教育に備わった社会変革の力を重視し，生涯教育は「経済的，教育的，文化的，政治的支配を告発することも可能」[17]なものととらえる。つまり，彼が希求する生涯教育には，社会変革と解放に向かうプロセス——人々が生産や政治に関する参加能力を高め，不公平や不平等を生む抑圧構造を変える主体となってゆくこと——という意味合いがある。ゆえに，彼の生涯教育論においては，社会・経済・政治・文化的な諸要因との関係で教育・学習の問題が分析され，教育システムやその他の社会的システムの民主化に向けた探求と提言が行われている。それは，国家間あるいは地域間に見られる生産・労働の分業や支配・従属の関係など，グローバル化への深い理解と関心をともなうものであり，国際的な不平等・不均衡の是正や第三世界における民主化運動などに関わる人々にも影響を与えた。そのほか，双方向の遠隔学習，自己主導型学習，学習者とコミュニティが運営参加する教育機関，等々，教育の方法やシステムに関する先駆的な

アイデアを活発に提唱してきた点も特徴的である。ジェルピの主張に代表されるように，既成秩序の再生産のための教育ではなく，変革・解放のための教育への指向性があることも，生涯教育論に備わった重要な側面である。

5 「知識」の時代の生涯学習

　冷戦体制が崩壊した後の 1990 年代には，情報化とグローバル化が加速度的に進展し，社会・文化は新たな変化の局面に入っていった。この時期から徐々に顕著となってゆくのだが，社会の維持と発展の基礎はモノの生産から知識や情報の創造・活用へと移り（知識社会化），知識の価値を本位とするグローバルな経済競争が展開するようになった。それは社会が「知識基盤経済」(knowledge-based economy) に移行していくという意味である。この過程のなかでは，OECD が指摘しているように，ハイテク関連の産業が産業構造および就労構造の双方で主要な位置を占めるようになり，また，金融や商取引の分野をはじめとするサービス部門に投資の全体的な比重が移ってゆくのであった[18]。

　このような構造変動にいかに対処するかは，社会や国家の命運を左右しかねない問題であり，1990 年代以降，「知識社会」や「知識経済」を意識した政策文書や提言が数多く表されるようになった。たとえば，欧州委員会は，1993 年に，雇用問題をテーマとする白書『成長・競争力・雇用—21 世紀に向けての課題と方策—』[19] を発表し，知識基盤型の経済への移行に有利な職業能力開発が主要課題となっていることを示した。そして 1995 年には，教育と訓練に関する白書として『教育と学習—学習社会に向けて—』[20] を著し，情報化，国際化，科学技術の進歩などの衝撃に晒されている今日，新たな知識を得て雇用可能性を高められるよう人々を支援することが重要な課題であると訴えた。

　また，2000 年に OECD が刊行した報告書は，知識生産と学習が経済発展における重要な役割をもつようになり，「他はさておき学習する能力こそが個人，会社，地域，そして国家の成功に反映するところの『学習経済』(learning economy)」[21] へと移行しつつあるという認識を提示した。そのうえで，経済社会

における知識や教育の意味，社会の諸分野における知識の生産，媒介，活用の状況について検討し，知識管理の観点から教育・学習のシステムの課題を指摘している。

このように，知識経済の大波をどのように乗り切るかに関心が集まる時代となったなかで，生涯学習の現代的な意味についてあらためて提起しているのが『学習：秘められた宝—ユネスコ「21世紀教育国際委員会」報告書—』[22]である。これはユネスコの21世紀教育国際委員会による議論を集約したもので，委員長の名にちなんで「ドロール報告書」とも呼ばれる。

そのドロール (Delors, J.) の主張によると，21世紀に近づきつつあるわれわれの社会は，自己と世界，知識・技術と人間的尊厳，教育と経済・雇用，発展の持続可能性と社会的疎外・不公正，これらの関係をめぐる課題に対峙している。したがって，生涯教育のあり方は，これらの課題に対応できるよう，柔軟で多様なものとなる必要があり，知識，適性，批判能力，行動力などから成る人間存在の全体性を形成する過程となるべきだという[23]。つまり，生涯学習は技能訓練や職業能力開発をとおして経済・産業の発展に資することだけではなく，国際連帯，民主的社会参加，人間の可能性の開発など，社会的・人間的な問題に取り組むことも重要な使命なのである。このような考え方に立って，報告書は，生涯教育の再構築のための「学習の四本柱」として，「知ることの学習」(learning to know)，「為すことの学習」(learning to do)，「共に生きることの学習」(learning to live together)，「人間として生きるための学習」(learning to be) を提示する[24]。また，「方針」として，フォーマルな教育，ノンフォーマルな教育，インフォーマルな教育それぞれの相互連関，教師の積極的支援，教育システムへの民主的参加，グローバルな教育の国際協力などの必要性を主張している[25]。結果としてドロール報告書は，職業生活，人格的成長，社会的調和それぞれに配慮しつつ，一生という時間軸と水平的な社会軸の両次元で人間生活を広く見渡す議論となっている。

ドロール報告書のような議論は，ユートピア論かもしれない。しかし，ドロール自身が言うように，それは「冷笑や諦観が支配する悪循環から抜け出すに

は，どうしても不可欠なユートピア」[26]である。この場合のユートピアの本質は，空想的に捻出された物語ではなく，現状に対する冷徹な批判に基づく理想像を描いている点にある。つまり，「生涯学習社会」を理想として掲げるなら，それは，社会・文化の現実状況の真摯な検証をふまえて構想された社会理念であるべきだ。そして，その理想社会が実現されるためには，何がどのように問題で，どう解決すべきかについて，社会全体が学び考えること（「学習する社会」となること）がもっとも基本的な条件となろう。　　　　　　　　　【永井 健夫】

注
1) 倉内史郎「生涯学習社会の展望」倉内史郎・鈴木眞理編著『生涯学習の基礎』学文社, 1998, p.7.
2) 関連する論考として，たとえば Wain, K., The learning society: postmodern politics. *International Journal of Lifelong Education*, 19 (1), 2000 ; Gouthro, P.A., Education for sale: at what cost? Lifelong learning and the marketplace, *International Journal of Lifelong Education*, 21 (4), 2002 など。
3) 成人教育推進国際委員会も生涯教育を教育の全体過程の「活性化原理」(animating principle) と定義していた (UNESCO/ED/219, Paris, 23 February, 1966 〈International Committee for the Advancement of Adult Education, *Report of the Third Session*, Unesco House, 9-17 December, 1965〉, p. 8)。また，1972年の「フォール報告書」のなかでは，「生涯教育は，教育のシステムではなく，システムの組織全体が土台とすべき，したがってそのシステムを構成する諸部門それぞれの事業展開の基礎となるべき原理である」(Faure, E. et al., *Learning to Be: The World of Education Today and Tomorrow*. Paris: UNESCO, 1972, p. 182 [筆者訳][国立教育研究所内フォール報告書検討委員会（代表 平塚益徳）訳『未来の学習』第一法規，1975, p.208])と強調されている。
4) Department of Adult Education, University of Nottingham. *The 1919 report: the final and interim reports of the Adult Education Committee of the Ministry of Reconstruction 1918-1919* (reprinted with introductory essays by Wiltshire, H., Taylor, J. and Jennings, B.), Nottingham: Department of Adult Education, University of Nottingham, 1980.
5) Field, J., Lifelong education. *International Journal of Lifelong Education*, 20 (1/2), p. 3-15, 2001 のとくに p.5-6 を参照。
6) UNESCO/ED/COMEDAD/65/6, Paris, 26 November, 1965 [transtlated from the French]〈International Committee for the Advancement of Adult Education, *Continuing Education*, Paris, 9-18 December, 1965〉[波多野完治訳「生涯教育について」森隆

夫編著『生涯教育』帝国地方行政学会, 1970)].
7) UNESCO, 1966, op. cit., (UNESCO/ED/219), p. 5-8.
8) Faure et al., 1972, op. cit.
9) Ibid., p. v-vi [訳書, p.1-2].
10) Ibid., p. 181 [訳書, p.208].
11) Ibid., p. 160-165 [訳書, p.190-195].
12) OECD/CERI, *Recurrent Education: A Strategy for Lifelong Learning*. Paris: OECD, 1973 [『リカレント教育―生涯学習のための戦略―』(MEJ 6856/教育調査・第 88 集) 文部省大臣官房, 1974].
13) Ibid., p. 7 [筆者訳] [訳書, p.1].
14) Ibid., p. 24-29 [訳書, p.18-23].
15) リカレント教育は, 1975 年にストックホルムで開かれた第 9 回欧州文相定例会議において公共政策の基本概念として意味づけられるなど, 生涯教育の具体策として重視されるようになった。しかしながら, 経済環境や雇用情勢が不安定化し, 教育・学習の機会保障に関する政策が変化するにつれてリカレント教育の位置づけも変わり, 1990 年代になると OECD 自身も, 引き続きその有効性を認めつつも, リカレント教育をかつてほどの重要課題とは見なさなくなった。この点については, たとえば, OECD, *Lifelong Learning for All: Meeting of the Education Committee at Ministerial Level, 16-17 January 1996. Paris: OECD, 1996* のとくに p. 87-97を参照。
16) Gelpi, E., *A Future for Lifelong Education - Lifelong Education: Principles, Policies and Practices*. Manchester Monographs 13 (1). Manchester: Department of Adult and Higher Education, University of Manchester, 1979a; Gelpi, E., *A Future for Lifelong Education - Lifelong Education: Work and Education*. Manchester Monograph 13 (2). Manchester: Department of Adult and Higher Education, University of Manchester, 1979b [これらの多くは, 前平泰志訳『生涯教育―抑圧と解放の弁証法―』(現代社会科学叢書) 東京創元社, 1983 に収載されている]; Gelpi, E., *Lifelong Education and International Relations*. London: Croom Helm, 1985 など。
17) Gelpi, 1979a, op. cit., p. 4 [前平訳, p.20].
18) OECD, *Science, Technology and Industry Outlook 1996*. Paris: OECD, 1996, p.13-14.
19) Commission of the European Communities, *Growth, Competitiveness, Employment: The Challenges and Ways forward into the 21st Century - White Paper*. Bulletin of the European Communities, Supplement 6/93. COM (93) 700, 1993.
20) Commission of the European Communities, *White Paper on Education and Training - Teaching and Learning: Towards the Learning Society*. COM (95) 590, 1995.
21) OECD/CERI, *Knowledge Management in the Learning Society*. Paris: OECD, 2000, p. 29.

22) Delors, J. et al., *Learning: The Treasure Within* (*Report to UNESCO of the International Commission on Education for the Twenty-first Century*). Paris: UNESCO, 1996 [天城勲監訳『学習：秘められた宝―ユネスコ「21世紀教育国際委員会」報告書―』ぎょうせい，1997].
23) *Ibid.*, p. 18-22 [訳書，p.11-13].
24) *Ibid.*, p. 85-97 [訳書，p.66-76].
25) *Ibid.*, p. 113-189 [訳書，p.89-154].
26) *Ibid.*, p. 22 [訳書，p.14].

キーワード

現代的理念　学習社会　生涯教育　教育基本法　ユネスコ　成人教育推進国際委員会　ラングラン　フォール報告書　OECD　リカレント教育　ジェルピ　知識経済　知識社会　ドロール報告書

この章を深めるために

1．一定期間，「学習」「勉強」「探求」「教育」「指導」「啓発」などの言葉を強く意識しながら，メディアの報道を注意深く観察したり，自分の日常生活を振り返ったりしてみよう。そして，現代社会では知識・技能の獲得・普及がどのように成り立っているのか，気づいたことをまとめてみよう。
2．UNESCO や OECD などの国際機関が発表する生涯学習関連の政策文書と，日本政府や自治体の審議会等による答申・提言とを読み比べ，共通点や相違点について整理してみよう。

参考文献

波多野完治『生涯教育論』（小学館創造選書3）小学館，1972
波多野完治『続・生涯教育論』（小学館創造選書85）小学館，1985
新井郁男編『ラーニング・ソサエティ―明日の学習をめざして―』（現代のエスプリ No.146）至文堂，1979
赤尾勝己編『生涯学習社会の諸相―その理論・制度・実践―』（現代のエスプリ No.466）至文堂，2006

第2章　学校教育の役割

1　生涯学習と学校教育

　生涯学習という言葉は広く用いられるが，その意義は必ずしも正しく理解されているとはいえない。たとえば中央教育審議会（中教審）答申「新しい時代を切り拓く生涯学習の振興方策について―知の循環型社会の構築を目指して―」（2008年）で言及されているように，行政などの現場においてもしばしば生涯学習と社会教育とが混同される。これは，学校教育の枠組みのなかでの学習が，生涯学習の理解において適切に位置づけられていないことを意味している。

　このような事態が生じた背景には，生涯学習に関わるこれまでの政策や議論の不備がある。まず第1に，1988（昭和63）年の文部省（当時）の機構改革で生涯学習局（現在は生涯学習政策局となっている）が新設された際，社会教育局が廃止される一方，初等中等教育局など学校教育関連の部局にはほとんど変化がなかった。そのため，生涯学習は社会教育に相当する新概念であるという誤解が生じる余地が生まれたといえる。第2に，生涯を通じての学習という考え方は，子ども・若者よりも成人・高齢者など高年齢層の学習者にとっていっそう大きな意味をもつ。このことが，学校教育（とくに初等・中等教育）の位置づけの軽視を生み出したといえる。第3に，生涯学習をめぐる議論では，学習は各個人の自発的意思に基づいて行われるべきという考え方が強調されることが多い。これに対し，義務教育をはじめとする学校教育は学習者の自発的意思とは直接関係なく提供されるため，生涯学習との関わりが見えにくくなる。

　生涯学習と学校教育との関連を明らかにしないかぎり，生涯学習は社会教育と曖昧に混同され続けるほかない。このような事態の放置は，生涯学習の理念

の形骸化ないしは空洞化を意味しているとさえいえるであろう。ただ単に「生涯学習には学校での学習が含まれる」という形式的・表面的な説明では十分ではない。生涯学習と学校教育の間にどのような関連があるのか，生涯学習の理念が学校教育に何を要請するのかを明らかにする必要がある。

2　学校教育とは

(1) 学校教育の現状

　教育を受けるためにすべての者が学校に通うという状況は，百数十年前まではけっして当たり前ではなかった。宮原誠一は「教育の原形態は社会教育である」と述べ，学校以外の場における教育から生み出されて分化したものとして学校教育をとらえている[1]。

　日本における近代学校教育制度は，1872（明治5）年の学制頒布によって創設され，急速に発達してきた。第2次世界大戦後の1947（昭和22）年には教育基本法とともに学校教育法が制定され，六・三・三・四制といわれる学校教育の体系が確立した。文部科学省が定める教育課程の基準である学習指導要領によれば，小学校の授業時数は6年間で約5600時間に上り，中学校3年間では3000時間を超えている。また，これらの義務教育を終えた後も，中学校卒業者の97.9％が高等学校に進学し，さらに高等学校卒業者の53.9％が大学・短期大学に進学している。多くの国民が長期間にわたって就学しており，学校教育の枠組みのもとで展開される学習活動は，生涯にわたる学習のなかで量的にも質的にも小さくない位置を占めているといえる（図2-1）[2]。

　学校教育法第1条は，学校の種類として幼稚園・小学校・中学校・高等学校・中等教育学校・特別支援学校・大学・高等専門学校の8つをあげている。しかし，これら以外にも，職業や実際生活に必要な能力の育成，教養の向上を目的とする組織的な教育機関である専修学校（同法第124条）や，そのほか学校教育に類する教育を行う各種学校（同法第134条）が存在する。ひとくちに学校教育といってもさまざまな種類の学校が存在するのであり，どこまで範囲を広

げるかによって学校というもののとらえ方も変わってくる。この章では基本的に初等・中等教育を対象としながら，学校教育と生涯学習との関連について整理していくこととする。

(2) 学校教育の本質をとらえ直す視点

それにしても近年では，学級崩壊・いじめ・不登校・学力低下・教員不祥事などの問題が生じるたびに学校に向けられる目は厳しい。マスメディアの報道における学校理解の妥当性が問われる必要があるが，より本質的には，現代社会における学校教育の存在意義そのものが問われているといえる[3]。もともと国民国家の統合と経済活動を担う労働者の育成という役割を与えられて発展してきた近代学校であるが，高度な消費社会と多様な情報通信技術の登場によってその役割が揺らぎつつある。このような社会状況の変容のなかで，学校は輝かしい未来への希望に満ちた場であるとは無条件に言いきれなくなっている。

学校に向けられる周囲のまなざしが変わり始めたのは，1970年代頃である。たとえば中教審答申「今後における学校教育の総合的な拡充整備のための基本的施策について」(1971年) は，学校教育ばかりに過大な期待が集中した結果，

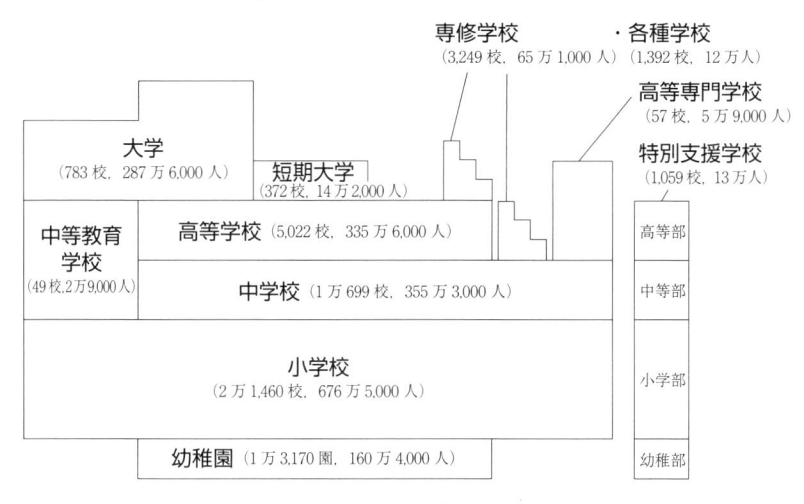

図2-1 学校教育の体系

「かえって教育全体の効果が減殺される傾向があった」と述べている。また，社会教育審議会建議「在学青少年に対する社会教育の在り方について―家庭教育，学校教育と社会教育との連携―」(1974年)は，「従来の学校教育のみに依存しがちな教育に対する考え方を根本的に改め，家庭教育，学校教育，社会教育がそれぞれ独自の教育機能を発揮しながら連携し，相互に補完的な役割を果たしうるよう総合的な視点から教育を構想することが重要である」としている。いずれの文書も「生涯学習」や「生涯教育」を前面に出しているわけではないが，同じ状況認識は1980年代の臨時教育審議会答申に受け継がれ，学校教育の「負の副作用」の解消・学歴社会の弊害の是正に向けた「生涯学習体系への移行」の提唱へとつながっている。

　これらの議論に共通するのは，生涯にわたるさまざまな学習や社会教育・家庭教育を含めた教育全体のなかで，学校教育の役割を本質的にとらえ直そうという姿勢である。生涯学習をめぐる議論の中核には，学校教育の本質の問い直しが含まれてきたのであり，具体的には，

○生涯にわたる学習のための基礎を培う
○児童・生徒を学校外のさまざまな学習機会へと誘う
○地域住民や保護者など児童・生徒以外の学習を学校が支援し，その取り組みの成果を生かした学校教育を展開する

の3つの視点から，生涯学習における学校教育の役割について整理することができる。

3　生涯にわたる学習の基礎を培う

(1) 自ら学習を進めるスキルやスタイルの習得

　生涯にわたる学習の継続を前提にすると，長い人生のうちの早い時期だけで教育を完成させる必要がないということになる。しかし，学習者の自発的意思を重視すればするほど，学習活動を行うかどうかの個人差が大きくなる。学習を通じて獲得される知識・技術の格差の拡大は社会的弱者を生み出す発端にも

なりかねないだけに，生涯にわたる学習の基礎・基本を早期に身につける機会をすべての者に保障することが望ましい。このように考えると，生涯にわたる学習の基礎を培うことが学校教育に期待される役割として重要になってくる。

これに関連する概念のひとつが「自己教育力」である。たとえば中央教育審議会教育内容等小委員会「審議経過報告」(1983年) によれば，「自己教育力とは，主体的に学ぶ意志，態度，能力など」を指す概念であり，「変化の激しい社会における生き方の問題」に関わるものでもある。また，臨時教育審議会答申は，「学校教育においては自己教育力の育成を図り，その基盤の上に各人の自発的意思に基づき，必要に応じて，自己に適した手段・方法を自らの責任において自由に選択し」ながら生涯を通じての学習が行われるべきだとしている (「教育改革に関する第二次答申」1986年)。

これらの文書が指摘するように，学習へのモティベーションの形成や学習を進めるスキルやスタイルの習得は，その後の学習活動のあり方を大きく左右する。学習によって自らの目標を達成できるという自信は，さらなる学習への意欲につながると考えられる。また，自らに必要な課題を見きわめ，それにふさわしい方法で計画的に学習活動を進めていくという経験は，学校以外で学習活動を行う際にも生かされるだろう。逆に，学習を通じて無力感を味わい，学ぶことへの嫌悪感を抱くようなことがあれば，生涯にわたる学習の継続には結びつきにくい。学校教育そのものは一人ひとりの意思とは無関係に一律に与えられる教育機会であるが，自発的意思に基づく学習のあり方に強い影響を及ぼす重要な役割を担っているといえるのである。

(2) 長期的な視野でとらえる学力の意義

上で述べた「自己教育力」と同じ観点から，学校教育において身につける学力の意味について考えてみよう。

1990年代の終わり頃に義務教育から大学までの教育現場で「学力低下」が指摘されて以来，学力に対する社会的関心が高まっている[4]。とくに最近では，OECD (経済協力開発機構) が実施する国際学習到達度調査 (PISA：Programme for International Student Assessment) が注目されている。調査に参加した国や地

域のなかで日本は比較的良好な成績を収めているといえるが，前回調査との比較などから「学力低下」の兆しが見えることを危惧する声もある。

　この調査は，知識基盤社会で必要とされる「キー・コンピテンシー」に関する実態調査と並行して進められている。OECD が新たに開始する国際成人力調査（PIAAC：Programme for the International Assessment of Adult Competencies）は，社会状況のなかでの複雑な要求や課題に対応するためにおとなが知識や技術をどのように活用し，どのような態度で取り組むのかを総合的に把握することを意図している。PISA の対象となる読解力・数学的リテラシー・科学的リテラシーは，このような大きな枠組みのなかではじめて意味をもつ。ある時点での学力を数値化してその高低に一喜一憂するのではなく，在学時に身についた学力が長い人生のなかでどのような意味をもつのかを長期的な視野でとらえていくべきであろう。その際，学校教育のなかで身につける学力と職業その他の社会生活の場面で求められる知識や技能との関連性（relevance）が重要な意味をもつことになる[5]。

(3) 学力観・学習観の変革と「生きる力」

　そもそも，現代社会における学力のあり方に関わる本質的な議論を展開したのは，中教審答申「21 世紀を展望した我が国の教育の在り方について―子供に［生きる力］と［ゆとり］を―」(1996 年) であった。この答申によれば，変化の激しい社会では知識の陳腐化が早まるため，自らの知識を不断に刷新し続けるような姿勢を身につけることが重要になる。「生涯学習時代の到来」を念頭に提唱された新しい学力観を表すキーワードが，「生きる力」である。

　さまざまな要素を含む「生きる力」のなかでもとくに重要なのが，「いかに社会が変化しようと，自分で課題を見つけ，自ら学び，自ら考え，主体的に判断し，行動し，よりよく問題を解決する資質や能力」である。はじめて遭遇するような場面でも自分なりに対応できるかどうかが重視され，過去の知識の単なる記憶とは異なる力が求められているといえる。「あふれる情報の中から，自分に本当に必要な情報を選択し，主体的に自らの考えを築き上げていく力」も，生涯における学習の基礎として重要な意味をもつと考えられる。教えられ

た内容の習得だけでなく知識の活用と問題解決能力を重視する「PISA 型学力」に通じる議論は，すでにこの答申に現れていたといってよい。

　いわゆる「ゆとり教育」については否定的な論調も数多いが，具体的な施策はともかく，その基となったこの答申の主張が正しく理解されているとはいえない。学習内容や授業時数の一律的な削減ではなく，むしろ一人ひとりが創意工夫しながら学ぶことを重視し，学習およびそれを促す教育の質を大きく転換することがめざされているといえる[6]。また，そもそも「生きる力」を育むことは学校教育だけでは不可能であり，その意味で他の教育機会の役割を含めた生涯学習の観点から議論を進めることが重要な意味をもつのである。

4　学校外の学習機会へと誘う

(1) 学社連携・学社融合

　生涯学習をめぐる議論のなかではしばしば，家庭や地域など学校外の教育と学校教育との「統合」や「有機的な連携」が強調される。なかでも「学社連携」や「学社融合」と呼ばれるような，学校教育と社会教育，あるいは学校と社会（地域）の連携協力が積極的に進められてきた。

　1970 年代から用いられてきた「学社連携」という言葉は，学校教育と社会教育とがそれぞれ独自の教育機能を発揮し，相互に足りない部分を補完しながら協力しようという考え方を示すものである。しかし，1990 年代の中頃には，より踏み込んだ連携協力をねらいとする「学社融合」という新しい概念が登場した。この「学社融合」は，「学校教育と社会教育がそれぞれの役割分担を前提とした上で，そこから一歩進んで，学習の場や活動など両者の要素を部分的に重ね合わせながら，一体となって子供たちの教育に取り組んでいこうという考え方であり，学社連携の最も進んだ形態と見ることもできる」とされる（生涯学習審議会答申「地域における生涯学習機会の充実方策について」1996 年）。これらの活動の具体例としては，社会教育施設を活用した校外学習や地域住民の力を活用した学習指導などがあるが，「連携」なのか「融合」なのかを区別するこ

とが困難な場合も多く,むしろ両者の間に考え方の共通点を見るべきであろう。

いずれにせよ,学校とその外部の個人・組織や教育機関が単独では取り組むことができない問題に対し,互いの協働を通じて創造的な解決に導くことが期待されている。このような考え方は「生涯教育」から「生涯学習」への議論と重なっており,その意味で領域間の連携協力は重要であるといえる。しかし,教育の方針や考え方が領域によって異なるのも事実であり,無理に連携を進めることが望ましい成果をもたらすとはかぎらない。たとえば,学校側で定めた方針が学校支援ボランティアの創意工夫を拒むものであったり,社会教育施設の独自の特長を生かせないものであったりということも少なくない。逆に学校外部の考え方を尊重しようとするあまり,学校教育の本来の役割を放棄することがあってはならない。連携協力はそれ自体が目的ではなく,何らかの目的を実現するための手段であると考えるべきであろう。

(2) 学校教育の特徴を見きわめる

ここでいう連携は,生涯教育の理念における「統合」(integration)に相当するといえるが,異なる仕組みや考え方を無理に統一しようと考えるべきではない。そもそも連携協力が必要かどうか,必要だとすればそれは何のためなのかについて,関係者どうしが理解を共有しあうなかで,それぞれの領域や主体の特徴を見きわめ,互いの長所を生かしあう関係を築くことが重要である。

では,他の教育機会と比較した学校教育の特徴とは,どのようなものであろうか。まず第1に,学校教育は定型的教育(formal education)と呼ばれるように,修学期間・年間計画・学習内容などがきわめて厳格に規定されている。多様な力の調和や統合を維持することが重視され,学習者の個別の要求に柔軟に対応することには限界がある[7]。第2に,学校教育における学習者は,同じ年齢層に属するきわめて同質性が強い集団を構成する。これは,近年の経済活動における創造性の要求や多文化的な状況など,いわゆるダイバーシティ(多様性)への対応の難しさにつながるといえる。第3に,学校には専門的な指導能力を裏付ける資格をもつ教員が配置されている。これは第1の点とあわせ,「学ぶ」ということが学校の提供するサービスへの依存と同一視される傾向を生み出し,

自律的な学習の阻害へとつながっていく[8]。第4に，学校教育は労働その他の社会生活から直接影響を受けない囲い込まれた条件のなかで，利害関係に左右されない原理的・一般的な学習活動に専念できるという特徴をもつ。逆にいえば，学ぶ内容と社会の現実との関連が見えにくく，学ぶことの意義が不明確な場面が生じることがある。

(3) 多様な学習をつなぐ結節点

学校教育の理解にあたっては，ネガティブな面だけを取り出して暴き立てるのでもなく，逆に学校教育の正統性を無批判に自明視するのでもないような視点が求められる。また，すべての問題を学校教育で解決しようとするのでもなく，学校外の学習機会や社会状況にも目を向けることが必要になる。

重要なのは，学習やそれを促し支援する教育について，学校教育以外にも多様な形態や方針が存在するということである。たとえば，いわゆる体験的な学習について，日常生活のなかで自然体験・社会体験の機会が乏しい子どもが多いからこそ，すべての子どもに一律に体験の機会を提供すべきだという考え方がある。しかし，とくにボランティア活動など，他者との関わりへの興味関心や価値観の揺らぎのなかに成長の機会があると考えれば，活動の内容や時期・ペースは一人ひとりの状況に即して考えることが重要になる。前者については学校教育の役割が期待されるが，後者について学校教育の取り組みには限界があるだろう。

また，児童虐待やネグレクト（育児放棄）など，家庭という閉ざされた空間のなかで生じる問題がある。家庭，とくに母親に過度の負担が集中する傾向の是正のためにも，社会的な支援の取り組みなど外部からの積極的な介入を検討する必要がある。このような状況に対し，すべての子どもが通学する学校教育だからこそ，不登校のケースも含め，子どもが抱えるあらゆる問題を発見する契機となることができる。このような学校教育の役割を学校および教員が自覚し，自ら対応できる範囲を超える場合は児童相談所・保健所・各種相談窓口など専門機関との情報の共有・連携を積極的に進める必要がある。

このように，学校教育はさまざまな学習機会や専門機関のネットワークのな

かでの結節点として，児童生徒を他の学習機会へと結びつけるという重要な役割をもつ。学校教育の特徴を踏まえ，その長所を生かした教育を実施するとともに，学校教育にできないこと・学校教育以外で取り組むべきことは他の機会に委ねるなど，学校教育と学校以外の学習機会との接続のあり方を本質的に問い直す必要がある[9]。学校のなかでの学びと学校外の学びとの間の断絶は，各種の国際比較調査の結果が示すように，日本の子どもたちの授業外の学習時間がきわめて短いという傾向にも現れている[10]。学校教育だけで完結した議論では，もはやこのような問題に対応できないことを覚悟しなければならず，そうであるからこそ生涯学習の理念が重要な意味をもつといえる。

5　生涯学習機関としての学校

(1)　学校開放

　生涯学習と学校との関わりを問う場合にもっともよく注目されるのは，児童・生徒・学生以外の地域住民ないしは市民が行う学習活動に対する学校の支援であろう。このような取り組みは「学校開放」と呼ばれるが，大きく分けると，体育館・運動場・図書館・余裕教室など学校の施設・設備の提供（学校施設の開放），教員の専門的知識や指導技術を生かした講座・イベント等の実施（学校機能の開放），の2つの形態がある。

　社会教育法第44条では，学校の管理機関（公立の小・中・高の場合は市町村・都道府県の教育委員会を指す）は「学校教育上支障がないと認める限り，その管理する学校の施設を社会教育のために利用に供するように努めなければならない」と規定されている。これは，「学校教育上支障のない限り，学校には，社会教育に関する施設を附置し，又は学校の施設を社会教育その他公共のために利用させることができる」とする学校教育法第137条に対応している。また，小中学校においては，教育委員会等の支援を受け，成人の一般的教養に関する社会学級講座が開設される場合がある（社会教育法第48条）。

　これらの取り組みは，一見したところ，児童・生徒の教育を役割とする学校

にとって周辺的で非本来的な業務であるようにも見える。しかし，学校を利用して活動する保護者や地域住民が学校の理解者・協力者となる可能性を見すえた場合には，学校開放の取り組みは学校本来の役割と密接な関連をもつものとなる。たとえば，スポーツや文化活動などの知識・技能や職業経験をもつ市民の力を活用することは，総合的な学習の時間・学校行事や学校環境の整備などを通じて児童・生徒の学習の質を高め，その実質を豊かなものとする可能性を含んでいる。また，2008年度に開始された文部科学省「学校支援地域本部」事業は，地域住民が学校支援ボランティアとして活動するなど，学校の教育活動を支援する地域組織を学校区ごとに設置しようというものである。この取り組みはおとなの学習の成果を活用する場としても位置づけられるだけに，まさに生涯学習の視点が有効であるといえる。

学校開放の取り組みを通じて，学校に対する愛着をもち学校の教育活動の一端に触れる保護者や地域住民が増えることは，子どもの教育や学校のあり方について学び合い，議論し合う公共的な空間の醸成にもつながる。近年，学校に対して一方的な要求を突きつける保護者や地域住民の存在が問題視されることがあるが，このようなケースに対しても保護者や地域住民を巻き込んだ公共的な議論の場を設けることが有効である。その意味では，学校開放の取り組みはコミュニティ・スクールなど「開かれた学校づくり」や，PTAなど既存組織のあり方などとも結びつくといえる。学校運営の改善に戦略的に結びつける形で学校開放の取り組みを推進しようとする姿勢が，校長など学校関係者に期待される。

(2) 多様な学びの連鎖に向けて

これまで述べてきた事柄がすべて結びつくとき，生涯学習機関としての学校の役割が見えてくる。学校の中での児童・生徒の学習は，学校外の学びや卒業後の学びへとつながっていく。子どもの学びをおとなが支援するだけでなく，おとなと子どもとがともに学ぶなかで，おとなの学びと子どもの学びとがつながっていく。このように，時間的にも空間的にも幅広い多様な学びに目を向けつつ，そのなかで学校教育の役割をあらためて考えていくことを要請するのが，

生涯学習の理念である。

　教育とは，決まりきった知識の伝達によって既存の文化や社会構造を再生産するだけの営みではない。教室の中での学びが外部の社会的現実と結びつくとき，個人と社会の関係を組み替え，社会や文化に変容をもたらしていく契機が生まれてくる。学校がそのような場となるためには，実践を担う教師の役割が重要になる。絶えず学び続けるなかで専門性を豊かなものにした教師が「変革的知識人（transformative intellectual）」[11]としての役割を担っていけるよう，見守っていかなければならない。
　　　　　　　　　　　　　　　　　　　　　　　　　　　　【梨本　雄太郎】

注
1）宮原誠一「社会教育の本質」『社会教育』光文社，1950，p.23-59.
2）学校数，児童・生徒・学生数，進学率については，文部科学省「平成24年度学校基本調査」における2012年5月時点の数値を用いた。
3）学校批判の論点を整理した文献として，奥平康照「学校論の転換―現代学校のゆらぎと可能性」堀尾輝久ほか編『学校とはなにか』（講座 学校 第1巻）柏書房，1995，p.17-60 などがある。
4）学力をめぐるさまざまな議論については，たとえば「中央公論」編集部・中井浩一編『論争・学力崩壊』中公新書ラクレ，2001 や市川伸一『学力低下論争』ちくま新書，2002 で紹介・整理されている。
5）この点についての古典的な議論はデューイ（宮原誠一訳）『学校と社会』岩波文庫，1957 などに見られるが，より新しい形で学力と社会との関係を強調する議論として，汐見稔幸『「教育」からの脱皮―21世紀の教育・人間形成の構図―』ひとなる書房，2000 は示唆深い。
6）「ゆとり教育」のねらいについては，政策推進の当事者でもあった寺脇研の一連の著作，たとえば『さらばゆとり教育』光文社，2008 などで説明されている。しかし，より本質的にはパウロ・フレイレが提起した，学習者が自らの生活を自分で切りひらいていくための課題を自らつかみ取る「課題提起教育」の可能性が問われているといえる（小沢有作ほか訳『被抑圧者の教育学』亜紀書房，1979）。知識の価値や根拠を疑わずにそのまま詰め込む「銀行型教育」は，短期間に効率よく知識を習得させる意味をもつが，不透明な現代社会においてその限界をあらためて確認する必要がある。
7）たとえば竹内洋が夏目漱石の小説『坊っちゃん』を例にあげながら示すように，さまざまな葛藤や対立に満ちた場として学校をとらえることも可能である（竹内洋「葛藤の場としての学校」『学校システム論　改訂版』放送大学教育振興会，2007）。多様な力の調和や統合を自明の前提とせず，現象の背後に潜む葛藤や矛盾に注目する「葛藤モデル」

は，むしろ教育実践のなかで一人ひとりの児童生徒に向き合う教師のリアリティに即しているともいえる。
8) イリイチが「脱学校」(deschooling) を提唱したのは，この点に関わっている（東洋・小澤周三訳『脱学校の社会』東京創元社，1977）。ただし，専門家や企業など他者が提供するサービスに過剰に依存しがちな傾向は，交通や医療を含む社会のあらゆる領域に見られるものであり，そのような状況に対するイリイチの批判は学校や教育だけに向けられたわけではない。
9) 広田照幸『教育には何ができないか―教育神話の解体と再生の試み―』春秋社，2003.
10) 佐藤学『「学び」から逃走する子どもたち』岩波書店，2000.
11) Giroux, Henry A., *Teachers as Intellectuals: Towards a Critical Pedagogy of Learning*. Bergin & Garvey, 1988.

キーワード

生涯学習体系　自己教育力　PISA　キー・コンピテンシー　「生きる力」　ゆとり教育　学社連携　学社融合　学校開放　学校支援地域本部　開かれた学校づくり

この章を深めるために

1. 学校教育で得られる知識・技能・態度は職業や社会生活にどのように関連するか，年齢・立場が異なる複数の人に経験を語ってもらい，それをもとに検討してみよう。
2. 学校での学習活動は，家庭・地域における生活場面のなかでの学びと比較して，どのような特徴があるか。学習の内容や方法・形態などについて，共通点や違いをあげてみよう。

参考文献

白石克己・佐藤晴雄・田中雅文編『学校と地域でつくる学びの未来』（生涯学習の新しいステージを拓く2）ぎょうせい，2001

鈴木眞理・佐々木英和編著『社会教育と学校』（シリーズ生涯学習社会における社会教育　第2巻）学文社，2003

佐伯胖・佐藤学・藤田英典編『学び合う共同体』（シリーズ学びと文化6）東京大学出版会，1996

第3章 社会教育の役割

1 社会教育とは何か

(1) 社会教育の「組織」

1980年代半ばの臨時教育審議会答申に基づいて，教育行政が生涯学習推進を理念として組織変更を行った。1988（昭和63）年に文部省の社会教育局が生涯学習局となった（詳細は第5章参照）。それに呼応して地方自治体の教育委員会のなかには，社会教育課を生涯学習課などと改めたところもあった。生涯学習局が初等中等教育局に代わって，もっとも権限が大きいといわれる文部省筆頭局になったことに象徴されるように，この組織変更は単に言葉が変わっただけではない。社会教育を生涯学習の下位概念に位置づけるとともに，生涯学習推進施策が学校教育に対しても影響力を行使することが期待されていた。

社会教育法第2条に，社会教育とは「学校の教育課程として行われる教育活動を除き，主として青少年及び成人に対して行われる組織的な教育活動をいう」とある。組織的な教育活動には，学校の教育課程と社会教育があると述べられている。組織的な教育活動は，生涯学習を支える重要な要素であるから，社会教育は学校の教育課程と並び，生涯学習の重要な一部なのである。

さて，この条文には，社会教育を組織化する主体について具体的には何も書かれていない。「組織的な教育活動」とあるだけで，その組織性がどのような内容をもつものかということは書かれていない。

もっとも組織化された教育とは，教育内容や教育方法，教員組織，教育費，物理的環境などが制度に基づいて組織化された教育である。学校教育がその典型であり，このような教育をフォーマルな教育という。

社会教育は，一般に学校教育ほどフォーマル性が高くない。教育内容や教育方法が制度的に決められていることは少ないし，教員がしっかりと組織化されている場合もあまりない。フォーマルな教育とまではいかなくても，実施計画が作成され，プログラムに基づいて展開されるような教育は，ノンフォーマルな教育という。行政の主催で実施されている社会教育の多くは，ノンフォーマルな教育の範疇に入れられる。

　それに対して，教育目的が明示的でなく，計画に基づいて実施されているわけでもない教育をインフォーマルな教育という。たとえば，学習者は，仲間をつくりたい，楽しみたいといった目的や動機でさまざまな活動に参加しているが，いろいろな人たちと関わっているなかで，結果的に課題に気づき，学びを得ているというようなことはよくある。社会教育の実践において，目的合理的な教育活動とは異なるこうした活動の意義が大切にされることが多い。たとえば，住民同士のコミュニケーションを活性化させる目的でつくられた公民館の交流スペースのなかには，インフォーマルな教育を意図しているところもある。

　こうしたインフォーマルな教育をも視野に入れる社会教育は，つかみどころがないほど多様な形態があり，また広い領域で行われているといえる。

(2) 社会教育を組織化する主体

　こうしたつかみどころのなさにもかかわらず，社会教育が教育全体のなかで一定の役割を担ってきたのは，社会教育行政の法的な位置づけがあったからだといえる。社会教育法第3条では，国及び地方公共団体に社会教育の奨励を行うよう求めている。また社会教育法の根拠となっている教育基本法第12条にも，「個人の要望や社会の要請にこたえ，社会において行われる教育は，国及び地方公共団体によって奨励されなければならない」とある。このように，社会教育を組織面から考えるとき，社会教育行政が果たす役割が大きい。社会教育法体制のもとでは，公民館，博物館，図書館といった社会教育行政によって組織された社会教育施設に大きな期待が寄せられてきた。

　しかし，社会教育は社会教育行政の関わる活動だけに収まりきらない。多様な社会教育を組織化する主体を念頭に置かなければならないのである。

社会教育法には，社会教育関係団体に関する規定が定められている。それによると，社会教育関係団体とは，「公の支配に属しない団体で社会教育に関する事業を行うことを主たる目的とするもの」であり，行政は求めに応じてこれらに対して，不当な統制的支配とならないような，専門的技術的指導や助言，事業に必要な物資調達の援助，補助金交付を行うことができるとされる。PTA や子ども会，体育協会など，こうした社会教育関係団体として発展してきた身近な団体も多い。すでに社会教育法の理念に，社会教育を組織化する主体は民間の自由な活動のなかにあることが予期されており，こうした活動と行政との関係について構想されているのである。

　しかも，市民社会が成熟するにつれ，社会教育における社会教育行政の役割は相対的に縮小してきている。つまり，人々が自由に社会教育を展開するようになってくると，社会教育行政の位置づけは低くなってくるのである。社会教育行政と関わりをもつ社会教育関係団体さえも，それ以外の人々が自由に行う社会教育の活動と競合するようになってきた。なぜ特定の団体だけが，行政からのさまざまな支援を特権的に受けることができるのかということが問われるようになった。行政と結びついた特権が，市民の自由な活動を阻害しているのではないかという意見さえも聞かれるようになった。こうした傾向から，すでに 1980 年代に社会教育行政の歴史的役割は終わったとする「社会教育終焉」論なる主張が出ていた（松下圭一『社会教育の終焉』筑摩書房，1986）。

　たしかに，人々がそれぞれの関心などに応じた学習活動を展開するにあたり，人々の生活に余裕がなかったり，学習資源が乏しかったりした時代には，社会教育行政が率先して社会教育を組織化する必然性があった。しかし，時代が変わるにしたがって，社会教育行政の役割も変容せざるをえない。

　社会教育行政に代わって，社会教育を組織化する主体として目立ってくるのは，一般行政部局や行政施策を支える組織，それに行政以外のセクターで社会教育を推進している組織や個人である。

　一般行政部局では，たとえば環境，社会福祉，健康といったそれぞれ個別の課題に取り組む部局があり，これらは課題解決の手段の一つとして住民を教化

しようとする。教化というのは，働きかける人たち（ここでは行政）が価値づけられた方向に人々を導くことをいう。地球温暖化防止のためであれば，省エネやリサイクルなどを自発的に行うよう，行政が住民を導こうとする。メディアを利用することもあれば，講演会などのイベントを開催することもある。

　行政施策を支える組織というのは，たとえば社会福祉協議会のように，行政組織に組み込まれているわけではないが，実際には行政と深く連携して，地域課題に取り組んでいる組織である。行政施策の外部委託などが推進されるなかで，こうした組織は次第に重要性を増してきているといってよい。これらのなかにも，個々の課題に取り組む際に，住民を教化しようとするものがある。社会福祉協議会であれば，地域社会における共生が実現するよう，住民を対象にした福祉教育を実施することがある。

　行政以外のセクターは，さまざまな動機で社会教育を組織化する。生業としておけいこの教室を開いたり，個々の関心に基づいて学習会などを開催したり，サークルを結成したりする。また，大学の公開講座やカルチャーセンターの講座などで華々しく行われている社会教育の活動もあるし，企業内で行われる従業員の資質向上をめざす社会教育の活動もある。社会教育施設だけではなく，公共施設やオフィスビル，街角の店舗や個人宅など，あらゆる場所で行われているこうした社会教育は，行政による人々への働きかけを，質量ともに大きく凌駕しているといってよい。

　このように，社会教育は社会のさまざまな領域において，多様な展開をしている。行政だけでなく，民間も社会教育の担い手として重要な位置づけをもっているのである。次節では，そうした多様な社会教育の展開と社会教育行政との関係について検討する。

2　社会教育行政の位置づけ

(1)　一般行政部局との関係

　一般行政部局が盛んに社会教育を組織化するようになってくると，社会教育

行政の行政内での位置づけは低下せざるをえない。その延長線上で、社会教育行政の機能を一般行政部局に移管するという傾向が全国的に見られる。なかには、社会教育行政が丸ごと一般行政部局に移管されるということもある。

この現象の意味を考えるためには、社会教育行政が一般行政部局の中に組み込まれていない理由を知る必要がある。地方自治体における教育行政は、教育委員会という一般行政部局とは別の組織によって運営されている。社会教育行政も、教育委員会の一部門に位置づけられてきた。

そもそも教育委員会が組織されたのには、教育が政治的圧力の影響を直接被ることを避けようとするねらいがあったといわれている。第2次世界大戦下に、学校教育も社会教育も、戦争に向かっていく人々の意識や態度を形成するための政治的な道具になってしまったという反省がなされたことと関連づけられる。地方自治体の首長が直接責任をもつ一般行政部局から相対的に独立した形をとるため、1948（昭和23）年に行政委員会制度に基づいた教育委員会が設置された。

しかし、教育委員会の独立性は時代とともに薄められてきた。現在の教育委員会は、政治的な圧力を緩和するほど強力な自律性をもっているわけではなく、むしろ教育のあり方は常に政治的な抗争と密接な関連をもってきたといってよい。人事や予算も一般行政部局の掌中にあることもあって、教育委員会の独立性は有名無実化しているといっても過言ではないだろう。

けれども、社会教育行政が教育委員会組織に含まれてきたことの意義もある。社会教育が一般行政部局内に含まれた場合、ある特定の課題を解決する手段として社会教育が活用されるため、当該の課題に対する効果が期待される。人が育つということよりも、主催者が期待する変化を、人々が期待どおりに引き起こすことに価値が見出されやすい。他方、教育委員会は教育を原理として組織化されているはずである。教育の原理には、働きかける人たちが期待する直接的な効果が生まれるかどうかといったことばかりでなく、人々が自ら価値や行為を選択したり、思想を形成したりといった人格形成を含む。教育委員会の取り組みは、人間を育てていくという息の長い教育の営みに対して責任をもっているということができる。

たとえば，人間の行動変容を引き起こすための外部からの働きかけについては，行動科学に基づくテクノロジーが合理的な方法を教えてくれる。基本になっているのは，現在の行動を続けていたら恐ろしいことが起こるという心象を持たせたり，新しい行動によってその恐ろしいことが回避できるという知識を持たせたりするといった，条件付けである。しかし，教育の原理が求めてきたのは，こうした条件反射的な行動パターンの獲得だけでなく，自分で考え判断して，自律的に行動を変容させていく人格を形成することでもあった。

　すなわち，社会教育行政が教育を原理として施策を遂行することができるということが重要なのである。社会教育行政の機能が一般行政部局に移管されていく場合，人間を育てるという教育の原理も同時に一般行政部局の中に浸透させていくのかどうかが問われる。

(2) 社会教育行政がかかえる「矛盾」

　民間の社会教育を組織化する団体や個人は，国家権力の一端にある社会教育行政と一定の緊張関係をもってきた。

　大日本帝国憲法下でも，人々は結社や集会など自発的に社会教育を組織化し活動した。しかし，思想，言論，表現，結社などの自由が認められていなかったために，それらは，国家権力による強制的な解散などの弾圧の対象になることもあった。日本国憲法の時代になると，それらの自由が認められ，民間による社会教育の組織化もいっそう活発に行われるようになった。

　しかし，第2次世界大戦後も，民間による社会教育の組織化は国家権力との対峙に結びつくようなことも多かった。住民運動や社会運動がその典型である。人々がよりよい生活や社会をめざそうとするとき，国家の責任を問い，財の分配や法の制定などをめぐって国家権力と対立するといったことが起こりえる。

　こうした状況において，社会教育行政は国家権力の末端にありながら，住民の生活に寄り添い彼らの言い分に共感することも期待されるといった，「矛盾」に満ちた役割を担うものと考えられた。社会のあり方や自分たちの置かれている状況を知り，自分たちで物事を考え判断し行動するといった，人々の自律的な人格の形成の結果，人々が国家のあり方や国や自治体の政策に対して批判的

になることもありえる。そうした人々の営みに関わるところに、社会教育行政のアイデンティティを見出そうとする議論もあった。

近年は、人々の営みと国家のあり方とを対立的にとらえる議論は少なくなってきている。それに代わり、人々の多様な営みと国家の営みとの間にパートナーシップを形成しなければならないとされるようになってきている。

パートナーシップというのは、異なる役割をもった複数の自立した主体が同じ目的に向かって協働するということである。人々と国家の間にパートナーシップが成り立つためには、人々が自立していることが必要である。国家の意思を忠実に遂行するよう手なずけられた人々が、国家とパートナーシップを形成しているとはいわない。国家とパートナーシップを形成することができる自立した人々を市民という。

市民は、社会問題に関心をもち、自ら問題解決に参加することによって、よりよい社会をつくり出そうとする人たちである。このような人たちが増えてくれば、社会問題の解決はこれらの人たちに任せておいて、国家は彼らを側面から支援すればよい。

社会教育行政は、市民の育成をめざして組織化されるといえる。そのため、市民が育ってくるにしたがって社会教育行政の役割は小さくなっていくのは必然ともいえる。「社会教育終焉」論はその点を指摘したものであった。しかし、次節で述べるように、市民による社会問題解決とそれを支える国家という理念は、実現までにさまざまな課題が横たわる。社会教育行政の歴史的役割が終わったというよりも、役割の転換を求められているといえる。

3 社会教育のこれから

(1) 社会問題と社会教育

すでに1992(平成4)年の生涯学習審議会答申「今後の社会の動向に対応した生涯学習の振興方策について」において、現代的課題に関する学習機会の充実が課題とされている。この答申では、現代的課題について次のように述べら

れている。

　「急激な社会の変化に伴い，時代の要請する行動様式，価値観などが従来と大きく変化し，従来の考え方では，現実の事態に対応しにくくなっている。人々が充実した社会生活を営んでいくために，自ら進んで学び，身に付けていくことが望ましい現代的課題が，数多く生じてきている。」「これからの我が国においては，人々がこのような現代的課題の重要性を認識し，これに関心を持って適切に対応していくことにより，自己の確立を図るとともに，活力ある社会を築いていく必要がある。そのためには，生涯学習の中で，現代的課題について自ら学習する意欲と能力を培い，課題解決に取り組む主体的な態度を養っていくことが大切である。」

このように現代的課題を説明したうえで，その例として「生命，健康，人権，豊かな人間性，家庭・家族，消費者問題，地域の連帯，まちづくり，交通問題，高齢化社会，男女共同参画型社会，科学技術，情報の活用，知的所有権，国際理解，国際貢献・開発援助，人口・食糧，環境，資源・エネルギー等」があげられている。私たちの身のまわりから地球規模に至るまで溢れている社会問題について，人々の行動様式や価値観の変容をとおして取り組むことが，生涯学習の重要な課題とされている。

現代に生きる私たちは，身のまわりの地域課題から地球規模の人類的課題に至るまで，たくさんの放置できない社会的課題に取り囲まれて生活している。少子高齢社会で私たちが高い生活の質を保とうとすれば，子育ての問題や介護の問題に向きあわざるをえない。子どもや高齢者だけの問題ではなく，彼らを支える働く世代の問題でもあることが，否応なく突きつけられる。また，地球温暖化による人類の文明への影響が身近に迫るにつれて，この問題が私たち，あるいは私たちの子どもや孫の生活や人生を左右するものだという認識をもつようになってくる。

こうした社会的な課題に取り囲まれて生活している私たちは，問題が自分たちにとって抜き差しならないものであるという認識を得て，その認識に基づいて問題解決のための行動に向かう。その際，教育や学習が重要な役割を担う。

ユネスコが2002年に「ESDの10年」を採択して以降，ESDという語が使われるようになってきている。ESD (Education for Sustainable Development) は，「持続可能な発展のための教育」を意味する。貧困問題，人権問題，環境問題など，地球上の深刻かつ構造的な問題は，人類の連帯によって解決をめざさなければならない。そのためには一人ひとりの人間の認識や行動の変容が不可欠である。現代に生きる地球上のすべての人と，将来生まれてくる人たちの，平等と幸福を実現するために，私たち一人ひとりの意識と行動を変えていこうということが，ESDの理念だといえる。

　こうした社会問題の解決に向けた教育の組織化は，学校教育ばかりでなく社会教育においても期待される。けれども，こうした課題に対しても，公民館の事業などをとおして社会教育行政が直接果たしえる役割は大きなものではない。個々の社会問題の解決に関わっている行政部局，任意団体やNPO法人などが，それぞれ取り組んでいるからである。

　しかし，取り組むべき問題は多岐にわたっていて，取り組みの担い手から行政に対して支援を求める声が聞かれる。事業を継続していくための財源の確保，人を育てるということについてのノウハウ不足，他の組織体との協力関係などは，民間組織によくあるニーズである。

　社会教育行政には，こうした状況に対応した機能が求められるようになってくる。それは，社会教育施設を運営したり，直接社会教育の機会を提供したり，社会教育関係団体に指導・助言を行ったりといった従来の機能ではなく，多くの社会教育を実施する担い手同士をネットワーキングするという機能である。

(2) ネットワーク型行政

　1998(平成10)年の生涯学習審議会答申「社会の変化に対応した今後の社会教育行政の在り方について」では，「社会教育行政は，生涯学習社会の構築に向けて中核的な役割を果たさなければならない」と述べたうえで，次のような説明をしている。

　　「生涯学習社会においては，各部局の展開する事業や民間の活動が個別に実施されると同時に，こうした活動等がネットワークを通して，相互に

連携しあうことが重要である。これからは、広範な領域で行われる学習活動に対して、様々な立場から総合的に支援していく仕組み（ネットワーク型行政）を構築していく必要がある。この意味で社会教育行政は、ネットワーク型行政を目指すべきであり、社会教育行政は生涯学習振興行政の中核として、積極的に連携・ネットワーク化に努めていかなければならない。」

人々の学習活動は、さまざまなところでバラバラに行われている。それらを社会教育行政がネットワークでつなぐことによって、学習者の要求に対してより適切に応えることができるという構想である。ネットワークを組織することによって、学習資源の不足を複数の組織間で補い合ったり、複数の学習機会を調整することによって学習者の選択幅を増やしたり、どの組織でも学習ニーズに対応できていないテーマを発見したりといったように、学習提供を効率化することができる。生涯学習振興政策の中核としての社会教育行政が、こうした調整役を積極的に担うべきだという議論である。

さらに、1999（平成11）年の生涯学習審議会答申「学習の成果を幅広く生かす」では、次のように述べられている。

「現在、各都道府県・市町村が抱える、ごみ処理、自然環境の保全、介護・福祉等の様々な現代的課題は、住民自らが学習し、理解し、主体的に関わろうとするときに初めて最も効果的な対処が可能となる問題であり、それだけに生涯学習の役割が大きい。行政部局のみでの対応は限界にあり、住民や民間の非営利公益活動団体等とのパートナーシップの必要性が言われるようになってきており、その場合、生涯学習とそれによる社会参加は不可欠の要素になっている。」

多様な社会問題が錯綜する現在、人々が自発的にその問題解決のために学習し行動することが求められる。この過程で、人々の学習を支援し、さらに学習成果を社会に生かすよう行動を後押しすることが期待されているというわけである。そのためには、行政と民間とのパートナーシップが重要だと述べられている。

このように社会教育行政の新しい役割として、社会教育という限られた領域

の充足を図ることを中心とする考え方を脱し，社会問題の解決に向けて人々の学習を社会全体で支援する際のネットワークの要となることが求められているといえよう。

　こうした発想の転換は，学校と社会教育との関係に関しても見られる。従来，学校と社会教育との連携を推進するという意味で「学社連携」という語が用いられてきた。しかし，1996（平成8）年の生涯学習審議会答申「地域における生涯学習機会の充実方策について」では，「学校教育と社会教育は，学習の場や活動など，両者の要素の部分的に重ね合わせながら，一体となって子どもたちの教育に取り組んでいこうという『学社融合』の考え方にたって，取り組みを行うことが求められる」と述べられている。学校教育と社会教育という別々の領域で行っている子どもたちを対象にした複数の取り組みの間の連携ではなく，子どもへの教育的働きかけとして最善のあり方を追求していくなかで，セクショナリズム（小さく分かれた組織が，それぞれ自分たちの権限や既存の職務内容にこだわり，全体の利益が損なわれる傾向）を廃して，社会の多様な資源を動員しようとする発想への転換といえよう。

　社会問題が抜き差しならないところまできている現代，人々の学習支援に関わる組織間のセクショナリズムを脱し，人々の学びや行動のための社会的資源を効率的に提供できるシステムをつくろうとする試みは意義のあることである。そして社会教育行政は，そのシステムの要に位置づけられようとしている。

【津田 英二】

キーワード

社会教育法　　社会教育関係団体　　インフォーマルな教育　　ノンフォーマルな教育
教育委員会　　パートナーシップ　　現代的課題　　市民　　ESD　　ネットワーク型行政　　学社融合

この章を深めるために

1. 次の3点に留意して，あなたの住む自治体にある社会教育関係団体について調べてみよう。①どのような目的をもった団体か，②どのような活動を行っている団体か，③社会教育行政とどのような関係をもっている団体か。

2. 1992（平成4）年の生涯学習審議会答申で例示された「現代的課題」のなかから1つの課題を選び，それについて学び考えようとする学習機会をあなたの身のまわりで探してみよう。その際，フォーマルな教育，ノンフォーマルな教育，インフォーマルな教育それぞれについて調べてみよう。

参考文献

鈴木眞理・松岡廣路編著『生涯学習と社会教育』（シリーズ生涯学習社会における社会教育第1巻）学文社，2003

鈴木眞理・大島まな・清國祐二編『社会教育の核心』全日本社会教育連合会，2010

日本社会教育学会編『教育法体系の改編と社会教育・生涯学習』（日本の社会教育第54集）東洋館出版社，2010

第4章　家庭教育の役割

1　家庭教育とは何か

(1) 最初の生育環境──すべての教育の出発点

　家庭教育は，親や，これに準ずる保護者が子どもの健やかな成長・発達のために日常的に行う教育的な働きかけであり，すべての教育の出発点である。人間の成長・発達に環境が及ぼす影響はきわめて大きいが，人生最初の生育環境としての家庭の影響力はもっとも大きくかつ重要である。子どもにとって家庭は心の拠り所となるものである。愛情による絆で結ばれた家族との関係を通じて，人に対する信頼感や豊かな情操，基本的生活習慣や生活能力を身につけ，自立心を育て，心身の調和のとれた発達を図る場として，家庭には大きな役割がある。

　適切な生活習慣や能力を身につけるためには，日々の家庭生活のなかでそのような行動の体験を積み重ねていく（しつける）ことが必要である。保護者は，意識するにせよ無意識のうちに行っているにせよ，子どもの健全な成長に必要な体験の場を用意し，実施するという家庭教育プログラムの責任を負っているのである。

(2) 人間形成と社会化

　人は，生物としては霊長類ヒト科の動物としてこの世に生れ落ちる。人の世で，人としての振る舞い方を身につけることによって，はじめて人間になるのである。おとなになること，すなわち社会の正式な構成員になることを成人というが，字のとおり「人に成る」ことを表している。「狼に育てられた子」[1]の不幸な事例は，人が人間社会のなかで育てられることの意味を示している。

社会集団で必要とされる規範や行動を身につける過程を社会化というが,家族は人間の社会集団の原初的な役割を果たすものであり,子どもは家族との相互作用のなかで社会化の最初のプロセスをたどって成長する。

　集団を形成して生きる社会的な存在である人間にとって,コミュニケーション力や協調性などの人間関係能力は大切である。その基礎となる耐性(がまんする力)を培い,他人に対する思いやりや善悪の判断などの基本的倫理観,自立心や自制心,社会的なマナーなどを身につけるうえでも,家庭の担う役割は大きい。成長とともに,人生を自ら切り拓いていくために必要な職業観,人生観といったものも,家庭教育の基礎の上に築かれる。

(3) 非制度的な非定型教育

　上述したように家庭教育は重要であるが,その中身はさまざまである。同じ教育でも,学校教育や社会教育とは異なり,家庭教育は制度的な教育システムではない。たとえば,学校教育は制度的な定型教育であり,その内容・方法については全国的に一定のレベルが保たれるように基準が示されている。教育の担い手である教師は,その基準によって定められたプログラムで養成される専門家である。したがって,教育のプロとしての免許を有するのであり,評価を受けて問題があれば,制度的に対処される。ところが,家庭教育の担い手である保護者は,特別な免許・資格を必要としない。子育てについての個別の情報やマニュアルはあっても,学習指導要領のような一定の基準となる教育の内容・方法が示されているわけではない。保護者がどのような内容・方法で子育てをしてもしなくても,公的な評価がされることはない。家庭はきわめてプライベートな空間であり,そこで行われる教育やしつけも私的領域での行為である。たとえ保護者がその責任を適切に果たしていない場合でも,虐待による事故や事件のような極端な例は別として,保護者がその結果責任を公的に追及されることはない。すなわち,家庭教育は保護者の自主性に任されて[2],その質の保証や結果の責任はきわめてあいまいな非制度的な非定型教育なのである。したがって,それぞれの親の意識や各家庭の生活状況が,家庭教育格差となって子どもの成長・発達に影響を及ぼすことになる。

2 家庭教育の現状と課題

(1) 家庭の教育力の低下

　近年，子どもが健全に育っていない，「生きる力」[3]が身についていないなど，子どもの成長・発達の問題状況が報告されることが多いが，その要因として，家庭教育のあり方が問題となっている。たとえば，子どもを育てている親の間に育児不安が増大していることや，児童虐待の件数が急増し，状況が深刻化しており，その背景には，子どもへの接し方や教育の仕方がわからない親の増加，しつけや子育てに自信がない親の増加，過保護や過干渉な関わり方など，家庭の教育力の低下があるのではないかといわれている。また，離婚や再婚，家庭内暴力，介護の負担，失業などによって，家庭の教育的な機能が十分に果たせない家族が増加している状況も考えられる。

(2) 社会的背景

　家庭の教育力の低下は，個々の家庭や親の能力の問題としてだけでなく，社会や生活の変化のなかでとらえる必要がある。

　第1に，都市化，核家族化，少子化，地域における地縁的なつながりの希薄化等により，子育てを支える仕組みや環境が崩れてしまったことがある。多くの親族が同居したり近隣に居住していた時代には，保護者は親だけではなかった。親が忙しくてできない時には，代わりに子どもの面倒をみてくれる他の保護者が家庭教育の役割を引き受けていた。あるいは，親族でなくても近隣の住民同士が助け合ってお互いの子どもの世話をする地域の人間関係があった。また，育児の方法についても，経験者である先輩たちが身近にいて，常に助言してくれる環境があった。現代では，そのような周りの援助は少なくなり，家庭教育の責任は親，とくに母親に集中している。母子だけの人間関係のなかで孤立した子育ては，児童虐待の増加にも無縁ではない。

　第2に，子育ての時間を十分に取ることが難しい雇用環境がある。多くの父親は仕事中心の生活で，たとえ育児にもっと関わりたくてもそれが難しい状況である。制度のうえでは育児休業が取れるとしても，実際に制度を活用する男

性はごく少数である。働く母親も増えている。少子・高齢化の進展のなかで，労働人口として女性が期待され，その就労支援や男女共同参画が推進されている[4]。また，経済的な事情で働かなければならない母親もいる。しかし，女性の場合は働いていても家庭教育の責任を中心的に担っている。地域で周囲の助けもなく，仕事も家庭もがんばらなければならない母親のみに，家庭の教育力低下の責任を問うことはできない。仕事と子育てあるいは家庭生活との両立が困難な環境にある母親の状況が，結婚や出産を考える女性の判断に影響を与え，結果として少子化や晩婚化・非婚化の傾向にもつながっているといえよう。

　第3には，子育てや教育についての親の価値観や考え方が多様化している現状がある。生き方や生活様式の多様化，個性や個人の尊重のなかで，教育の基準までもが多様化してしまったといえる。多様な価値基準によって大量に溢れる子育て情報に振り回され，家庭教育にとって真に大切なことは何か，どのようにしつけたらよいのかわからない親が増えているのである。モンスターペアレントの出現，公共の場でマナーが守れない親など，家庭教育の担い手自身の社会規範や人間関係能力，道徳心の低下なども問題になっている。

　第4に，「過保護」の傾向と生活の変化がある。もともと一人では生きられない弱い存在として生まれてくる子どもを保護するという重要な役割を担っているから「保護者」と言われるとおり，親が子どもを守り育てるということは，必要で大切なことである。しかしながら，子どもは成長とともに徐々にできなかったことができるようになるのであり，親は少しずつ保護を減らして，自分のことは自分でさせるように仕向けていかなければならない。子どもはやがて自分の力でこの世の中を生きていかなければならない，すなわち自立しなければならないからである。

　自立のトレーニングには，新たな課題に挑戦し，困難を乗り越える体験が必要である。しかし，親には情があるため，辛いことはさせたくない，子どもの前途にある困難は取り除いてやろうというような過保護に傾いてしまいがちである。もちろん大きすぎる困難は除かねばならないが，少しずつ多少の困難を乗り越える体験を積むことは必要なのである。過保護なために，健全な成長に

必要な困難体験の機会までもが失われてしまうことになる。

　過保護の具体的な中身は，世話，指示，授与，受容の4つの過剰である[5]。これらは，子どもの成長にとってなくてはならない大切なものだが，多過ぎると過保護や過干渉といった毒になる（少な過ぎると虐待や放任になる）。昔は，生活が貧しくて不便だったために，親がとくに意識しなくても過保護を抑制できた。無いのだから我慢する，不便だから工夫したり皆で協力し合ったり手伝ったりする場面が生活のなかにたくさんあった。豊かで便利になった現代の日常のなかで，過保護の傾向は抑制されることなくますます強まり，子どもが自立するために必要な「生きる力」を育む体験はますます少なくなっている。

3　家庭教育の支援

(1)　家庭教育支援の動き

　家庭の教育力が低下した，子どもが健全に育っていないという問題は，社会全体の危機感となっている。そのことは，国のレベルでさまざまに議論されてきたことからもうかがえる。たとえば，1998（平成10）年の中央教育審議会答申「幼児期からの心の教育の在り方について」では，「もう一度家庭を見直そう」と提言している。さらに，2000（平成12）年に取りまとめられた「教育改革国民会議報告―教育を変える17の提案―」では，「教育をめぐる現状は深刻であり，このままでは社会が立ちゆかなくなる危機に瀕している」として，これからの教育を考える視点のなかで「教育の原点は家庭であることを自覚する」ことを真っ先にあげている。その後，2002（平成14）年にまとめられた「今後の家庭教育支援の充実についての懇談会報告―『社会の宝』として子どもを育てよう！―」では，冒頭で「現在，子育てをめぐる問題は，放ってはおけない状況になっています」と，家庭の教育力の低下に関するデータを示し，そこから読み取れる危機的状況を訴えた。

　2003年以降は，子どもの健全育成，家庭の教育力低下に対する危機感に，少子化への危機感が加わり，少子化社会対策基本法および次世代育成支援対策推

進法の成立，少子化社会対策大綱の策定，子ども・子育て応援プランの策定など，法律の成立とともに複数省体制による子育て支援の施策提案が進められてきた。

　2006（平成18）年に改正された教育基本法には，家庭教育に関する条文が新設され，子の教育の第一義的な責任は保護者にあることを明記している。そのうえで，国及び地方公共団体は「家庭教育を支援するために必要な施策を講ずるよう努めなければならない」として，保護者だけにその責任を求めるのではなく，社会全体で家庭教育を支援するという姿勢を示している。さらに，改正教育基本法を受けて2008（平成20）年に閣議決定された教育振興基本計画では，「社会全体で教育の向上に取り組む」ことを掲げ，とくに「家庭の教育力を高めるための支援」とともに，「すべての親が自信をもって安心して子育てをすることができるよう」社会全体で家庭教育を支援する必要がある，としている。

　このように，家庭教育はそれぞれの家庭の個別の問題というだけではなく，社会全体が子育てに関わり，家庭教育を支援しようという動きが広がっている。

(2) **家庭教育支援の内容と方法**

　家庭教育の支援については，主として社会教育行政の果たす役割が大きい。その具体的な支援方策としては，1）親への支援，2）子育てネットワークの形成，3）支援者の育成，4）子どもの育成支援があげられる。ここでは1）〜3）までを取り上げ，4）については次節で述べる。

1）親への支援

　家庭教育の担い手である親（保護者）への支援には，家庭教育に関する，①学習機会の提供，②情報の提供，③相談・助言の体制づくりなどがある。

　これまでも，家庭教育学級，乳幼児学級，明日の親のための学級，働く親のための学級，思春期セミナー，職場内家庭教育講座など，学習を希望する親への学習支援は行われてきた。また，女性教育や男女共同参画に関する学習のなかで，子育てや家庭教育に関する学習活動も行われている。

　1999年から，文部省が小学生未満の親対象に「家庭教育手帳」および小・中学生の親対象に「家庭教育ノート」を配布してきたが，2004年には3分冊の「家庭教育手帳」へと変更された。乳幼児については市町村の保健センター

などを通じて，母子健康手帳の交付時に妊娠期のすべての親に配布，小中学生については全国の小学校，特別支援学校を通じて，小学校1・5年生の子をもつすべての親に配布してきた。子育てについて，漫画やイラストを使ってわかりやすく解説している。巻末には都道府県ごとに，情報相談の窓口や青少年団体などを紹介するページも設けられている。2009年度からは作成した原版を文科省ホームページに掲載するとともに，電子媒体に収め，全国の教育委員会に配布している。

　しかしながら，これらの学習機会や情報は，それを希望する親のみが享受するものである。配布した手帳も，親が手にとって開くかどうかは親の選択である。そこで，できるだけ多くの親へのきめ細かな支援とするために，上記の施策は継続しながらも，さらに次のような取り組みが進められている。

　身近な地域で，子育てサポーター，子育てサポーターリーダー，保健師，民生委員，臨床心理士などの地域人材で構成する「家庭教育支援チーム」を設置し，原則として小学校区を活動範囲として，子育てに無関心な親や孤立しがちな親，仕事などで学習機会になかなか参加できない親など，多様な状況にある子育て中の保護者に対して，きめ細かな支援を行うための手法を開発している。たとえば，これまでの学級・講座に加えて，就学時健診や入学説明会，保護者会，参観日など，より多くの親が集まるさまざまな機会を活用した幼児期講座や小・中学校入学時講座，父親の家庭教育参加促進事業によって学習機会を提供したり，企業や団体等へ出向いての家庭教育講座も実施するなど，より細やかな学習機会提供のためのコーディネートを行っている。また，家庭訪問やIT活用などの方法により，各家庭の状況に応じた情報提供や相談対応の支援も進められている。

　このような取組みのためには，学校やPTA関係者，教育行政関係者だけではなく，地域子育て支援センター，児童相談所，保健センターや保健・福祉関連行政，子育て支援団体，企業等が連携・協力する体制づくりが必要とされている。

2）子育てサークル・ネットワークの形成

　子育てサークルや子育てネットワークの形成を支援することは，親への支援

であると同時に，子どもの育成支援にもつながる。子育てサークルは，会員である子育て中の親同士が相互に支えあうことを目的として，話をしたり，学習をしたり，親子遊びをする団体である。子育てネットワークは，広く子育て中の親を支援することを目的として，子育て中の親，子育てを終えた経験者，子育てサークルのリーダー，専門家等が集まり，親やサークルなどを結ぶ役割を果たしながら，学習・啓発，託児支援，子育て相談，情報提供，交流などを広域的に行う団体である。孤立しがちな親子にとっても，気軽に相談できて子育ての悩みを共有し合う場，子どもを共に遊ばせられる場が身近な地域にあることは救いになる。また地域には，子育て支援のために力になりたいと思っている人が必ずいる。そのような人やグループをつないでネットワークを形成することによって，地域全体の子育て支援の土壌が豊かになっていく。

　子育てサークルやネットワークづくりを促進する役割を期待されている公民館等は，始めは公民館主導でも，徐々に参加者自身が自主的に運営できるように指導していく配慮が求められている。また，地域内の子育てサークルの情報を集めてグループをつないでいくコーディネーターとしての役割も大きい。

　3）支援者の育成

　子育てサークルの運営，ネットワーク形成やきめ細かな家庭教育支援のためには，人材の養成が要である。子育てやしつけについて気軽に保護者の相談にのったり，細かなアドバイスを行ったりする子育てサポーターの養成講座や研修が行われている。このような研修を通して，現代の親を取り巻く状況を理解したり，支援活動全般の企画・運営方法を学習するなど，資質の向上を図っている。さらに，関係機関と連携して家庭教育支援チームを運営できる力をもった子育てサポーターリーダーを養成するために，標準的な研修カリキュラムやテキストの開発も進められている。

　また，地域活動を支えるボランティアの発掘や養成，登録もさまざまな形で行われている。地域には人生経験，生活経験，職業経験の豊富な人たちがたくさん住んでいる。そのような地域人材を発掘して，家庭教育や子育て支援のための地域活動に参画してもらう仕組みづくりが進められている。地域社会での

活動は,ボランティアにとっても自己実現や生きがいづくりの場として意義のあるものになりうるのである。

4 地域ぐるみの子育て——子どもの健全育成

(1) 家庭教育の限界

　家庭教育が重要であることは確かだが,家庭教育には限界があることも認識しておくべきである。

　まず,すでに述べたように,家庭教育はそれぞれの親に任された,私的領域での行為であるため,親の価値観に基づく判断,家庭の経済力,生活様式などによって内容も方法も多様であり,必ずしも質が保障されない。一言でいえば,親の勝手である。そして,すべての親が教育熱心とは限らない。周囲がいくら支援しようとしても,親自身に興味や関心,問題意識がなければ支援はなかなか届かない。一般的に,届けたい親ほど参加しないのが,家庭教育学級等の学習機会での現状である。とくに,育児ノイローゼや経済的困窮による育児困難,虐待などの問題が想定される家庭の場合は,教育領域での対応よりも,まず福祉領域での対処が必要とされる。よりきめ細かな家庭教育支援のためには,とくに福祉行政と教育行政との連携が必須であろう。

　次に,家庭という小さな特殊集団そのもののもつ限界である。三世代,四世代が同居していた時代とは違って,核家族化や少子化が進んだ現代の家族集団は,きわめて小規模である。情緒的安定,基本的な生活習慣や生活能力の基礎は培うことができるとしても,人間関係能力,社会性や道徳性,社会規範など,社会集団のなかで体験しながら身につけるべき能力の育成は,家庭だけでは難しい。それらは,より大きな集団,多様な人たちが属する集団のなかでこそ,効果的に身につけることができる。また,前述したように,過保護の傾向が強い親には自立のトレーニングが難しい。「可愛い子には旅をさせよ」というように,世間や他人のなかでこそ育まれるものがあるのである。子どもが成長するにつれ,家族以外の人間との関係が重要になってくる。

(2) 学校・家庭・地域の役割と連携

　上で述べたように，家庭だけで子どもたちを健全に育てるには限界がある。家庭教育を補完し，子どもたちの「生きる力」を育成するための場づくりが，学校や地域との連携によって進められている。

　改正教育基本法においては，第13条で「学校，家庭及び地域住民その他の関係者は，教育におけるそれぞれの役割と責任を自覚するとともに，相互の連携及び協力に努めるものとする」と新たに規定し，地域社会が協力して教育に取り組む姿勢を示している。社会教育においても，家庭と学校，地域住民をつなぎ，連携・協力しながら，家庭を支援し，地域の子どもたちの健全育成に努めることが求められている。

　このようななかで，たとえば，生活習慣の乱れが学習意欲や体力・気力の低下の要因の一つとして指摘されていることから，子どもの生活リズム向上のための「早寝早起き朝ごはん」運動が文部科学省を中心に全国展開されている。適切な運動を行い，調和のとれた食事をとり，十分に眠るという健全な生活リズムをつくるために，日中の遊びを活発にしたり，テレビやゲームの時間を減らすなど，家庭と学校，地域が連携した取り組みが推進されている。

　しかしながら，子どもの健全な成長・発達に必要なのはそれだけではない。やがては自立し，自らの人生を切り拓いていくための実力をつけなければならない。そのための体験活動プログラムは，学校をも含めて，子育てを支援する地域の教育力が期待されるところである。

(3) 地域の教育力への期待

　家庭の教育力が低下したといわれるが，地域の教育力も失われたといわれて久しい。かつての地域は，農業などの生産活動を共有する生活共同体であり，地域の子どもは，その共同体の将来を担う成員となるべき子どもであった。したがって，その共同体にふさわしい規範を身につけるべく共同体によって育てられた。一定の年齢になると特別な地域集団のなかで共同体の行動様式を身につける訓練が行われたり，親以外のおとなに子どもを預けてしつけてもらう仕組みなどがあった。また，そのような特別な仕組みではなくても，近隣のおと

なたちが，日常的に子どもに声をかけ，悪いことをすれば他人の子であっても叱り，時には相談にも乗るというように，子どもたちを皆で見守りながら育てる人間関係があった。また，厳しい自然条件のなかで，力を合わせなければできない作業が生活のさまざまな場面にあったため，助け合うことを身をもって覚えていくこともできた。すなわち，かつての地域には，基本的生活習慣のトレーニング，異年齢集団体験，自然接触体験，協力・共同生活体験，自主・自律の体験，欠乏体験，困難体験など，子どもの成長・発達にとって大切な体験が生活のなかにふんだんにあり，子どもと親を支える地域の人間関係もあったのである。都市化，近代化，産業構造の変化のなかで，そのような共同体は崩れ，そこにあった人間関係も教育力も失われてしまった。地縁・血縁によって結びついていた過去の共同体はもう戻らない。

　しかしながら，そこにあった教育機能が子どもの成長にとって有効かつ必要なものであるならば，それを意図的にプログラムとして創出しなければならない。地域の教育力の再生は，子どもの成長・発達にとって必要な体験プログラムを，現代の地域においていかに豊かに展開できるかにかかっている。プログラムの実施のためには，学校，家庭，地域住民が連携することが不可欠である。たとえば，学校と地域が連携した通学合宿[6]，職業体験やボランティア活動，「自然の家」などの青少年教育施設を活用した集団宿泊体験や自然体験，土日や放課後の遊びや学習の場づくり，放課後子ども教室[7]でのさまざまな活動など，子どもの健全育成のための場と仕組みづくりが進められている。そのなかでは，保護者もまた地域のおとなとして，わが子のみならず地域の子どもを育成する力になることが期待されているのである。　　　　【大島　まな】

注
1) シング，J. A. L.（中野善達・清水知子訳）『狼に育てられた子―カマラとアマラの養育日記―』福村出版，1978.
2) 改正教育基本法第10条第2項においても，「国及び地方公共団体は，家庭教育の自主性を尊重しつつ，保護者に対する学習の機会及び情報の提供その他の家庭教育を支援するために必要な施策を講ずるよう努めなければならない。」（圏点筆者）としている。

3）1996（平成8）年の中央教育審議会答申で育むべきとされた「生きる力」は，「自ら学び，考え，主体的に判断し，行動し，よりよく問題を解決する資質や能力」，「豊かな人間性」，「たくましく生きるための健康や体力」などである。
4）1999（平成11）年に男女共同参画社会基本法が成立したが，「男女が，社会の対等な構成員として，自らの意思によって社会のあらゆる分野における活動に参画する機会が確保され，均等に政治的，経済的，社会的及び文化的利益を享受することができる社会」の実現は国の最重要課題の一つとされている。
5）三浦清一郎編著『現代教育の忘れもの―青少年の欠損体験と野外教育の方法―』学文社，1987．
6）通学合宿は，子どもたちが親元を離れて，地域の公民館等に数日～2週間程度宿泊しながら学校に通うもので，共同生活のなかで基本的な生活習慣や生活能力，社会性などを身につける体験を積むことをねらいとしている。
7）放課後子どもプランは2006年に少子化担当大臣の提案を受けて文部科学大臣と厚生労働大臣が合意，各省が所管する「地域子ども教室推進事業」と「放課後児童クラブ」（学童保育）が連携して，原則としてすべての小学校区で実施するというもので，全児童対象のプログラムを意図している。

キーワード

保護者　　心身の成長・発達　　基本的生活習慣　　人間形成　　社会化　　自立のトレーニング　　しつけ　　人間関係能力　　家庭の教育力の低下　　過保護　　子育て支援

この章を深めるために

1．「家庭の教育力の低下」の状況として具体的にどのような例があるのか，新聞記事や調査データなどを確認してみよう。
2．子どもの生活リズムおよび生活実態の現状はどうなっているのか，睡眠，食事，遊び，学習，メディア接触などについて調べてみよう。
3．就労と育児とのバランス，および就労と家庭生活とのバランスについて現状を調べ，どのような課題があるか考えてみよう。

参考文献

服部祥子『子どもが育つみちすじ』新潮社，2006
三浦清一郎『しつけの回復　教えることの復権―「教育公害」を予防する―』学文社，2008
畠中宗一『子ども家族支援の社会学』世界思想社，2000
柏木惠子『子どもという価値―少子化時代の女性の心理―』中央公論新社，2001
住田正樹・高島秀樹編『子どもの発達と現代社会―教育社会学講義―』北樹出版，2002

第5章　生涯学習に関わる政策の展開

1　生涯学習に関わる政策とは何か

(1) 生涯学習に関わる政策の形態

　生涯学習に関わる政策は，主に「生涯学習政策」「生涯学習振興政策」「生涯学習推進政策」「生涯学習支援政策」などの言葉で表現される。これらの用語法は明確に区別されているわけではないが，行政が人々に対して直接学習機会を提供する，民間で提供されている学習機会を行政が支援するなど，行政が生涯学習を振興・推進・支援する場合にはいくつかの形態が考えられる。実際の政策がどのような形態で実施されるのかは実施主体の判断によって多様であるし，多くの場合は複数の形態で実施されている。

(2) 生涯学習に関わる政策の対象

　生涯学習に関わる政策を実施するにあたっては，政策の対象となる学習活動を明確に示すという目的から，必要な範囲で行政が「生涯学習」を定義する必要があると考えられる。一方，生涯学習において学習活動の自主性・自発性はとくに重視されてきた要素であり，行政が生涯学習を定義することによってその要素が薄れてしまう可能性とその問題点にも配慮が必要である。そこで，国レベルでは，生涯学習の具体的な内容・方法などは，それぞれの時期の社会の状況に対応する形で，政策の実施手法と併せて文部科学省の各種審議会答申などで部分的に例示されてきており，それが都道府県・市町村の生涯学習に関わる政策の展開にも少なからず影響を及ぼしてきたといえる。

2 生涯学習に関わる政策の成立

(1) 生涯教育論の政策への反映

　日本で生涯学習に関わる政策が展開されることになった契機は，1965年に開催されたユネスコ第3回成人教育推進国際委員会において，ラングラン(Lengrand, P.)が提起した「生涯教育」の考え方が翻訳的に日本に紹介されたことである。1970年代に入ると，生涯教育論が日本における教育政策全般の根拠として位置づけられることになる。

　まず，1971(昭和46)年に，社会教育審議会答申「急激な社会の変化に対処する社会教育のあり方について」および同年の中央教育審議会答申「今後における学校教育の総合的な拡充整備のための基本的施策について」という2つの答申がまとめられた。これらは，生涯教育の概念に基づいてそれぞれ社会教育，学校教育の今後の方向性と必要な具体的方策を提起している。

　このうち，社会教育審議会答申では，まず，社会の急激な変化として人口構造の変化，家庭生活の変化，都市化，高学歴化，工業化・情報化，国際化の6点があげられ，そのなかで生涯教育の観点から家庭教育・学校教育・社会教育の三者を有機的に統合することの必要性が提起されている。そこでは，変化する要求や個人や地域の多様な要求に応ずることができる柔軟性に富んだ教育の重要性から，生涯教育においてとくに社会教育の果たす役割はきわめて大きいとされ，社会教育は「国民の生活のあらゆる機会と場所において行われる各種の学習を教育的に高める活動を総称するもの」と定義されている。

　さらに，この答申では，乳幼児，少年，青年，成人(成人一般，婦人，高齢者)の各時期の社会教育の課題が示されており，それを踏まえた具体的な社会教育振興の方向として，社会教育への参加形態・学習内容・学習媒体などの改善と新たな開発，心の豊かさを求め社会連帯意識を高めるための社会教育に関する団体活動のより積極的な展開とくに民間人の意欲的なボランティア活動の重視[1]，社会教育行政による社会教育施設の計画的・体系的整備および民間指導者の発掘や社会教育行政職員の増員とその資質の向上による指導者層の大幅な拡充な

どがあげられている。

(2) 生涯教育と生涯学習との関係

その後，1981（昭和56）年に，中央教育審議会答申「生涯教育について」がまとめられた。この答申では，家庭の教育機能の充実，学校教育の弾力化と成人に対する開放，社会教育の振興という教育機能の領域別の課題と，学習情報提供・相談体制の充実，生涯教育関係機関の連携・協力の促進，生涯教育に対する国民の理解という学習のための条件整備の課題に焦点を絞り，人間の生涯を成人するまでの時期・成人期・高齢期に分けて各時期に固有の課題を提示している。

また，この答申では，生涯教育と生涯学習の関係が整理されている。そこでは，生涯学習を「今日，変化の激しい社会にあって，人々は，自己の充実・啓発や生活の向上のため，適切かつ豊かな学習の機会を求めている。これらの学習は，各人が自発的意思に基づいて行うことを基本とするものであり，必要に応じ，自己に適した手段・方法は，これを自ら選んで，生涯を通じて行うものである」と定義し，「生涯学習のために，自ら学習する意欲と能力を養い，社会のさまざまな教育機能を相互の関連性を考慮しつつ総合的に整備・充実しようとする」ことを生涯教育の考え方と位置づけている。

(3) 生涯学習体系への移行

1984（昭和59）年から1987（昭和62）年まで総理府に設置されていた，当時の中曽根康弘内閣総理大臣の私的諮問機関である「臨時教育審議会」が4次にわたってまとめた答申は，日本における生涯学習に関わる政策の基本方針を提示するものであった。まず，「第一次答申」では，臨時教育審議会の主要課題の一つに「生涯学習の組織化・体系化と学歴社会の弊害の是正」があげられており「どこで学んでも，いつ学んでも，個人が取得，体得した資格，学習歴，専門的技能などの成果が適切に評価される」生涯学習社会の建設をめざすことがうたわれている。

続いて，「第二次答申」では，「生涯学習体系への移行」の基本方向として，ライフステージ別・発達段階別の学習・教育についてその連続性・適時性・選

択性などに配慮すること，各種教育活動をライフステージとの関連において総合的なネットワークとしてとらえ直すこと，各省庁所管の教育関連施策および官と民・国と地方の間での役割分担を見直すこと，日本的特色をもった生涯学習の経験・伝統や終身雇用制などとも関連した伝統的な企業内教育などの制度を踏まえて日本の特質を生かした生涯学習体系の構築を考えていくことがあげられ，家庭の教育力の回復，初等中等教育の改革，高等教育の改革と学術研究の振興，社会の教育の活性化の方策が提示されている。さらに，「第三次答申」では，生涯学習体系を構築するために，評価の多元化および生涯学習の基盤整備（生涯学習を進めるまちづくり[2]，教育・研究・文化・スポーツ施設のインテリジェント化）などの方策が提示されている。そして，「第四次答申」では，それまでの3次の答申の内容を受け，改めて「生涯学習体系への移行」の必要性とそのための具体的方策がまとめられている。

(4) **文部省生涯学習局の新設**

臨時教育審議会答申で提示された生涯学習体系への移行に向けて，文部省には1988（昭和63）年の組織改編により「生涯学習局」が筆頭局として新設された。生涯学習局は，新設当時は「生涯学習振興課」「社会教育課」「学習情報課」「青少年教育課」「婦人教育課」（1998（平成10）年に「男女共同参画学習課」に改称される）の5つの課で構成されており，このうち生涯学習振興課を除く4つの課は生涯学習局の新設と同時に廃止された「社会教育局」を構成する4つの課と同じ名称であり，それぞれの所管事務にも目立った変更は見られなかった。一方，生涯学習振興課は「学校教育，社会教育及び文化の振興に関し，生涯学習に資するための施策を企画し，及び調整すること」のほか，放送大学，専修学校・各種学校，学校開放，社会通信教育，大学入学資格検定などに関する事務を所管することになった[3]。

(5) **生涯学習振興法の制定**

1990（平成2）年に，中央教育審議会答申「生涯学習の基盤整備について」がまとめられた。この答申は，生涯学習を推進するにあたって，学習情報を提供することや学習者のための相談体制を整備すること，潜在的な学習需要をもつ

人々へ適切な配慮を行い併せて学習意欲を高めるための啓発活動や学習の成果の評価を行うなど生涯学習を奨励すること，生涯学習施設相互の連携を図ること，関係行政機関等の各種の施策に関し連絡調整を図る体制を整備することがあげられている。とくに，地域における生涯学習推進の中心的な機関として，都道府県に設置される「生涯学習推進センター」と大学・短大などに設置される「生涯学習センター」について検討されており，このうち生涯学習推進センターには，生涯学習情報の提供及び学習相談体制の整備充実，学習需要の把握及び学習プログラムの研究・企画，関係機関との連携・協力及び事業の委託，指導者・助言者の養成・研修，学習の成果に対する評価，地域の実情に応じた必要な講座等の主催といった事業を行うことが期待されている。

　この答申などを受けて，同じく1990（平成2）年に「生涯学習の振興のための施策の推進体制等の整備に関する法律」（「生涯学習振興法」などと略称される）が制定された。この法律は，主に生涯学習の振興のための都道府県の事業などを規定したものであり，民間事業者との連携のもとで生涯学習を振興するために都道府県が作成し文部大臣及び通商産業大臣が承認する「地域生涯学習振興基本構想」に関すること，文部省に生涯学習審議会を設置すること及び都道府県に生涯学習審議会を設置することができることなどが規定された。

3　生涯学習に関わる政策の具体的展開

(1)　重点を置いて取り組むべき具体的課題の提示

　「生涯学習の振興のための施策の推進体制等の整備に関する法律」に基づいて文部省に設置された生涯学習審議会は，最初の答申として，1992（平成4）年に「今後の社会の動向に対応した生涯学習の振興方策について」をまとめている。この答申では，「生涯のいつでも，自由に学習機会を選択して学ぶことができ，その成果が社会において適切に評価されるような」生涯学習社会の構築に向けた具体的課題として，「社会人を対象としたリカレント教育の推進」「ボランティア活動の支援・推進」「青少年の学校外活動の充実」「現代的課題に関

する学習機会の充実」の4つについて検討されている。

　まず，社会人を対象としたリカレント教育の推進については，社会人に対する高度で専門的かつ体系的な再教育の必要性及び民間や企業における社会人に対する学習機会の現状や学習ニーズの動向を踏まえて，体系的・継続的なリカレント教育の学習機会を大学などの教育機関が積極的に提供していくとともに，社会人の学習する意欲を支援するシステムをさまざまな角度から整備していく方策が提示されている。次に，ボランティア活動の支援・推進については，ボランティア活動そのものが自己開発・自己実現につながる生涯学習になる，ボランティア活動を行うために必要な知識・技術を習得するための学習として生涯学習があるとともに学習の成果を生かし深める実践としてボランティア活動がある，人々の生涯学習を支援するボランティア活動によって生涯学習の振興が一層図られる，という3つの視点から，ボランティア活動をめぐる社会的・文化的風土づくりからボランティア活動に対する評価に至るまでの方策が提示されている。

　さらに，青少年の学校外活動の充実については，生涯学習に必要な積極的な意欲，課題発見や課題解決の能力などの基礎は，人間形成の基礎が培われる青少年期に養う必要があり，学校教育における基礎・基本の学習と並んで学校外活動のもつ意義を重視することが重要であることから，同年に月1回の学校週5日制が導入されたことを含めて，家庭や地域における学校外活動の充実のための方策が提示されている。そして，現代的課題に関する学習機会の充実については，社会の急激な変化に対応して，人間性豊かな生活を営むために人々が学習する必要のある課題[4]の重要性が指摘されており，その課題が「現代的課題」として定義されている。その上で，現代的課題には学習者が学習しようと思っても学習機会がなかったり自己の学習課題に結びつかなかったり学習課題として認識されないものも多いことを踏まえて，現代的課題に関する興味・関心を養う学習や活動の機会，現代的課題に関する学習機会の充実のための方策が提示されている。

(2) 地域における生涯学習に関わる施策の方向

　1996（平成8）年にまとめられた生涯学習審議会答申「地域における生涯学習機会の充実方策について」では，地域社会のなかでさまざまな学習機会を提供している機関や施設の生涯学習機能の充実に向けた具体的方策を，社会に開かれた高等教育機関，地域社会に根ざした小・中・高等学校，地域住民のニーズにこたえる社会教育・文化・スポーツ施設，生涯学習に貢献する研究・研修施設の4つの類型に分けて提示されている。そして，それらに横断的・総合的な課題として，施設間の連携・協力の推進，情報化・マルチメディア化への対応，ボランティアの受け入れ，市町村教育委員会の活性化があげられている。また，「学社連携の最も進んだ形態」としての「学社融合」の考え方が取り上げられている。

　1998（平成10）年にまとめられた生涯学習審議会答申「社会の変化に対応した今後の社会教育行政の在り方について」では，社会教育行政をめぐる新たな状況と今後の方向として，地域住民の多様化・高度化する学習ニーズへの対応，生涯学習社会の構築に向けた社会教育行政，地域社会および家庭の変化への対応，地方分権・規制緩和の推進，民間の諸活動の活発化への対応があげられている。そして，そのために必要とされる社会教育行政の今後の展開として，地方分権と住民参加の促進，地域の特性に応じた社会教育行政の展開，生涯学習社会におけるネットワーク型行政の推進，学習支援サービスの多様化について提言されている。

(3) 学習成果の活用，奉仕活動・体験活動への注目

　1999（平成11）年には，生涯学習審議会によって，「学習の成果を幅広く生かす―生涯学習の成果を生かすための方策について―」および「生活体験・自然体験が日本の子どもの心をはぐくむ」という2つの答申がまとめられている。前者では，まず，行政がこれまで行ってきた施策の中心は学習機会の提供であったもののこれからは生涯学習の成果の活用促進にも力を入れる必要があるとされている。そして，そのために活用の機会や場の開発だけでなく社会的な仕組の構築などが重要な課題になるという考え方に基づき，学習の成果を一定

の資格に結びつけていくことが重視され，個人が学習成果を活用して社会で自己実現を図る場として，個人のキャリア開発，ボランティア活動，地域社会の発展，の3つについて具体的方策が提示されている。

　一方，後者では，文部省の調査結果をもとにして，子どもたちの心の成長には地域での豊かな体験が不可欠であるという考え方に基づき，緊急に取り組むことが求められている方策があげられている。具体的には，地域の子どもたちの体験機会を広げること，地域の子どもたちの遊び場を増やすこと，地域社会における子どもたちの体験活動などを支援する体制をつくること，子どもたちの活動を支援するリーダーを育てること，子どもたちを取り巻く有害環境の改善に地域社会で取り組むこと，過度の学習塾通いをなくして子どもたちの「生きる力」を育むこと，家庭教育を支援したり子育てに悩む親の相談に24時間対応できる体制をつくることである。

　さらに，2002（平成14）年の中央教育審議会答申「青少年の奉仕活動・体験活動の推進方策等について」では，いじめ，暴力行為，ひきこもり，凶悪犯罪の増加など青少年をめぐりさまざまな問題が発生して深刻な社会的問題となっているという状況に対処するために，自分の時間を提供して対価を目的とせず自分を含め地域や社会のために役立つ活動としての奉仕活動と，社会や自然などに積極的に関わるさまざまな活動としての体験活動に注目されている。具体的には，初等中等教育段階の青少年の学校内外における奉仕活動・体験活動の推進，18歳以降の個人が行う奉仕活動などの奨励・支援，国民の奉仕活動・体験活動を支援する社会的仕組みの整備，奉仕活動・体験活動に対する社会的気運の醸成のための方策が提示されている。

(4)　国レベルの行政組織の改編

　2001（平成13）年の省庁再編によって文部省と科学技術庁が統合されて文部科学省が発足したことに関わって，同年に，生涯学習局は，「政策課」「学習情報政策課」(2004（平成16）年に廃止され，「参事官」が置かれた)「調査企画課」「生涯学習推進課」「社会教育課」「男女共同参画学習課」の6つの課から構成される「生涯学習政策局」へ改編された。その際，生涯学習局が所管していた青少

年教育に関する事務は，同年に新設された「スポーツ・青少年局」に移管された。また，各種審議会も一部統合され，これまでの生涯学習審議会の機能は中央教育審議会生涯学習分科会に位置づけられた。

(5) 生涯学習に関わる施策をめぐる法律の改正

2006 (平成 18) 年に教育基本法が全面的に改正され，生涯学習の理念についての規定が第 3 条として追加されたほか，学校，家庭及び地域住民等の相互の連携協力についての規定が第 13 条として追加された。また，「教育の振興に関する施策についての基本的な方針及び講ずべき施策その他必要な事項について」の基本的な計画である教育振興基本計画を政府が定める義務，及びその計画を踏まえて各自治体がその地域の実情に応じて教育振興基本計画を定める努力義務の規定が第 17 条として追加されており，国レベルでは 2008 (平成 20) 年に教育振興基本計画が閣議決定された[5]。

また，2008 (平成 20) 年には，中央教育審議会答申「新しい時代を切り拓く生涯学習の振興方策について—知の循環型社会の構築を目指して—」がまとめられている。この答申では，著しく急速な科学技術の高度化や情報化などにより新しい知識が政治・経済・文化をはじめ社会のあらゆる領域で基盤となり重要性を増すという「知識基盤型社会」の到来，および各個人が社会の構成員として人間・社会・環境・経済の共生をめざし生産・消費や創造・活用のバランス感覚をもちながらそれぞれが社会で責任を果たし社会全体の活力を持続させようとする「持続可能な社会」の構築の必要性などから，個人が自らのニーズに基づき学習した成果を社会に還元し，社会全体の持続的な教育力の向上に貢献するという「知の循環型社会」を構築することの必要性が指摘されており，そのための具体的方策が提示されている。

そこでは，国民一人ひとりの学習活動を促進するための方策と，地域住民などの力を結集した地域づくり，及び家庭や地域社会における子どもの育ちの環境の改善のための方策について，「個人の要望」と「社会の要請」のバランスの視点，継承と創造などを通じた持続可能な社会をめざす視点，連携・ネットワークを構築して施策を推進する視点から検討されており，施策を推進するに

当たっての生涯学習振興行政・社会教育行政の再構築が提言されている。とくに，生涯学習振興行政と社会教育行政に関する基本的な検討課題として，行政において生涯学習と社会教育の概念の混同があげられており，学校教育も含めた概念の整理を踏まえて，社会教育行政や学校教育行政あるいは首長部局において実施される各分野ごとの施策の「全体を総合的に調和・統合させるための行政」が，生涯学習振興行政の固有の領域であるという考え方が示されている。

　この答申などを受けて，同年には社会教育法が改正されて，社会教育に関する行政の任務として「生涯学習の振興に寄与する」努力義務が規定されたほか，市町村教育委員会の事務を規定した第5条に，家庭教育に関する情報の提供に関する事務，情報化の進展に対応した学習機会の提供に関する事務，主として学齢児童及び学齢生徒に対する学習機会の提供に関する事務，社会教育における学習の成果の活用機会の提供に関する事務などが追加された。

4　生涯学習に関わる政策の実施主体

(1)　人々の学習活動に関わる政策の多様な実施主体

　人々の学習活動に関わる政策は，国レベルでは主に文部科学省が，自治体レベルでは主に教育委員会が担当している。しかし，生涯学習という言葉が一般的に使用される以前も含めて，教育行政以外でも，たとえば，厚生労働省系統の社会福祉施策や職業能力開発施策，農林水産省系統の農業改良普及施策や後継者育成施策，経済産業省系統の消費者教育施策や，総務省系統の地域づくり関連施策[6]や情報通信技術関連施策，警察庁系統の交通安全関連施策や防犯施策，環境省系統の環境教育施策，法務省系統の人権教育施策や裁判員制度関連施策など，それぞれの担当分野において人々の学習活動に関わる政策が実施されてきている。また，内閣府による少子化社会対策・高齢社会対策・青少年育成・男女共同参画・交通安全対策・防災・食育推進などに関わる施策は，教育行政も含めた行政横断的な政策として実施されている。

　学習活動の範囲を限定しなければ，それぞれの学習活動の中で取り上げられ

るテーマ・内容は極めて多様なものとなる。また，生涯学習という言葉が一般的に使用されるようになってからは，ますます多様なテーマ・内容が取り上げられ，政策も含めてその支援の方策が問われるようになっている。その際，教育行政よりもそれ以外の行政が支援に必要なノウハウをもっている場合が少なくないこと，および各行政がそれぞれの担当分野における政策を総合的に推進していくためには結果として人々の学習活動への支援が必要になってくることなどから，教育行政以外の行政が人々の学習活動に関わる政策を実施するに至っている。

(2) **行政間の連携による政策の実施**

生涯学習に関わる政策は，人々の多様な学習活動を支援するという性格もあって，教育行政以外でも何らかの形で人々の学習活動に関わる行政も政策の実施主体になり，行政横断的に政策を実施することが望ましいものとされてきた。そこでは，国レベルでは主に生涯学習政策局が，自治体レベルでは主に教育委員会の生涯学習主管部課が，自らも学習機会の提供や民間で提供されている学習機会の支援などを実施しながら，関連行政間の連絡・調整役にもなって，それらの連携のもとで政策の実施が図られてきた。自治体レベルでは，主に都道府県知事・市町村長などを組織の長とする「生涯学習推進本部」「生涯学習推進会議」などの名称の行政横断的な組織が設置された自治体もある[7]。

ただし，国レベルは別として，自治体レベルでの行政間での連携による政策の実施状況は，そのような行政横断的な組織の有無にとどまらず，一律ではない。たとえば，自治体レベルでは，生涯学習に関わる政策について，主に5年間程度を想定した中期計画として「生涯学習推進計画」などの名称の計画が策定されている（教育振興基本計画がこれを兼ねている場合もある）が，そのなかに含まれている具体的方策の内容やそれらの方策の体系化のされ方は自治体による相違が目立つ。生涯学習に関わる政策の実施主体が多様であればあるほど，それらの連携による政策の実施状況もまた多様になるといえる。

5 生涯学習に関わる政策の課題と展望

(1) 生涯学習支援における社会教育の位置づけ

今日まで実施されてきた生涯学習に関わる政策の課題として，主に次の2つがあげられる。一つは，生涯学習に関わる政策が，学校教育支援や家庭教育・子育て支援といった，主に子ども（及びその親や教員など）を対象とした施策を中心として実施されてきたということである。とくに社会教育施策に関していえば，先述の2008（平成20）年の中央教育審議会答申も指摘しているような，政策の実施体制が確立する過程で「生涯学習＝社会教育」という誤解が広まってしまったという状況のなかで，社会教育に関わる施策が広く成人を対象とした学習支援よりもむしろ，学校教育・家庭教育支援にますます重点を置くようになってきたことは否定できない。

政策レベルにかぎらず生涯学習の理念は，学歴社会の弊害の是正を目的として人々の多様な学習活動を支援することにある。そこでは，学校教育・家庭教育支援の重要性は認められるものの，それが教育全体さらには社会における従来のような学校教育・家庭教育の位置づけを前提とするものではないということが広く認識される必要がある。学校教育・家庭教育と社会教育の基本的性格の相違を踏まえて，学校教育・家庭教育施策と社会教育施策との関係を再構築することが，生涯学習に関わる政策には求められる。

(2) 政策における教育行政の役割

もう一つは，生涯学習に関わる政策が，実際には必ずしも行政横断的に実施されてきたわけではないということである。自治体においては，実質的に，教育委員会における生涯学習主管部課の業務のみが生涯学習に関わる政策であると理解されている場合も少なくない。一方，現在では，教育委員会が所管していた生涯学習に関わる業務が教育委員会以外（首長部局）へと移管されている自治体もあるが，そこでは，教育行政による政策が生涯学習に関わる政策から切り離されている場合もある。

このような状況は，いわゆる「縦割り行政」の弊害とみなすこともできるで

あろう。しかし，単に縦割り行政の弊害にとどまらず，生涯学習に関わる政策が実質的に教育行政によってのみ実施されていることと，生涯学習に関わる政策から教育行政が切り離されていることという，一見すると相反する実態が混在していることの根本的な問題点をとらえることが重要であろう。そのためには，たとえば高齢者を対象とする学習支援に注目すると，それを教育行政が実施する場合と厚生労働行政あるいは他の行政が実施する場合で具体的に何が異なるのか，それはどのような理由によるものなのかということを，政策の実施に当たって明らかにすることが求められる。教育基本法を始めとする各種法令に規定されているような教育行政の原則を踏まえつつ，生涯学習に関わる政策を実施するためにはどのような連携・ネットワークの形成が必要であるのかということについて，あらためて検討することが不可欠である。　【松橋 義樹】

注
1) 文部科学省では，1971（昭和46）年度の「青少年奉仕活動促進方策研究委嘱」「婦人奉仕活動促進方策研究委嘱」以来，さまざまなボランティア活動関連施策を実施してきた。なお，この点に関しては，鈴木眞理『ボランティア活動と集団─生涯学習・社会教育論的探求』学文社，2004を参照のこと。
2) 文部省では，1988（昭和63）年度から1996（平成8）年度まで都道府県への国庫補助による「生涯学習モデル市町村事業」を実施しており，また，1970年代後半からは「生涯学習都市宣言」を行う市町村も現れていた。
3) なお，1991（平成3）年には，「民間事業者の能力を活用しつつ行う生涯学習の機会の整備の推進に関する事務（他課の所掌に属するものを除く。）」を担当する「民間教育事業室」が設置されており，2004（平成16）年に「民間教育事業振興室」に改称されて現在に至っている。
4) 答申では，具体的な現代的課題の例として，生命，健康，人権，豊かな人間性，家庭・家族，消費者問題，地域の連帯，まちづくり，交通問題，高齢化社会，男女共同参画型社会，科学技術，情報の活用，知的所有権，国際理解，国際貢献・開発援助，人口・食糧，環境，資源・エネルギーがあげられている。
5) 文部科学省の調査によると，2010（平成22）年4月1日現在の自治体の教育振興基本計画の策定状況について，都道府県では策定済み28・新たに策定9・他の計画の見直しにより策定9・未定または検討中1，市町村（特別区を含む）では策定済み486・新たに策定または他の計画の見直しにより策定564・未定または検討中700（数値は自治体数）となっている。

6）旧自治省が1969（昭和44）年の国民生活審議会コミュニティ問題小委員会報告『コミュニティ―生活の場における人間性の回復―』に基づいて実施してきたいわゆるコミュニティ施策は，社会教育行政による施策との異同がとくに注目されてきたものである。
7）国レベルでは，生涯学習審議会に文部大臣が任命する幹事が置かれ，主に各府省庁の局長などが担当していた。2001（平成13）年に生涯学習審議会の機能が中央教育審議会生涯学習分科会に位置づけられてからは，中央教育審議会に文部科学大臣が任命する幹事が置かれ，生涯学習分科会の所管事務を補佐している。

キーワード

文部（科学）省　　社会教育審議会　　中央教育審議会　　臨時教育審議会　　生涯学習局　　社会教育局　　生涯学習振興法　　生涯学習審議会　　生涯学習政策局　　教育基本法　　社会教育法

この章を深めるために

1．本章で取り上げた答申のなかからもっとも関心があるものについて原文を入手し，そこで提起された政策がどのように実現されたか・されなかったか，調べてみよう。
2．自分が住んでいる地域の生涯学習審議会あるいは社会教育委員の会議の答申・提言を，同時期の国や他の地方自治体のものと比較してみよう。

参考文献

日本生涯教育学会編『生涯学習社会の総合診断』（日本生涯教育学会年報　第10号）1989
日本社会教育学会編『生涯学習体系化と社会教育』（日本の社会教育　第36集）東洋館出版社，1992
岡本薫『新版入門・生涯学習政策』全日本社会教育連合会，1996
鈴木眞理・松岡廣路編著『生涯学習と社会教育』（シリーズ生涯学習社会における社会教育　第1巻）学文社，2003

第6章　生涯学習の社会的文脈

1　生涯学習の多様性と社会的文脈

　生涯学習にかかわる制度や実践，理念の具体的な実例は，形態や対象者が比較的限定される学校教育と比較して，遙かに多様性に富んでいる。これは，「生涯学習」という語で指し示される実際の事例が非常に幅広く，加えてそれらの多くが学校教育ほど確固として制度化・定型化された営みではなく，それぞれの社会的文脈に応じた可変性が高いためであろう。ここでいう社会的文脈における「社会」とは，国として理解してもよいし，それより大きなあるいは小さな範囲の地理的範囲のまとまりでもよい。もちろん，地理的な圏域のみに社会的文脈というとらえ方を限定する必要もない。市場経済，自発的な社会参加による共同性，あるいは所得・学歴やエスニシティ，ジェンダー等による人々の階層化，といったさまざまな次元の社会的文脈に応じて，同一の地域においてもさまざまな生涯学習の制度・実践・理念が現れうる。

　このような生涯学習の営みの多様性を考えたとき，事例の特色とその位置づけをどのように理解すべきかについて，いくつかの注意が必要となる。第1に，おのおのの事例が生成し，継続してきた背景が詳しく触れられずに，優れた（と見える）側面のみが言及される例がしばしば見られる。しかし，そのようなとらえ方では，ある事例が特定の社会的文脈においてのみ生成し持続してきたことの意味が見失われ，またその事例が現実にかかえる問題点も見逃されてしまう。

　第2に，生涯学習にかかわるさまざまな事例の特徴が，文化的伝統や地域性といった要素で説明されることが時として見られる。たしかにこのような理解

が常に意味がないとはいえないが，有効とは言いがたい場合も多い。たとえば，日本，韓国，中国のように，地理的に隣接する同じ漢字文化圏のなかでも生涯学習に関する政策の傾向はそれぞれ大きく異なっている。

日本においては人々の「心の豊かさ」「生きがい」と結びつけるかたちで「生涯学習」の支援のあり方が政策的にとらえられ，文化・スポーツ活動志向，非職業志向の学習活動の支援が政策的に重視されるという特徴が見られてきた[1]。これは韓国や中国における「生涯学習」の政策的なとらえ方と，かなり様相が異なっている。韓国における平生教育（韓国で「生涯教育」を表す用語）政策は，学歴主義の強さを背景として，高等教育機会の拡充・補完を中心とする傾向が強かったが，1990年代末からの経済危機以降，産業構造の変化や失業問題に対応するための人材開発，職業教育的性格をも強めている。また中国では，識字率の低さや文化大革命期における学校教育の混乱を背景に，基礎教育の補完や在職教育を中心とする成人教育事業が中心となってきたが，改革開放路線による飛躍的な経済成長を背景に，高等教育の拡充や，高度な職業教育の機会としての「生涯学習」政策・事業が1990年代以降重視されるようになっている[2]。

生涯学習の多様性は，地域性や文化的伝統といった曖昧な切り口や，その事例固有の要素だけで説明されるのではなく，国民形成・統合の段階，階級やエスニシティの葛藤の問題，ボランタリズムと政府の対抗／協同的関係，教育・学習内容の志向性（教養／職業能力／基礎教育），社会における学校教育の普及程度，産業構造や労働市場の特徴，国際経済・国際政治におけるそれぞれの社会の位置，等々，普遍化・比較可能な複数の背景要因—社会的文脈—を整理したうえで把握される必要がある。われわれが生涯学習に関するさまざまな事例を学ぶのは，ある時代・社会において行われている生涯学習の制度や実践，理念を，他の状況において適用することにどこまで有効性があるかを知るためであるといえる。しかし，複数の事例を適切に位置づけていくための準拠枠に関する視点をもたないことには，その適用可能性を判断することはできない。

とはいえ，生涯学習の営みは上にあげた多様な社会的文脈に複雑に規定され，かつ，「学校制度」・「子ども」という枠組みにとらわれずに柔軟に展開される

ため，それらのさまざまな事例の体系的な整理は容易ではない。この章では，さまざまな生涯学習の制度・実践（またはそれに関わる理念）の多様性を整理するうえでの視点をいくつか設定したうえで，生涯学習研究のなかでしばしば言及される事例がそのなかでどのように位置づくのかを検討する。おのおのの事例に関する記述はあくまで簡略にとどめ，生涯学習の複数の制度・実践・理念を比較するうえで，どのような視点の設定が必要であるかを示すことが，この章の趣旨となる。

2　生涯学習とボランタリズム・国家・地域社会

(1)　成人教育事業の源泉としてのボランタリズム

　欧米諸国の多くでは，ボランタリー＝自発的に形成された団体・組織による学習活動が，近代における成人教育の歴史的源泉として重要な位置を占めてきた。

　イギリスにおけるそのような事例として，17世紀以降に数多く出現したコーヒーハウスがあげられる。コーヒーハウスはロンドンだけでも17世紀末には2000を超えたとされ，雑談のできる飲食店という当初の機能を超えて，時事問題や科学に関する最新情報の交換，自由な討論，専門的な講義が，参加する者の間の平等な立場を前提として行われ，人々の学習活動の拠点としての役割を果たしていた。コーヒーハウスを拠点とする各種のクラブは後に，政治，文学，科学等の分野の協会（society）へと成長していき，講義・討論活動の拡大と広域的な組織化，また図書館や博物館の設立にも携わっていった。

　アメリカでも，フランクリン（Franklin, B.）の主催したジャントー（Junto）のように，プロテスタントの宗教・生活倫理を基盤とした自発的な学習組織が18世紀から出現していた。1820年代には住民の学習組織による知識普及と公立学校の普及・改善を目的としたライシャム運動（Lyceam Movement）が生まれ，各地に広がった。また1870年代以降，読書サークルの学習活動を基盤に綿密な学習プログラムを実施してきたショトーカ運動（Chautauqua Movement）は，

今日までアメリカの成人教育において重要な役割を果たしている[3]。

　フランスでは，アソシアシオン（association）と呼ばれる非営利民間団体が，義務教育制度がまだ浸透していなかった19世紀に，啓蒙事業としての民衆教育（éducation populaire）運動を進めていった。これらのアソシアシオンは，当初は政府によりその活動を禁止されていたという経緯もあり，政治権力に対する自立性・批判的志向が強いものも多かった。第2次世界大戦後，とくに1960年代以降，フランスではそれまでの民衆教育運動による知識・文化の一方的伝達という性格が批判的にとらえられ，学習・文化活動を通して人々の自発性や共同性を活性化させるアニマシオン（animation）理念がとくに重視されるようになるとともに，その制度化が進む。しかし公的制度だけでなく，民衆教育運動の伝統を引き継いだ民間団体によるアニマシオン活動も，今日に至るまで大きな広がりを見せている[4]。

(2)　ボランタリズムの興隆とその背景

　このような成人教育を支えるボランタリズムの歴史は，後の生涯学習支援の制度化の基盤を形成すると同時に，市民参加に支えられた公共性のあり方を理念的に指し示すものとして今日的な意義をもつものでもある。他方，そのようなボランタリズムの意義を無批判に強調することが，行政による生涯学習支援への制度的保障の後退を正当化する論理につながってしまうことにも留意する必要がある。生涯学習を支える原理として人々の自発的な参加が重要なことは無論であるが，上に紹介した事例を規定していた社会背景を把握することで，ボランタリズムという理念を相対化することもまた必要である。

　そもそも，先進諸国において公教育が国民全体をカバーする制度として実質的に機能し始めたのは19世紀になってからであり，それ以降も制度で十分に補償されない教育機会は，今日と比べ遙かに多かった。すなわち，基礎教育から高度な教養，専門知識に至るまで，国家による教育制度の圧倒的な不十分さを補うものとしてボランタリズムが機能していたといえる。

　また，このような成人教育事業の源泉となったボランタリズムの多くが，比較的富裕な商工業者層・専門職層としての中産階級によって担われていたこと

も，理解する必要がある。とくに，階級社会としての側面の強いイギリスで典型的に見られたように，教育・啓蒙活動への自発性を主に支えていたのは，近代産業・国家を担う層としての中産階級特有の意識であったといえる。

他方で，当初は中産階級中心の学習活動の埒外に置かれていた労働者階級が，やがて教育普及の対象として浮上する局面，さらには労働者階級自身が成人教育の担い手となっていく局面が歴史的に存在していたことも見逃せない。イギリスの機械工講習所[5]や大学拡張事業[6]の展開の歴史は，同国における中産階級と労働者階級の教育機会格差，あるいは利害対立を抜きに説明することはできない。生涯学習を支えるボランタリズムはそのなかに，知識へのアクセスのあり方をめぐる階級間の格差や葛藤の問題を内包してきたのである[7]。

(3) 国民国家の形成と生涯学習

近代ヨーロッパの多くの国において成人教育事業が生成した背景には，帝国主義時代の軍事的・経済的な国家間競合を背景とした，近代的な国民国家形成への強い要請もまた存在していた。ボランタリズムに支えられたものであれ，政策として推進されたものであれ，国民の形成・統合という課題は，成人教育事業の背景として大きな位置を占めていた。

19世紀前半のデンマークでは，ナポレオン戦争による国力衰退，領内のドイツ系住民による独立運動等を背景として，国民としてのアイデンティティの覚醒をめざす言論・出版運動が活発化していた。この状況下で教育者グルントヴィ（Grundtvig, N.F.S.）は，農村青年を主対象として母国語教育をはじめとした教養教育を寄宿制の施設によって推進する，民衆大学（Folkehøjskole）の構想を提示した。1850年代以降，デンマーク各地にグルントヴィの構想を基にした民衆大学が建設されていく。この民衆大学のモデルは，北欧諸国やドイツ等にも強い影響を与え，類似した施設が設立されている。

ドイツでは，18世紀から庶民を対象とした基礎教育，啓蒙活動が行われており，19世紀後半には民衆教育（Volksbildung）と呼ばれるようになる。1871年にはドイツ帝国の国民統合のための教育を志向する民衆教育普及協会が設立され，小国に分立していたドイツの政治的・文化的な統一をめざす教育活動が進

められる[8]。第1次世界大戦後のヴァイマール期には，知識の伝達だけでなく道徳・美的価値をあわせた人格の完成という目標が重視されるようになり，前述のデンマークの事業をモデルとする民衆大学（Folkshochschule）が民衆教育の施設として急速に普及していった。

このような国民形成をめざす成人教育の事業は歴史的に見て，先進諸国のなかでも，産業化・国民統合が相対的に立ち後れた社会，他国からの脅威や敗戦・領土縮小等の危機的状況に置かれた社会において，とくに強力に推し進められた。民衆大学のように，資格取得をともなわない教養型の成人教育施設が，さまざまな曲折を経ながらも現在まで存続しているのは，教養の獲得を通じた能動的な「国民」の形成が，ある時期において切実に求められたという歴史的経緯を色濃く反映したものである。

もちろんこのような国民の形成・統合という課題は，過去のものではない。とくに，貧困層やエスニック・マイノリティをいかに国民として統合していくか，また，国民統合と文化的多様性とをいかに両立していくかは，今日の多くの先進国にとって生涯学習における重要な目標となっている。

(4) 地域社会に密着した生涯学習とその多様性

国民統合の要請による生涯学習の事業・制度が，同時に地域社会レベルの要請に応じて多様な形態・機能を果たすケースもある。日本の公民館は，第2次世界大戦直後の連合軍占領下における一連の民主化政策に呼応する形で，地域の社会教育の拠点として設置されたものであった。その元来の目的には，敗戦後の日本にとっての新たな価値・目標となった「民主主義」「文化国家」理念の普及があった。農村部を中心に各地に設置された公民館は，それらの戦後の社会理念の普及という機能を果たしつつも，地域課題や趣味・教養学習の拠点，地域団体・サークルの活動の拠点等，地域に根ざした多様な学習活動の場として機能するようになる。現在においてもその施設規模，事業内容は，それぞれ地域の要請・事情に応じてさまざまである。

地域社会に密接に対応して生涯学習の機会が多様に提供される施設は，日本以外でも見られるが，その性格には明確な相違も見られる。たとえばアメリカ

におけるコミュニティ・カレッジは，四年制大学への進学準備教育の機能を有するものが多く見られることからわかるように，元来は二年制の高等教育機関としての位置づけにあり，高等教育の普及・機会均等という役割が拡充して，地域における生涯学習の拠点となったものである。また，ドイツにおける民衆大学は，多様な学習機会のなかでも，中等学校の修了証取得，語学や職業継続教育の資格取得をめざした学習等，知識提供型プログラムをとくに中心としてきた。この背景には，ドイツの分岐型中等教育制度とそれに起因した大学進学率の低さがある。学校教育では充足されない知識提供型の教育機会を民衆大学が地域レベルで満たす，という側面が多分にあるといえる。

このように，地域に密着した生涯学習の施設は，地域社会の特性に応じた多様性という点で，どの社会でも類似した様相をもつようになるが，看過できない違いもまた存在する。その相違は，施設が制度化された経緯や，他の学習機会，教育制度の状況に起因するものであり，ある社会における制度の特色を単純に他の社会に導入するのは難しいということにも留意する必要がある。

3　職業教育と生涯学習

(1) 先進諸国における生涯学習と職業教育・人材養成

20世紀前半までの先進諸国の成人教育においては，階級間格差や国民統合という課題を背景として，とくに教養的知識へのアクセスの問題が重要な位置を占めていた。しかし1960年代以降になると，とくにヨーロッパにおいて，産業・経済の競争力に資するような人材養成の手段としての生涯学習のあり方が，教養的知識の学習機会以上に重視されるようになる。このような職業能力へのシフトは，ヨーロッパ諸国の経済的競争力の低下，若年層を中心とした高失業率化が進むなかで生じたものであった。またこの変化は，教養的な知識を基盤としてきた伝統的な成人教育事業の見直しを迫る圧力としても現れてきた。

フランスでは1960年代に，機会均等の理念に基づき労働者個々人の職業能力と社会的地位双方の向上をめざす「社会的昇進」(promotion sociale) 理念の下

で，職業教育の体系化が進められた。1970年代には，労働者の有給教育休暇が制度的に保障され，また企業に対し支払い総賃金の約1％を従業員の教育訓練に使用することを義務づける1％課徴金制度が導入される等，企業を巻き込んだ職業教育支援の制度が構築されていった。さらに1980年代にはこれらの職業教育支援制度が経済成長・企業利益優先であるとの批判が高まり，職業資格取得の機会を個人の権利として位置づけ，そのための教育機会をすべての人に対して公的に保障する，教育クレジット制度が導入された。

教養的知識が成人教育事業のなかで重視されてきたイギリスでも，1970年代以降，職業能力を中心とする成人教育への注目が高まった。1986年には全国職業資格協議会が政府主導で設立され，それまで各種の団体が独自に設定してきた職業資格の系統化が図られるようになった。

デンマークにおける民衆大学も，より実際的な職業能力養成への期待が高まるなかで，校数・学生数ともに減少をみせ，宿泊をともなう非資格型・教養教育中心，という民衆大学の本来の性格が，学習機会に対する現実の需要に十分に対応できなくなっている動向が見られる。

アメリカでは，政府による職業教育の振興がヨーロッパ諸国よりも比較的早期から進んだ。すでに18世紀後半には，大学の農業技術普及事業に対する連邦政府の支援の制度化の動きが生まれていたが[9]，1917年に制定されたスミス・ヒューズ法では，各種の職業教育促進のため連邦政府から州への補助金支出が定められ，職業教育が後のアメリカの生涯学習支援のなかで重要な位置を占めるうえで重要な契機となった。20世紀初頭に資本主義経済の発展と生産管理技術の革新がヨーロッパを追いこす形で急速に進んだアメリカでは，学校での普通教育では職業能力養成の機能は不十分であるという産業界等の要望が，職業教育に対する推進政策を早い時期に実現させる原動力となっていた[10]。

(2) **日本における生涯学習と職業能力開発**

日本でも，臨時教育審議会第二次答申（1986年）のなかで「生涯学習体系への移行」の一環として職業能力開発の総合的推進が提示される等，職業能力と生涯学習支援政策との関連が議論されてきた。しかし，欧米と比較すると，公

的な生涯学習支援において職業能力に直結する事業の比重がかなり小さいという点で，日本は特殊な位置を占めてきた。1でも触れたように，日本において，「生涯学習」は「心の豊かさ」や「生きがい」のための教養・趣味の学習，いわば「消費されるもの」としての学習機会を提供する施策としてとらえられる傾向が強く，1970〜80年代に興隆したカルチャーセンターなどの民間教育産業の存在も，そのような生涯学習観を増幅させる一翼を担っていたといえる。

　このような生涯学習支援施策と職業能力開発との乖離の背景には，新卒採用・年功賃金・終身雇用を軸とする雇用慣行が大企業を中心として第2次世界大戦後に一般化したこと，そのため職業能力開発が企業内教育を中心として展開してきたこと，1980年代までは日本経済の国際競争力の高さなどからとくに若年層の失業問題が他の先進国と比較して大きな問題として浮上してこなかったこと，等の経緯があったことを押さえねばならない。また戦後日本の教育学研究においても，具体的な職業技能の獲得に関する学習についての議論は全体として不活発であり，そのような議論をすること自体が「経済への教育の従属」につながる，といった忌避感が存在していた。さらに，労働行政の側から見ても，「職業訓練」を反復練習による技能の習得に限り，知識の獲得に重きを置かないというとらえ方をする傾向が長らく見られた。このような「教育・学習」と「職業能力」との断絶は，文部科学省（旧・文部省）による教育行政と，厚生労働省（旧・労働省）による職業能力開発関連行政（職業能力開発校，職業能力開発大学校などの公的職業訓練）との，縦割り的な棲み分けとしても現れ[11]，双方の関係者の相互理解の不足，制度的連携の不足につながってきた。日本でも，職業能力という観点が生涯学習支援において不可欠であることは，上述のように臨時教育審議会答申などで理念的には指摘されてきたものの，実際には旧来の社会教育行政が拡充する形で生涯学習支援施策が展開されてきており，「職業」の位置づけは，周縁的なものにとどまってきたといえる[12]。

4　南北問題と国際的な理念展開

(1)　発展途上国における生涯学習と「解放」の理念

　アジア，アフリカ，ラテンアメリカ等の発展途上国の多くでは，基礎教育普及の遅れを背景として貧困層に対する識字教育，生活改善のための啓蒙が中心となってきた。むろん，先進諸国においても，貧困層・被差別層，移民等のエスニック・マイノリティのように学校での最低限の基礎教育を享受できない人々に対する施策が多く存在する。しかし多くの発展途上国において，生涯学習支援における基礎教育補償の比重は遙かに大きいといえる。

　例としてブラジルでは，義務教育（8年間）においても貧困による早い段階での中途退学者が多く，高い非識字率につながってきた。また，奴隷制度が19世紀末まで残存していた影響から，黒人およびメスチソ（黒人と先住民との混血）の貧困率が高いこと，とくにブラジル北東部では，大土地所有制に基づくモノカルチャー経済や自然条件の厳しさの影響を受けて貧困率がとくに高いこと等，貧困層，非識字層が，民族的，地域的に偏在していることも特徴である。

　このため，ブラジルにおける青年教育・成人教育事業は識字を中心とした補習教育を中心に展開されてきた。憲法（1988年）や教育の方針と基礎に関する法律（1996年）では，就学適齢期に教育機会を得られなかった人々への無償の教育機会保障が規定されている。この補習教育は読み書き計算の初歩や職業教育，教科学習等を含み，通学，通信教育，ラジオ，テレビ等の手段を通じて，初等・中等教育の資格が取得可能となっている[13]。

　発展途上国の貧困や抑圧，学校教育普及の遅れ，あるいは学校教育で提供される知識と現実生活に必要な知識との大きな乖離は，不利益層の自己決定とそれに基づく社会変革を志向する生涯学習理念が登場する背景にもなってきた。たとえば，ブラジル，チリ等で貧困層への識字教育活動を行ってきたフレイレ（Freire, P.）は，一方的な知識注入（「銀行型教育」）ではなく，人々が自身の置かれた社会状況を把握・表現する手段として識字能力をとらえ，主体的に現実の変革，自らの解放に向かう過程（「意識化」）のための教育のあり方（「課題提起教

育」）を，『被抑圧者の教育学』(*Pedagogia do Oprimido*, 1970) 等で提示した。彼の教育理念は，社会構造のなかで抑圧され基礎教育の享受も阻まれた人々にとって本質的に必要な学習内容・方法とは何か，という問いから生まれている。

また，『脱学校の社会』(*The Deschooling Society*, 1970) を著したイリイチ (Illich, I.) は，学校・義務教育制度への依存が人々の学習への自発性をむしろ奪ってきた，という批判を展開した。イリイチは，自発的な学習を支援する仕組みとしての「機会の網状組織」(opportunity web) を，学校に代わる教育制度として提唱した。彼の構想は，プエルトリコでの布教活動経験等を経て，途上国の学校教育がコミュニティの発展に必要な個々人の基礎的能力の発達に寄与しておらず，むしろ阻害要因になっているという認識に基づいたものであった。

フレイレ，イリイチの提言は，具体的な学習内容，学習支援方法のアイデアを数多く含むものでもあるが，それを社会的文脈から切り離された純粋な技術・方法としてとらえることには慎重であるべきであろう。彼らの提言は，（発展途上国であるか否かにかかわらず）社会構造のなかでの抑圧・不利益をうける立場にある人々，適切な基礎教育の機会が与えられない人々にとってのエンパワメント，という文脈において，その意義が十分に生かされるものといえる。

このような「解放」を根幹に据えた生涯学習の理念は，国際機関が提唱する生涯学習理念にも影響を与えてきた。もともと，ユネスコの成人教育担当ラングラン (Lengrand, P.) による「生涯（統合）教育」の理念や OECD による「リカレント教育」の理念のように，1960～70年代の生涯学習にかかわる国際的な理念の背景には，先進諸国における経済社会状況の変化への対応という目標が重要な位置を占めていた。しかしその後，ユネスコにおいてラングランの後を継いだジェルピ (Gelpi, E.) は，社会構造のなかでの被抑圧者に重点を置いて生涯教育をとらえる視点を提示した（前平泰志訳『生涯教育』1983）。1980年代以降のユネスコでは，被抑圧者の生存と自己決定の権利を保障するための生涯学習，という視点が強調されていく。この背景には，ユネスコにおける途上国の発言力が増大し，南北問題という国際的な矛盾構造が教育理念の中心的課題として浮上してきたという変化があったことも見逃せない。

ユネスコがパリで開催した第4回国際成人教育会議 (1985年) における「学習権宣言」では,「文化的な贅沢品」, または単なる経済発展の手段としてではなく, 人間の生存にとって不可欠な手段, 人々の基本的権利としての「学習権」という考え方が提唱されている。この学習権は,「男性や工業国や有産階級や, 学校教育を受けられる幸運な若者たち」といった有利な立場にある特定集団に限定された排他的特権であってはならないことも強調されている。
　また, ユネスコの第5回国際成人教育会議 (1997年) で採択された「成人学習に関するハンブルグ宣言」では, 地球規模での格差・差別問題, 貧困問題, 環境問題の解決, 平和と民主主義の達成のために, 人間中心の社会開発, 参加型の社会が不可欠であること, とくに識字学習をはじめとした被抑圧者のエンパワメントにつながる学習権保障の必要が宣言されている。このような学習権保障の理念については, 他方で「多様性と平等」との両立が求められており, 先住民やマイノリティー・グループの母語による学習, 伝統的な知識や文化が尊重されねばならないことも謳われている。このハンブルク宣言の起草においては, 生涯学習に関わる NGO も参加しており, 国際的な理念の提起に国境を超えて活動するボランタリーな組織が関与する状況も注目されよう。
　さらに, ブラジル・ベレンで開催された第6回国際成人教育会議 (2009年) において採択された「行動のためのベレン・フレームワーク」では, 被抑圧者の解放に向けた生涯学習の理念を提示するだけでなく, 政策・事業策定のあり方や, 事業実施を支える財政に関する具体的な提言, 事業実施状況のモニタリングなどへの言及も見られる。いわば,「理念の提示」としての提言から,「理念の実現」を視野に入れた提言への性格の変化がみてとれる[14]。

(2) 生涯学習政策における国家の相対化——EU の試み

　国際機関の理念展開とともに注目すべき動向として, 国際機関による生涯学習政策の本格的な計画・実施があげられる。とくに, EU (欧州連合) による生涯学習政策の展開は重要であろう。すでに 1970 年代から EC (欧州共同体) 加盟国間では, 共通の職業教育, 高等教育プログラムが導入されていたが, 1993 年の EU 正式発足以降, EU 域内における人的交流や共同事業を推進するため,

それらの事業の拡充がはかられてきた。代表として，高等教育に関する「ソクラテス」計画や，職業訓練に関する「レオナルド・ダ・ヴィンチ」計画があげられる。これらの計画は 2007 年から，7 カ年計画である「生涯学習プログラム」としてさらに再編された。この「生涯学習プログラム」は，「グルントヴィ」（成人教育），「レオナルド・ダ・ヴィンチ」（職業教育），「エラスムス」（高等教育），「コメニウス」（初等・中等教育）の 4 つのサブプログラムとともに，言語，情報通信技術などに関する横断的プログラムや，欧州統合に関する研究を行うジャン・モネ・プログラムを包括したものである。「生涯学習プログラム」においては，さまざまな分野で，EU 域内の人の移動や教育・研究の多国間協力がめざされており，各国の政府の政策を通してではなく，国境の枠を超えて個々の事業に直接支援が行われている。他分野の EU 政策と同様，「国家」の枠組みがある程度相対化される形で，生涯学習に関する事業の実施が試みられているといえる。

このようなヨーロッパにおける生涯学習政策の基調として，アメリカや日本，その他新興諸国に対する経済的競争力維持という，ヨーロッパの共通利害に基づく戦略がある。2000 年の欧州首脳会議では，知識基盤型経済の構築を目標として生涯学習による人材育成，高度な労働力の確保を重視するリスボン戦略が提起され，以後の EU の生涯学習政策の基盤となった。

他方，リスボン戦略に基づく国際的政策が生涯学習を過度に平準化し，職業教育や短期的成果を視野に入れたプログラムへの偏りを生み出す，という弊害を批判し，それぞれの国家や地域社会が長い期間をかけて形成してきた生涯学習支援制度の重要性を指摘する議論も EU のなかで見られる。EU では，「多様性の中での統一」や，社会参加を促進する能動的市民性（active citizenship）も「生涯学習プログラム」総体における目標として重視されているが，これには，リスボン戦略が経済競争力のための人材養成を強調しすぎていることへの反発という側面もある[15]。

このような国際的な広がりをもった政策・事業は，あくまでヨーロッパ統合の歴史的経緯と経済的，社会的背景に基づいてはじめて展開しうる取り組みで

あり，また，その取り組みについてすでに多くの問題が指摘されていることも理解する必要がある。ではあるが，日本を含め，地域・国家を相対化する生涯学習政策の可能性と問題をより現実的に検討していくためにも，このようなEUの動向には今後も注目していく必要があろう。

5　生涯学習の比較検討における有効性・実践性

　これまでに示してきた，生涯学習の多様性を規定する社会的文脈の視点は，あくまで例にすぎない。生涯学習のどの側面に着目するか，どの社会の事例に着目するかによって，さらに新たな比較の視点が設定可能であろう。

　生涯学習に関わる制度・実践・理念に関する検討は，ややもすると表面的な情報のみに基づいて，その事例の何が優れているのか，自らの住む社会における生涯学習には何が欠けているか，といった短絡的な議論をしてしまうことに陥りがちである。しかし，各々の制度や実践がどのような社会的文脈に対応して存在しているのか，あるいは，その社会的文脈のなかで機能・役割上どのような問題が指摘されてきたのか，という視点で冷静にとらえる姿勢がなければ，比較という営為が実践的意義をもつことは難しい。生涯学習が多様であるということをただ漠然と把握するだけでなく，その多様性を規定するもろもろの社会的文脈に注目することは，制度・実践・理念が今後どのように変容していくのか，他の社会にも適用可能なのか，を論じるうえで不可欠といえよう。

【久井　英輔】

注
1）岡本薫「日本型生涯学習支援論」鈴木眞理・松岡廣路編『生涯学習と社会教育』（シリーズ生涯学習社会における社会教育Ⅰ）学文社，2003，p.162-163.
2）韓国，中国の生涯学習関連施策の動向について詳しくは，李正連「韓国平生教育の動向と課題」（新海英行・牧野篤編『現代世界の生涯学習』大学教育出版，2002），および上田孝典「現代中国における生涯教育政策の展開」(ibid.)。
3）イギリス・アメリカにおけるボランタリーな団体の興隆と中流階級との関係を扱ったものとしては，梅津順一「フランクリン・デフォー・マザー——中産層とアソシエーショ

ンの構想一」関口尚志・梅津順一・道重一郎編『中産層文化と近代—ダニエル・デフォーの世界から—』日本経済評論社，1999.
4）フランスの民衆教育運動とアソシアシオンとの関連，また民衆教育からアニマシオンへの転換については，岩橋恵子「フランス民衆教育とアソシアシオン」（『フランス教育学会紀要』第1号，1989）参照．
5）19世紀初頭よりイギリス各地で設立された機械工講習所（Mechanics' Institute）は，科学協会や文学・哲学協会の活動をモデルにして，労働者層に科学知識普及を試みるものであった．実際にはその講義に参加したのは主に中産階級であり，基礎教育の場を必要とする労働者階級の需要には適していなかった．またその運営自体も中産階級が主導するものであり，労働者階級への知識普及事業としては多くの問題を有していた．
6）1870年代から進められたイギリスの大学拡張事業では，当初中産階級に受講者が大きく偏っていた．マンスブリッジ（Mansbridge, A.）らによる，1903年のWEA（労働者教育協会）設立は，大学拡張を労働者階級自身の組織により運営する試みであった．WEAによるチュートリアル・クラス（チューターと呼ばれる指導者の下で，少人数での文献講読や討論，個別指導を行う学習形態）の導入は，労働者階級対象の教育内容・方法の充実に貢献した．
7）イギリスの成人教育におけるボランタリズムの伝統と階級間の葛藤とを扱ったものとしては，矢口悦子『イギリス成人教育の思想と制度—背景としてのリベラリズムと責任団体制度—』新曜社，1998．
8）この協会には他方で，当時高揚していた労働運動や社会民主党による国民への影響力を弱めようとする意図もその背景にあり，中産階級的な普遍的理念，国民統合の理念の下に，労働者階級を包摂しようとする志向を有するものでもあった．
9）アメリカでは1862年のモリル法に基づき，連邦政府の支援により農業技術など実学中心の州立大学が各地で設立されるなど，農業技術の普及を全国規模で推進する政策が19世紀後半からみられた．1914年のスミス・レバー法では，大学による農業技術普及事業に対する連邦政府の支援が定められた．
10）これに関連して，労働市場，企業社会という文脈で見た生涯学習の負の側面として，就職・転職，職場での昇進のため，資格取得をめざした際限のない競争に人々が駆り立てられるという「資格証明書主義」（credentialism）の弊害が，とくにアメリカについて指摘されている．赤尾勝己『生涯学習の社会学』玉川大学出版部，1998，p.52-67参照．
11）これに関連して，「労働問題＝労働省（労政局）」，「一般的な知識・教養の向上＝文部省（社会教育局）」という棲み分けが両省の共同通達（1948年）で示され，これが戦後日本の教育に占める「職業」の位置づけの低さの淵源となったとする議論もみられる．しかしこの通達は職業技能・知識に関する教育を対象に含むものではなく（田中萬年「「労働者教育」の理論枠組みについて―労働関係法制と社会教育法制との統合の視座—」日本社会教育学会編『社会教育関連法制の現代的検討』（日本の社会教育 47）東洋

館出版社，2003，p.102-103），この行政縦割りの問題のみを日本の生涯学習支援政策における「職業」の扱いの小ささに直結させるには問題がある。
12) 近年「生涯学習」が民間通信教育などを通じた資格取得としてイメージされる傾向も強くなっているが（生涯学習の「ユーキャン」化現象」?），これを単に人々の学習の「消費化」「手段主義化」「実用主義化」の現れとして見るだけでなく，深刻な経済状況にもかかわらず公的な生涯学習支援における職業能力の観点がいまだ十分でないことの反映，と見ることもできるのではないか。
13) この補習教育制度も実際には，授業が詰め込み式である，安易に修了証が発行される傾向がある，脱落者が多いなど，さまざまな問題をかかえている。詳しくは二井紀美子「ブラジルの青年・成人教育」（新海・牧野編，*op. cit.*）。
14) ユネスコの国際成人教育会議に関して，第4回会議までの理念をもとにさまざまな論点を提示したものとして，H.S. ボーラ（岩橋恵子・猪飼美恵子ほか訳）『国際成人教育論―ユネスコ・開発・成人の学習―』東信堂，1997。また第5回会議に関しては，全日本社会教育連合会『第5回国際成人教育会議報告書』1998年，第6回会議に関しては「第6回国際成人教育会議「行動のためのベレン・フレームワーク（仮訳）」(2009年12月4日）について」文部科学省ウェブページ，http://www.mext.go.jp/a_menu/shougai/koumin/1292447.htm（2011年1月現在）参照。
15) EUの生涯学習政策の展開について詳しくは，鈴木尚子「欧州におけるグローバル化とローカル化の緊張関係と成人学習への影響―EUレベルでの生涯学習政策の実施過程における諸問題を中心に―」日本社会教育学会編『〈ローカルな知〉の可能性―もうひとつの生涯学習を求めて―』（日本の社会教育　52）東洋館出版社，2008；吉田正純「EU生涯学習政策とアクティブ・シティズンシップ―成人教育グルントヴィ計画を中心に―」『京都大学生涯教育学・図書館情報学研究』第8号，2009。

キーワード

職業能力　教養教育　基礎教育　ボランタリズム　階級社会　南北問題　国民統合　ユネスコ　OECD　EU

この章を深めるために

1．何らかの社会的な文脈や事情を重視して試みられる生涯学習の事業・施策の具体例を取り上げ，その内容と効果について評価してみよう。
2．海外の国・地域における生涯学習の歴史または現状を取り上げ，日本との共通点や相違点，またその背景を検討してみよう。

参考文献

小堀勉編『欧米社会教育発達史』(講座・現代社会教育3) 亜紀書房，1978
黒沢惟昭・佐久間孝正編『苦悩する先進国の生涯学習(増補改訂版)』社会評論社，2000
スティーヴンス，M. D. (渡邊洋子訳)『イギリス成人教育の展開』明石書店，2000
新海英行・牧野篤編『現代世界の生涯学習』大学教育出版，2002
三輪建二『ドイツの生涯学習—おとなの学習と学習支援—』東海大学出版会，2002
日本社会教育学会編『グローバリゼーションと社会教育・生涯学習』(日本の社会教育49) 東洋館出版社，2005
スタブルフィールド，H. W., キーン，P. (小池源吾・藤村好美監訳)『アメリカ成人教育史』明石書店，2007

第7章　学習を支援する仕組みと場

1　生涯学習振興行政と学習支援の仕組み

(1) 生涯学習振興行政における学習支援

　今日の生涯学習の領域は幅広く，学習者を支援する方法も多様である。一人での学習か，グループで行うか，資格取得をめざすか，学習内容そのものを模索するのか，公民館のような施設で行うか，自宅での通信教育講座なのか等々，さまざまな学習スタイルを考慮する必要がある。明確なプログラムをもつ講座でも，学習の過程で一人ひとりが調べ学習をしたり，外部のメンバーを加えた新しい活動が生まれることもある。そもそも誰が学習支援を行うかという前提でさえ，生涯学習活動においては「自由」である。「学習支援者」は，狭義には講座の企画者や講師といった担当者・専門家を指すが，相互教育を行うという意味では一般の学習者をも含みうるのである。

　国や自治体による学習活動への支援，つまり生涯学習振興行政は[1]，おおよそ次の段階で行われているといえる。

　①普及啓発の実施……生涯学習の概念と重要性を理解してもらい，学習活動をうながす。

　②学習活動の振興……学習機会の提供を行う。また学習ニーズの把握と喚起を行う。

　③学習成果の評価と活用……学習成果の評価・活用システムを開発し，普及させる。

　今日では，①の普及啓発といった段階は超えて，主に②と③が主眼となっている。

②は学習機会の提供，つまり施設などの活動の場や，学習情報，学習相談の提供などである。第2次世界大戦後の日本における社会教育行政においては，人口密度や交通条件，日常生活圏などの条件を勘案して社会教育施設を配置し，学習拠点を整備することが，学習支援の中心的な方法であった。1980年代以降，かつての社会教育行政を土台に展開されてきた生涯学習振興行政においては，国や自治体の一般行政や，経済産業行政の指導下にある民間事業者の施設や事業，また「学校」も，「学習機会」と言われるようになった。また，施設などのハード面に加え，学習需要（ニーズ）の掘り起こしと事業化も②に含まれる。

学習支援の今後の課題は，③の評価システムの構築であろう。学習の成果を適切に評価し，場合によっては学校教育や職業生活に流用できる資格・単位認定を行う体制は，いまだ不十分といえる。

また，実は①は，今こそ取り組まれるべき課題である。非正規雇用の労働者や「ニート」と呼ばれる非就業の若者の増大など，社会的貧困・格差の問題が顕在化した今日，学習機会をもたない・関心がない層を見過ごしてはならない。潜在的な学習者に適切なはたらきかけを行うと同時に，②の学習機会の再検討や，③の評価制度の構築が急務である。

(2) 公民館・生涯学習センターと学習支援

学習支援の拠点となる施設は「生涯学習施設」と総称されることがある。なかでも，生涯学習・社会教育行政によって教育・学習を目的に，計画的に設置・運営される施設が「社会教育施設」である。地域の学習需要を踏まえ，適切な「場」と「人」，施設によっては「もの（資料）」を提供する。2008（平成20）年現在の設置状況は表7-1の通りである。

市町村に置かれる公民館は，各種講座・集会の開設や地域の団体・機関との連絡により学習機会の提供を図る。生活文化や社会福祉も視野に入れた実際生活に即した学習の場であり，冠婚葬祭や災害避難も行われる地域もあるほど身近な存在である。とくに1950年代半ば以降は，地域や生活の課題を検討する住民の学習活動を支える場ともなった。近年は学習情報の提供や，家庭教育や奉仕・体験活動を支援する機能も重視される。公民館主事などの職員が，事業

表7-1 社会教育施設等の施設数および職員数

(平成23年現在)

施設名	公民館	図書館	博物館	青少年教育施設	女性教育施設	社会体育施設	民間体育施設	文化会館	生涯学習センター	計
a. 施設数	15,399	3,274	5,747	1,048	375	47,571	15,532	1,866	409	91,221
b. a.のうち公立施設数	15,392	3,249	4,246	1,020	277	27,469	0	1,742	409	53,804
c. 指定管理者導入施設	1,319	347	1,211	393	88	9,714	0	935	91	14,098
d. c.のb.に占める割合	8.6%	10.7%	28.5%	38.5%	31.8%	35.4%	0	53.7%	22.2%	26.2%
e. 職員数	49,306	36,269	48,199	8,315	3,084	127,590	200,124	19,892	3,825	496,604
f. 専任職員数	9,097	12,479	17,809	2,277	872	6,371	112,336	4,418	1,104	166,763
g. 指導系職員数	14,454	17,382	8,254	2,746	417	15,286	53,637	1,879	891	114,946
h. g.のうち専任職員数	4,261	6,127	4,745	938	114	1,034	23,454	614	404	41,691

注1：公民館、図書館、博物館については類似・同種施設を含む。
 2：g. は公民館は「公民館主事」、図書館は「司書」と「司書補」、博物館は「学芸員」と「学芸員補」を含む。
出所：文部科学省『平成23年度 社会教育調査報告書』2013年、10-11、14-15頁をもとに作成した。

の企画や活動への助言を行うことが想定されているが，必ずしも十分な人員が配置されているわけではない。

　公民館に類似する施設にコミュニティセンター(コミセン)がある。総務省(旧・自治省)により1970年代から設置され，地域の自治会やサークル活動の拠点となっている。地域住民が組織した管理運営委員会等が自主運営・管理を行う，つまり専門の職員を置かないことが特徴である。

　1990年代以降は[2]都道府県が生涯学習(推進)センターを設置している。学習情報の提供や学習相談，学習ニーズやプログラムの研究・企画，指導者の養成・研修などを行い，生涯学習の核となる施設と位置づけられている。大型のホールやスポーツ施設をもったり，図書館や児童館などとの複合施設であることもある。

　また，とくに1980年代より新聞社などの民間事業者による「カルチャーセンター」が社会教育施設と競合するようになった。大学も「生涯学習センター」[3]を開設し，地域貢献活動として公開講座を行っている。

(3) 図書館・博物館などの社会教育施設

　図書館と博物館は，「もの（資料）」を介して学習支援を行う，ユニークな施設である。いずれも専門職員（司書，学芸員）がおり，学習者に直接対応する活動とともに，資料の収集・保存や調査研究など，「裏方」の仕事を行っている。

　図書館は図書・雑誌などを組織化し，「図書館奉仕」の理念でサービスを提供する。公立図書館は「本の貸出」のイメージが強いが[4]，近年はビジネス支援も含めた専門的なレファレンスや[5]，幅広い年代・環境の子どもへの読書支援などが注目される。たとえば病院や高齢者施設，保育行政などと連携している図書館もある。インターネットが普及した今日，「情報」をいかに幅広い層に，適切な方法で提供できるかも図書館に期待される。

　博物館の来館者への直接的な学習支援は，展示および教育普及活動である。展覧会を企画し，出品者やさまざまな業者と協力し，照明やキャプション（解説文）などを工夫して「いかに見せるか」は，学芸員の腕の見せ所である。展示資料の解説や，展示内容に関連した講演会・講座は，多くの博物館で行われている。資料に触ることのできる「ハンズ・オン」や[6]，後述するワークショップのように，「参加体験型」の活動も人気がある。

　青少年教育施設には，自然のなかで集団宿泊訓練や体験活動を行う国公立の「青年の家」や「少年自然の家」，がある。その草分けは1959（昭和34）年開設の「国立青年の家」（静岡県御殿場市，現・国立中央青少年交流の家）などで，青少年団体の活動拠点や指導者研修の場ともなっている。その他，主に市町村が設置し，科学知識の普及や生活指導の場である「児童文化センター」がある。

　女性教育施設は，女性の資質・能力の開発や知識・技術の向上を図る施設である。研修や情報提供などの事業を行うとともに，女性教育活動団体の拠点となっている。1977（昭和52）年に設置された埼玉県比企郡嵐山町の国立婦人教育会館（現・国立女性教育会館）が施設活動のモデルとなってきた。

　時代とともに施設の統廃合を含め，活動内容も変化しつつある。青少年教育施設は，指導者研修を中心とした環境教育やボランティア活動への支援を始めている。女性教育施設は「男女共同参画」を目的とし，「ワーク・ライフ・バ

ランス(仕事と生活の調和)」やドメスティック・バイオレンス(家庭内暴力)への対応にも取り組んでいる。

体育施設には,自治体の設置する施設と民間のものがある[7]。前者はゲートボール場や野球場,後者はゴルフ場や屋内プールが多い特徴がある。その他,多くの公立小・中学校の運動場や体育館などが開放されており(施設開放),さまざまな競技や技術レベルに対応している。1961(昭和36)年のスポーツ振興法は,施設の整備とともに行事の実施や青少年・勤労者のスポーツ,キャンプなどの野外活動を奨励している。

文化会館は「県民会館」,「市民文化会館」などの名称の音楽ホールや展示場などをもつ施設である。音楽会などの事業の企画・運営を行うと同時に,住民団体の発表会などが行われる。地域住民の楽団・劇団を組織したり,芸術家を養成・支援する自治体もある。関連する法には1994(平成6)年の「音楽文化の振興のための学習環境の整備に関する法律」があり,自治体や民間団体による事業や音楽学習がうながされている。

以上が主な社会教育施設等であるが,社会教育法では学校施設・教具の利用や,学校教育の課程以外の通信教育も,学習の「場」として定めている。生涯学習に関連する一般行政の施設や,民間教育事業者によるカルチャー・スクール,お稽古ごとの教室などを含めると,学習支援の拠点は量的また内容面で多岐にわたることが理解されよう。

また,2003(平成15)年の指定管理者制度,2008(平成20)年の新しい公益法人制度の導入により,前者では公立の,後者では私立の施設の運営体制の変革が迫られた。さまざまな目的,方法をもった施設運営がなされるなかで学習支援のあり方が問われている。

(4) 学習支援を行う職員・スタッフ

教育公務員特例法に基づく専門的教育職員として教育委員会に配置される者が社会教育主事である。社会教育法で「社会教育を行う者に専門的技術的な助言・指導を与える」と規定され,社会教育行政の企画・実施を担う。近年は,他の教育行政や一般行政,またNPOなどの多様な学習支援団体・指導者を連

関させる「地域の生涯学習を推進するコーディネーターとしての役割」[8]が求められている。

　公民館主事は,「公民館の設置及び運営に関する基準」のなかで「社会教育に関する識見と経験」をもち,公民館事業に関する専門的な知識・技術を有する者とされる。健康や福祉などの日常生活に関する事業やレクリエーション行事の企画,資料収集・提供などを行う。公民館は地域の学習拠点であるとともに交流の場である。地域住民の顕在的・潜在的な学習需要に柔軟に対応した,幅広い学習支援が求められる。

　図書館に置かれる専門的職員は司書および司書補で,博物館においては学芸員である。いずれも資料や学術情報を介して学習支援を行う。

　その他の施設では「指導系職員」と総称されるスタッフが学習支援を行う。施設の専門分野について関心や習熟度,学習スタイルがさまざまな利用者に指導・助言を行う。体育施設では,関連する資格に日本体育協会の「スポーツ指導者」,日本体育施設協会の「トレーニング指導士」などがある。市町村の教育委員会では体育指導委員が委嘱され,各都道府県に協議会がある。

　職員とは異なるが,ボーイスカウトやPTA,老人クラブなどの社会教育関係団体の指導者や,社会教育主事を補佐する社会教育指導員などが,学習活動の直接的な指導者としてあげられよう。

　また,生涯学習振興行政に関わる職員だけでなく,さまざまな専門性と立場の人材によって学習支援が行われている。学校教員をはじめ,地域の福祉・健康などに携わる専門職員,地元企業やマスメディアの関係者なども,住民に教育的な影響力を与えたり,世話人的な役割を担う場合がある。住民の学習需要が多角化・高度化した今日,さまざまな人材を考慮した学習支援が有効であろう。一方,職員・スタッフの養成・研修制度や待遇改善は,よりよい学習支援のための課題である。多くの生涯学習施設で「指導系職員」に占める専任数が少ないのが現状である。

2　学習支援の形態・方法

(1) 個人学習と集合学習

　学習は一人ひとりの内面的な葛藤や成長の過程であり，本質的に「個人」で行われる活動である。「一人でこつこつ」学ぶことは，普遍的な学習スタイルであるといえる。また，複数の学習者が集まることで，学習の過程を相互に刺激・誘発し高め合う効果が期待できる。教材や会場，指導者などの学習資源（リソース）を効率的に活用できるメリットもある。このような観点から，まずは学習形態を「個人学習」と「集合学習」に分けて学習支援の方法を考えることが有益である。

　個人学習は，学習の目標や方法をそれぞれの学習者が自ら定め，さまざまな学習資源を活用して行われる。学習資源・媒体をもとにすると，以下の学習形態に分けられる。

　①施設利用学習……生涯学習施設や各種学校など（講座，図書室，展覧会などの利用など）
　②通信教育……高等教育機関の課程や社会通信教育（単位認定，資格取得など）
　③メディアを利用した学習……書籍・雑誌，テレビ，インターネットなど（閲覧，視聴など）

　これらの学習資源の充実と環境の整備が，個人学習に対する支援である。また学習情報の提供や，学習方法・プログラムに関する学習相談は，重要な支援である。

　複数の学習者で行われる集合学習は，さらに「希望者がそのつど自由に参加する」講演会などの集会学習と，「参加者の集合が組織的であって，それ自体が教育的意義をもつ」集団学習に分類できる[9]。とくに後者は，戦後社会教育の進展のなかで公民館などで行われてきた「共同学習」を含みうる。共同学習は，主に地域住民が生活，福祉などの課題を「ともに」追求していくことが重視される。

　もちろん，一人ひとりの学習はさまざまな学習形態で構成される。たとえば，

環境問題の講演会を聴講し（集会学習），会場で知り合った仲間と森林保護の学習会を行い（集団学習），自宅で森林保護活動に必要な語学を学ぶ（個人学習），などである。最初は年齢や名前の50音順などの属性で編成された学習集団が生涯忘れ得ぬ学習仲間に変容することもあるだろう。

　1980年代以降の生涯学習振興行政は，個人学習を推進するための理念とハードの両面の基盤づくりを行ってきた。しかし「学習グループの育成」を到達点とする集団学習モデルから抜け切れず，高等教育や職業と連動した学習評価の制度設計などを難しくしている。日本では，比較的大人数での学校の学級活動や，社会教育活動としての青年団，婦人会などの集団学習の伝統が強く，「みんなで」学ぶ教育方法が洗練され，優れた指導者を多く生み出してきた。一方，大量の時間とお金を投資できる恵まれた層を除くと，学校を離れた場所で何らかの体系的・組織的な学習を「ひとりで」行う環境は十分とはいえない。個人学習をいかに啓発し，経済的援助を含めた体制づくりができるかが重要である。

(2)　**学習形態と学習方法**

　社会教育等の現場で実践されてきた学習方法と，前述の学習形態をまとめたものが表7-2である[10]。

　集合学習においては，規模の大きい集会学習であるほど，直接的な指導者である「講師」の役割が大きく，学校での「一斉教授」の様式に近い。大勢の聴講者に対し，大学などで行われる講義や講演，複数の専門家が見解を述べ，議論するシンポジウム，パネル・ディスカッションなどがあげられる。一つのテーマや分野の体系的な知識を一定の時間内に教授・提示できるメリットの反面，「指導者依存型」になりやすい問題が指摘される。

表7-2　さまざまな学習形態・学習方法

学習形態	集合学習		個人学習
	集会学習	集団学習	
学習支援者	講師，講演者など	グループ・リーダー，ファシリテーターなど	メンター，アドバイザーなど
学習方法	講義・講演，シンポジウム，音楽会など	討議（ディスカッション），小集団学習など	実験・実習，プロジェクト法，ドリル学習など

小集団学習においては，シンポジウムなどに比べて学習者間の相互学習が重視される。最初は年齢などの属性によって振り分けられた学級での学習も，大人数であってもそれぞれのクラスメートの特徴が互いに理解される段階になると，相互教育の機能が期待できる。比較的少数の受講者の討議法には，ディベートやグループ・セッションなどがある。「ワークショップ」は人気のある参加型学習形態で，演劇などの創作活動や街づくりの協議などがある。「ファシリテーター」などの援助者や専門家が加わり，参加者間で時間と問題認識を共有し，ともに何かをつくり出す活動が原則とされる。他にも心理学的テストを使う「グループ・エンカウンター」など，視覚的にわかりやすいツールを使い，受講者の緊張を和らげて意見を出しやすくする「語り合い」の手法が，学校の学級活動や職場の初任者研修などの場で磨かれている。

　個人学習には，机に向かって一人でこつこつ学ぶスタイル以外に，実技や実習などがあげられる。テニスや茶道などの「型」を，講師の指導の下に体得することを目的とする。お稽古の師匠や，施設職員などの指導者が適宜行う学習相談により，より有効な学習を展開させることができる。また，一つの学級のなかで一人ひとりに対応したプログラムを用意することを「個別学習」と言うこともある。近年は，インターネットの普及・技術開発により，ICT（情報通信技術）を活用した学習方法が発達している。動画などの豊富なコンテンツをもつ電子教材や，メールや電子掲示板を活用した学習相談，テレビ会議システムによる双方向型・対面型の「集合」学習も可能となっている。

　個人学習の重要性が指摘される一方で，集団で行われる学習の双方向型や参加型の手法への関心も高まっている。生涯学習において学習者の意欲や主体性を高めることは重要であり，さまざまな視聴覚メディアを活用したり，一方的に知識を伝達する「講義」でなく「双方向型の授業」や「能動的な活動」が推奨される[11]。しかし，表面的には活発に話をしたり，体を動かしたりする「参加型」であるが，結果的に学習者が「参加していない」，学習内容が曖昧な講座や演習もあるだろう。画一的・管理的で，一方的な知識伝達の手段とされることもある「一斉教授型」の講義であっても，講師や教材との内面的な「対

話」を行ったり，体系的・組織的な専門分野の基礎知識を得ることで「自由」な発想を可能としたりできる。講義のなかで「うなずき」やアイコンタクトなどの身体言語で，講師や他の参加者と積極的に協調することも可能である。学習の企画者や指導者には，学習内容や参加者の様子などに合わせた学習方法を柔軟に組み合わせる力量が問われる。

3 新しい学習支援の仕組みと方法

(1) 施設のネットワーク

　行政としての学習支援のやりがいと難しさは，いわば教育法の体系を超越したフィールドの幅広さにある。福祉や経済産業行政，学校教育行政などをにらみ，幅広い領域の施設・機関や学習団体などと柔軟なネットワークを築くことが学習支援に直結する。2008（平成20）年の中央教育審議会答申「新しい時代を切り拓く生涯学習の振興方策について」では，高等教育機関やNPOなどの民間団体を含めた総合的なネットワークである，「生涯学習プラットフォーム」の構想が示されている。

　まずは，さまざまな領域の施設を学習拠点として考えていく必要があろう。たとえば，園芸指導センターなどの自治体の施設や企業の研修施設，とくに1950年代以降，農林省（現・農林水産省）が農家の女性の福利厚生のために設置してきた「農村婦人の家」なども生涯学習を展開できる場である。市町村の子育て支援センターとして指定され，育児相談や，家庭的保育への指導を行う幼稚園・保育所もある。医療や司法といった一般には敷居の高いとされる領域も取り込むことも重要である。アメリカでは弁護士のプロボノ・ロイヤー（公益性の高い無報酬の弁護活動）の活動が社会的に評価されているが，日本でも弁護士などの専門家が法的支援・相談を行う日本司法支援センター（法テラス）が開設されている。

　自治体が設置する施設に頼るだけでなく，地域住民が主体となり，より柔軟な学習拠点を創出する試みも始まっている。たとえば「総合型地域スポーツク

ラブ」は，活動拠点となる施設（クラブハウスなど）を，地域住民が運営する仕組みである。目的やレベルも異なる多世代が，多種目のスポーツに参加できることを目的とする。スポーツ振興基本計画で規定され，1995（平成7）年度から文部科学省のモデル事業が始まり，指導者の研修や，都道府県の「広域スポーツセンター」の育成が進められている。なかには，学校の体育施設開放事業やPTA活動が母体となり，自治体から委託された施設を運営するようになったクラブ，大学の公開講座をきっかけにスポーツ科学を専門とする大学教員や学生が指導や運営に協力して大学施設を活用するクラブなどがある。文化サークルの活動，高齢者教育を取り込んだクラブもある。

いわば「公の施設」にこだわらない，NPOやボランティア活動などの自由に展開する社会・文化運動が広がっている。そして指定管理者制度の導入などにより，運営制度の面でも「公」に頼らない仕組みもつくられてきた。「公の施設」の公共性や存在意義そのものが問われる事態となっているが，最低限の水準を保つ学習支援や，社会的流用性の高い評価が保障される基準・制度づくりが必要である。

(2) **地域住民のネットワーク**

ハード面である施設にとどまらず，地域のさまざまな人材を活かすことも重要である。学校教員や，福祉分野の専門職員，民生委員・児童委員などは，職務の目的・性質上，生涯学習支援に深く関わっている。学校開放や青年学級，障害児教育の活動は，多くの教師や福祉施設の職員の無償の活動によって支えられてきた。芸術文化や健康などの領域でも，関連施設・行政の職員や，関連団体，民間企業，NPO，ボランティア活動の指導者に負うところが大きい。

さまざまな地域住民を取り組んでいく仕組みづくりも重要である。たとえば，社会教育委員や，公民館運営審議会，生涯学習審議会などの行政委嘱委員は，「地域住民の代表」として意見を述べる仕組みである。社会教育委員は，社会教育行政の計画立案や意見陳述，住民の学習活動に関する研究調査，青少年教育の指導・助言などの役割が社会教育法で定められている。学校長や社会教育関係団体の代表者，学識経験者の三者が選任されていたが，現在では法改正に

より，民間教育事業者や，子育てサークルのリーダーや児童福祉司など家庭教育の活動者も委嘱されるようになった。公募制をとる自治体もあり，多様な観点が施策や施設運営に活かされることが期待されている。

また，博物館の「友の会」などの利用者組織は，施設をサポートしたいかどうかを示すバロメーターといえる。多くの生涯学習施設が導入するボランティア活動も，利用者組織としての性質をもつ。魅力ある活動を展開する施設には，多くの意欲的なボランティアが集まる。一方で「学習ボランティア」という表現があり，ボランティア活動には相互教育の機能があると考えることができる。ボランティアを，利用者と学習支援者としての視点を合わせもつサポーターとして取り込むことも有益である。

学校教育の分野では，保護者や地域住民が学校運営に関わる学校評議会やコミュニティ・スクール[12]，放課後子どもプラン[13]などが注目される。PTA（保護者と先生）の領域を拡大させて地域住民を加え，「校区」を活用した生涯学習活動の場となっている。

善意の無償の行為を期待するだけでなく，法的・経済的な支援や，資格・研修制度を含めた人的ネットワークの仕組みづくりと，とくにボランティア活動の教育的意義を再確認することが，コーディネーターとしての行政職員の役割である。

【梨本 加菜】

注

1）2008（平成20）年の中央教育審議会答申「新しい時代を切り拓く生涯学習の振興方策について―知の循環型社会の構築を目指して―」では，「国民一人一人の生涯を通じた学習の支援」と「社会全体の教育力の向上」が，振興方策の柱としてあげられた。

2）1990（平成2）年の中央教育審議会答申「生涯学習の基盤整備について」で提起された。

3）注2）と同じ中教審答申で提起された。「エクステンションセンター」，「オープンカレッジ」などの名称がある。自治体と連携した講座を行う大学もある。

4）1960年代以降は図書の貸出機能が重視され，千葉県浦安市などの図書館が注目された。常世田良『浦安図書館にできること―図書館アイデンティティ―』勁草書房，2003などを参照。

5）根本彰『情報基盤としての図書館』勁草書房，2002，菅谷明子『未来をつくる図書館―ニューヨークからの報告―』岩波書店，2003。前者は公立館の貸出重視の弊害に触れ，

地域情報の収集・活用の必要を提起する。後者はビジネス支援を始めたアメリカの図書館の機能が紹介されている。
6）ティム・コールトン（染川香澄ほか訳）『ハンズ・オンとこれからの博物館—インタラクティブ系博物館・科学館に学ぶ理念と経営—』東海大学出版会，2000 などを参照。
7）文部科学省『体育・スポーツ施設現況調査　平成 20 年度』2010 年 4 月を参照。
8）生涯学習審議会社会教育分科審議会報告「社会教育主事，学芸員及び司書の養成，研修等の改善方策について」(1996 年)。また，日本社会教育学会編『学びあうコミュニティを培う—社会教育が提案する新しい専門職像—』東洋館出版社，2009 では「コーデ・ィネーターのコーディネーター」(圏点筆者）としての役割が示された。
9）この分類は，社会教育審議会答申「急激な社会構造の変化に対処する社会教育のあり方について」(1971 年) で示された。
10）国立教育政策研究所社会教育実践研究センター編・発行『参加体験型学習ハンドブック』2009 などで多様な学習方法が紹介されている。
11）中央教育審議会答申「学士課程教育の構築に向けて」(2008 年) では，このように大学の講義方法の改善策が示された。
12）正式には「学校運営協議会制度」で，2004 年に創設された。学校運営，教職員の任用について教育委員会などに意見を述べることができる。2010 年現在，31 都府県の 629 校が指定されている。学校支援地域本部事業編『学校支援地域本部実践事例 Navi』ジアース教育新社，2009，佐藤晴雄『コミュニティ・スクールの研究—学校運営協議会の成果と課題—』風間書房，2010 などを参照。
13）放課後や週末の子ども対策事業で，文部科学省の「子ども教室」事業と，児童福祉法で定められ，厚生労働省が行う児童健全育成事業が 2007（平成 19）年に一体化された。全国学童保育連絡協議会編集『よくわかる放課後子どもプラン』ぎょうせい，2007；下浦忠治『放課後の居場所を考える—学童保育と「放課後子どもプラン」—』岩波書店，2007 などを参照。

キーワード

生涯学習施設　　社会教育施設　　社会教育主事　　司書　　学芸員　　行政委嘱委員　個人学習　　集合学習　　集会学習　　集団学習

この章を深めるために

1．あなたが住む地域において，生涯学習関連の施設・機関がどのようなネットワークを構築しているか調べ，その運営状況について検討してみよう。
2．社会教育主事，図書館司書，博物館学芸員それぞれに必要な資質や実践的な能力とはどういうものか，学習支援という観点から考えてみよう。

参考文献

辻功・岸本幸次郎編著『社会教育の方法』第一法規,1979

林健生『生涯学習施設をつくる』青弓社,1997

鈴木眞理・津田英二編著『生涯学習の支援論』(シリーズ生涯学習社会における社会教育 第5巻)学文社,2003

鈴木眞理・守井典子編著『生涯学習の計画・施設論』(シリーズ生涯学習社会における社会教育 第6巻)学文社,2003

第8章　さまざまな学習者

1　生涯学習における3つの教育学

(1) ペダゴジー・アンドラゴジー・ジェロゴジーとは

　生涯学習の支援を考えていくうえで重要なのは，年齢や職業などそれぞれの状況に応じて学びの意味やスタイルを変えていく一人ひとりの学習者に目を向けていくことである。一言で学習者といっても，子ども・成人・高齢者などさまざまな学習者が存在する。一人ひとりの学習者に目を向けていくためには，まずさまざまな学習者の特徴を把握することが必要となる。

　生涯学習の領域には，子ども・成人・高齢者の学習をどのように支援するのかを探求する学問がある。ペダゴジー(pedagogy)，アンドラゴジー(andragogy)，ジェロゴジー(gerogogy)がそれにあたる。ペダゴジーは「子ども」を意味するpaid，アンドラゴジーは「成人」を意味するaner (andr-の原義)，ジェロゴジーは「老年・老人」を意味するgero，の3つのギリシャ語を語源としており，それぞれ「指導・支援」を意味するagogusと結びつくことによって言葉が形成されている。ペダゴジー(子ども教育学)は，子どもの成長・発達をどのように導くのかを追究する学問として，アンドラゴジー(成人教育学)は，おとなの学習を支援する方法を追究するための学問として，ジェロゴジー(高齢者教育学)は，高齢期の学習の特徴を追究するための学問として，これまでの生涯学習の研究・実践において重要な役割を果たしてきた。

　3つの教育学の生成と展開を眺めてみると，子どもからおとなになると教育が終わるという伝統的な教育観が支配的であった1950年代頃までは，教育学といえばペダゴジーとして語られることが多かったといえよう。そのような状

況に大きな変化がもたらされたのは，1965年，ユネスコの成人教育推進国際委員会において，生涯にわたって学ぶことの必要性を示したラングラン（Lengrand, P.）による生涯教育概念の提言以降のことであろう。

　国際社会において成人の教育の重要性が徐々に浸透していくなかで，アンドラゴジーへの関心が高まっていく。アメリカのノールズ（Knowles, M.S.）は，1970年に，*The Modern Practice of Adult Education* において，おとなを対象とした教育の原理・方法は，子どもを対象とした教育の原理・方法とは異なるものであるととらえ，教育学をペダゴジーとアンドラゴジーの2つに分けるべきだという考えを示した[1]。さらに，1978年には，レーベル（Lebel, J.）が，ノールズが提起したアンドラゴジー概念に対して，成人初期以降のすべての人々を同じ教育の原理・方法で支援していくことには限界があるのではないかと疑問を投げかける[2]。そこで，レーベルは，高齢者には高齢者の特性があり，これらは成人初期・中期の人々とは区別されるべきではないかと考え，子どもや成人とは異なる高齢者の特性を生かした学習支援について追究していくジェロゴジー概念の提示へとつなげていく。こうして，生涯学習に関する3つの教育学が確立することとなる。

　ジェロゴジーが提唱された1970年代のアメリカには，類似する学問として教育老年学（educational gerontology）が誕生している。ジェロゴジーと教育老年学の共通点は，高齢者や高齢期の特性を生かした学習支援を構想しているところにある[3]。相違点は，教育老年学が教育の対象として高齢者だけではなく，高齢者に対する理解を求めるために「一般の人々」も想定しており，重なり合う部分も多いとされるが，教育老年学の方がジェロゴジーより幅広い概念であることがうかがえる。教育老年学の鍵概念は，エイジング（ageing）である。エイジングには，「老い」「年を重ねること」「円熟・熟成」などの意味が含まれている。ネガティブな意味とポジティブな意味が混在しているが，高齢者の学習支援を考える場合，体の衰えなどを意味する「老化」とあわせて，加齢とともに蓄積されていく知恵に基づいた「円熟」の側面からとらえていくことが基礎となっていることがわかる。

最近では，ジェロゴジーは教育老年学に包摂されつつあり，あまり使われない傾向にある。しかし，アンドラゴジーとの対比を意識して提唱されたレーベルのジェロゴジーによって，共通の側面から生涯にわたる学習支援のあり方を見渡すことができるようになった。この章では，原点に戻ってその成果をもう一度確認するという意味において，ジェロゴジーの考え方に注目したい。

(2) ペダゴジー・アンドラゴジー・ジェロゴジーの視点

　ノールズの示したペダゴジーとアンドラゴジーの対比に，レーベルの提起したジェロゴジーの視点を加えて，子ども・成人・高齢者の学習支援原理をまとめると上のような表になる（表8-1）。ここから，各時期の学習者の特徴を見出すことができる。学習者の自己概念の変化を，自己決定性（self-directedness）という観点から注目してみると，教師が学習場面の中心となる子どもは教師への依存性が高いので自己決定性は低い状態にあるが，その一方で学校から離れ社会的役割が増大していく成人学習者は自己決定性が高まっていく傾向にある。しかし，高齢学習者になると再び依存度が高まり自己決定性が低下していくという学習者の特徴が示されている。

表8-1　子ども・成人・高齢者の学習支援原理

	ペダゴジー (子ども教育学)	アンドラゴジー (成人教育学)	ジェロゴジー (高齢者教育学)
学習者の 自己概念（依存性）	高い依存性	依存性の低下，自己決定性(self-directedness)の増大	依存性の増大
学習者の 経験の役割	軽視 学習者をとりまく教師などの経験を重視	重視 学習者の経験は豊かな学習資源	加齢とともに経験知は高くなるが，これまで積み重ねてきた多くの経験の活用は困難
学習への レディネス	生物学的発達に基づく発達課題	社会的役割に基づいた発達課題	社会的役割の減少 社会的役割に囚われない学習課題
学習の見通しと 方向づけ	延期された応用 教科中心型	応用の即時性 問題解決中心型	応用の即時性は二次的 教科中心型への回帰傾向

出所：Knowles, M. S., *The Modern Practice of Adult Education: Andragogy Versus Pedagogy*, Association Press, 1970, pp.37-55, Knowles, M. S., *The Modern Practice of Adult Education: From Pedagogy to Andragogy*, Association Press, 1980, pp.40-62, Lebel, J. Beyond Andragogy to Gerogogy, *Lifelong Learning: The Adult Years*, Vol.1, No.9, 1978, pp.16-18, p.25 をもとに作成。

自己決定性は，成人学習者の特徴を表す用語として注目されてきた重要なキーワードの一つである。また，自発性を原理・原則とする生涯学習・社会教育の領域では，自発性の確保と強いつながりをもっている自己決定性に対する注目度は非常に高い。高いがゆえに解釈をめぐって誤解も生じている。たとえば，ノールズがすべての成人学習者は自己決定性を身につけているとは言っていないのに，身につけていると解釈されたことである[4]。たしかに，成人になれば学習者のすべてが自己決定性を身につけるという話は非現実的であり，成人学習者として徐々に自己決定性を高めていくという話の方が現実味を帯びているといえよう。さらに，高齢学習者の自己決定性の減少に関しても同様のことがいえる。たしかに加齢とともに退行していく能力があることは否定しないが，高齢学習者のすべてが自己決定性を失っていくという話もまた非現実的である。自己決定性をめぐっては，まだまだ議論の余地が残されているといえよう。

　経験知が増加していく成人学習者の経験は，生きたテキストとなる貴重な学習資源であるといわれ，その活用についてしばしば議論される。それは，経験知が最高に達する高齢者にとっても同じである。ただ，表8-1が示すように，高齢の学習者は加齢とともに経験の活用がしばしば困難となる場合がある。たしかに，困難な側面は否めないが，経験知のもっとも高い高齢者の経験を蔑ろにすることは，社会全体の学習資源を失うことへとつながる可能性がある。「高齢者が自らの経験から学ぶ」という視点だけではなく，「高齢者の経験から非高齢者が学ぶ」という視点からも積極的な議論が求められているといえよう。

　学習へのレディネスの項目においては，各時期の発達課題の変遷が素描されている。子ども期の生物学的発達を踏まえた発達課題から成人期の社会的役割の増加に基づいた発達課題へ，そして高齢期の社会的役割の減少に配慮した発達課題へとそれぞれ変わっていく。発達課題が下地となって各期の学習課題が生まれるという観点から，生涯学習・社会教育の領域では，発達課題をめぐる議論は活発に行われている。生涯発達論の進展に貢献したハヴィガーストの発達課題論やエリクソンの発達段階論は，常にそこで中心的存在を占めている。

2 生涯発達論

(1) ハヴィガーストの発達課題論

　発達課題の考え方は，1948 年に *Developmental Tasks and Education* という著書を世に送り出したハヴィガースト (Havighurst, R. J.) によって広まっていく。人間は，人生を歩んでいくなかで達成が期待されるいくつかの発達上の課題に向き合う。彼は，人生で直面する発達上の課題のことを発達課題 (developmental task) と呼んだ。

　ハヴィガーストは，人間の一生を 6 つ (幼児期・児童期・青年期・壮年初期・中年期・老年期) のライフステージに分け，人生の各時期に期待される具体的な発達課題を提示している。幼児期には話すことの学習，児童期には友だちと仲よくすること，青年期には職業を選択し準備すること，壮年初期には配偶者との生活を学ぶこと，中年期には年老いた両親に適応すること，老年期には隠退と収入の減少に適応すること，などは具体的な発達課題の一部である。彼が提案した発達課題を見渡してみると，それぞれのライフステージにバランスよく発達課題が示されているように見えるが，実は，ハヴィガーストの発達課題論は，人生の前半部に重点が置かれている。『人間の発達課題と教育』(荘司雅子監訳, 玉川大学出版部, 1995) において各時期に費やされたページ数を見てみると，いわゆるペダゴジーが対象とする時期 (幼児期・児童期・青年期) に費やされたのは 244 ページ，アンドラゴジーが対象とする時期 (壮年初期・中年期) に費やされたのは 18 ページ，ジェロゴジーが対象とする時期 (老年期) に費やされたのは 7 ページとなっており，ペダゴジーが対象とする子どもの時期に議論が集中していることがわかる[5]。ハヴィガーストの発達課題説は，1970 年以降の日本の生涯教育 (生涯学習) 政策のなかに反映されていくことになるが，実は，ペダゴジーが対象とする時期に紙幅が費やされており，アンドラジーやジェロゴジーが対象とする時期に関する記述は少なかった。

　ハヴィガーストの発達課題は，1940 年代のアメリカ中産階級が理想とする像と重なるといわれることがある。また，歴史的・文化的に限定された話であ

るという彼の議論に対する批判は，いつもつきまとうことになるが，学習者に「押しつけがましさ」を与えないように配慮し，学習者を支援するための一つの目安として見るならば，参考になる説としてとらえることができる。

(2) エリクソンの発達段階論

ハヴィガーストの理論を自我の発達に焦点を据えてより進展させたのは，エリクソン（Erikson, E. H.）である。

エリクソンは，人間は人生のさまざまな段階で出会う「心理・社会的危機」を乗り越えることによって，生涯にわたって自らを形成し続けていくという発

	I	II	III	IV	V	VI	VII	VIII
老年期 VIII								統合 対 絶望・嫌悪 英知
成人期 VII							生殖性 対 停滞 世話	
前成人期 VI						親密 対 孤立 愛		
青年期 V					同一性 対 同一性混乱 忠誠			
学童期 IV				勤勉性 対 劣等感 適格				
遊戯期 III			自主性 対 罪悪感 目的					
幼児期初期 II		自律性 対 恥・疑惑 意思						
乳児期 I	基本的信頼 対 基本的不信 希望							

図 8-1 エリクソンの 8 つの発達段階

出所：Erikson, E. H. & Erikson, J. M., *The Life Cycle Completed*, 1997［村瀬孝雄・近藤邦夫訳『ライフサイクル，その完結〈増補版〉』みすず書房，2001, p.73］

達観をもっている。彼は，人生を8つの発達段階に分け，克服すべき課題を「心理・社会的危機」と呼び，各発達段階において，発達課題の項目と危機的項目の対立する2つの項目と，危機を克服するなかで獲得される「人間的な強さ」としての徳を提示してみせた（図8-1）。たとえば，最後に訪れる老年期に目を向けてみると，この時期の発達課題と危機は，「自我の統合」と「絶望・嫌悪」である。これは，これまでの人生に意味・価値を見出し，それを受容することができるか否かという課題を表している。絶望することがあるかもしれないけれど，これまでの人生に意味・価値を見出すことができれば，自我を統合し死の訪れを受け入れることができる。またここでは，危機を克服するなかで「英知」という徳を獲得することができる。一方で，これまで歩んできた人生を受け入れることができなければ，人生はもはややり直しができないという「絶望」に陥ってしまう。

　なお，エリクソンは，『老年期—生き生きしたかかわりあい—』（*Vital Involvement in Old Age*）において，妻であるジョアン（Erikson, J. M.）らとともに，第9段階の存在をほのめかしたことがある[6]。エリクソンの思考と英語表現の背後には，ジョアンの大きな支えがあったことはよく知られている[7]。晩年の彼のいくつかの著書には，ジョアンが著者としてしばしば登場する。ジョアンはエリクソンの死後，『ライフサイクル，その完結』（*The Life Cycle Completed*）の増補版において，第9段階に関する記述を加えた。ジョアンの第9段階は，80代と90代の高齢者が対象となっている。第9段階では，前の老年期で現れた「絶望」が形を変えていつもそばに付き添うようになり，多くの喪失経験に見舞われることになるが，それを支えていくのは人生の出発点である乳児期で身につけた「基本的信頼感」や「希望」であることが示唆されている[8]。

(3) **生涯発達論と発達観**

　発達観という観点から，生涯発達論を次の4つに区別してとらえることがある[9]。まず第1の「成長—社会化としての発達」は，人間の生物的・生理的条件を重視した発達観であり，主としておとなになるまでのプロセスを発達ととらえるという立場である。このタイプは，成人期以降の変化のプロセスは，衰

退や下降として描かれることが多い。ここには，成長—頂点—低下の生物学的曲線に対応したパーソナリティ発達の過程を述べたビューラー (Bühler, C.) のライフサイクル論が位置づいている。彼女は，400人以上のさまざまな階層の人々の伝記をもとにして生活史の分析を行い，人生を5段階に分類している。

第2の「生涯のプロセスとしての発達」は，社会的役割や社会的過程を重視する発達観である。このタイプの発達観は，完成体に向かうというよりは，むしろライフコース（人生行路）の途上にある発達上の課題群を明らかにするというイメージに近いという。先述したハヴィガーストの発達課題論は，ここに位置づいている。

第3の「自己実現としての発達」は，人間の精神や自我の次元を重視した発達観である。このタイプの発達観は，人間は一生にわたって自らを形成し続けていく存在であることを肯定している。人生後半の内面化のプロセスを衰退としてではなく成長ととらえたユング (Jung, C. G.) の説や，先のエリクソンの発達段階論はこの発達観のなかに位置づけられている。

また，1970年代以降になると，「成人期の発達段階を焦点化した新しいタイプの発達段階論」が登場している。代表的な説としては，40人の中年期男性への面接調査をもとに，青年期以降に，成人への過渡期 (17～22歳)，人生半ばの過渡期 (40～45歳)，老年への過渡期 (60～65歳) という3つの過渡期 (生活構造が変わる時期) を設定したレヴィンソン (Levinson, D. J.) があげられている。このタイプの発達観は，第2と第3の発達観の混在型として注目されている。また，第4のタイプからは，人生各期の発達課題への対応も重要であるが，各期と各期を結ぶ過渡期に発生する課題への対応もまた重要であることに気づかされる[10]。

ここで取り上げた生涯発達論は全体のごく一部ではあるが，生涯発達論を見渡す場合，どのような発達観で構築されているのかを丹念に見ていくことは，一人ひとりの学習者に目を向け支援していくことを重視する生涯学習にとって重要な意味をもっている。ここから，生涯発達と生涯学習の表裏一体の関係もあらためて確認することができるだろう。

3 各期における学習の具体的側面

(1) 子どもの学習活動

　これまで，子ども・成人・高齢者の学習支援原理や発達に注目してきたが，ここではその三者の具体的な学習活動の特徴を整理していきたい。まず，子どもであるが，彼らの学習活動の中心的な舞台はやはり学校である。しかし，学校以外にもさまざまな学習活動は設けられている。たとえば，生涯学習の領域で重要な役割を果たしてきた社会教育の分野で見てみると，公民館・図書館・博物館・青少年教育施設などの社会教育施設では，子ども向けのさまざまなプログラムが用意されている。公民館での地域密着型の青少年育成プログラム，図書館での読み聞かせのプログラム，博物館での科学や美術の魅力を伝える参加体験型プログラム，青少年教育施設での自然体験を重視したプログラムなどである。また，公民館や青少年教育施設では，「通学合宿」と呼ばれる子どもたちが一定の期間生活を共にしながら学校に通うという生活体験活動のプログラムも提供している[11]。「通学合宿」は，少子化による「異年齢交流」の減少という観点からも，その重要性が注目されている。異年齢交流の場の創造は，もともと社会教育が得意としてきた実践であるが，少子化が進むなかでその注目度は年々高くなっている[12]。

　なお，社会教育における学習プログラムへの子どもの参加の有無については，親の意識と深い関係があることが考えられる。もちろん，参加に関しては子どもたちの自由は確保されているが，参加は親の子ども時代の社会教育体験と密接な関係がありそうだ。豊富な社会教育体験のある親は，子どもの参加に共感を抱くことが多いのではなかろうか。もしそうだとすれば，親に対する社会教育の理解を求めることは重要であるが，何より子ども時代の社会教育体験を増やしていくことが重要な課題となるのだろう。

(2) 成人の学習活動

　社会的役割が徐々に増加していく成人は，その役割を遂行していくためにあるいは役割遂行のなかで発生する問題を解決するために，学習活動に関わる場

合が多い。職業人としての役割を担う多くの成人たちは，当然のことながら職場で多くの時間を費やすことになる。たとえば，これまで日本企業は，企業に属している人々を対象として独自の職業能力開発の体制を構築し，そこで働く人々の職務を遂行するうえで必要な知識・技術の習得を支えてきた。新入社員や管理職など各階層に対応して行われる「階層別教育」や事務系や技術系などの職種に対応して行われる「職能別教育」，職場から離れた場所で研修を受けながら学んでいく Off-JT (off-the-job-training)，職務を遂行するなかで学びとっていく OJT (on-the-job-training) などの制度を充実させながら，企業は日本の職業能力開発で中心的な役割を果たしてきたのである。ところが，高度経済成長期に確立された終身雇用制度は崩れ，正規雇用率が減少していく昨今の状況のなかで，企業の職業能力開発の機会は減少し，さらに正規雇用と非正規雇用の間で職業能力開発機会の格差が目立ってきている[13]。このような状況のなかで，非正規雇用から正規雇用への転換を推進していくことや，非正規雇用における職業能力開発の充実を図っていくことは国の最重要課題となっている。

　成人にとって求められることが多いもう一つの社会的役割は，親としての役割であろう。「専業ママ」の孤立が深刻化する状況のなかで，これまで子育て支援・家庭教育支援プログラムなど，とくに母親を対象としたプログラムが行政を中心として展開されてきた。今後求められているのは，父親を対象としたプログラムの充実である。その際，母親の「お手伝い的な存在」として父親をとらえていくのではなく，「子育ての主体」として父親をとらえていくことが重要な視点となるのだろう。育児を通した人間的成長の機会は，父親に対しても与えられるべきである。

　近年，仕事と生活の調和を意味するワーク・ライフ・バランス (work-life balance) という言葉が注目されるようになった。内閣府によると，「勤労者が仕事と生活のどちらか一方のみではなく，ともに充実感をもてるように双方の調和を図ること」と定義されている[14]。すべての働く人々を対象とするワーク・ライフ・バランスの「ライフ」のなかには，子育て・介護に加えて学習活動・地域活動・ボランティア活動などが含まれている。正規雇用の減少という厳し

い現実はあるものの，ワーク・ライフ・バランスの観点から，成人の学習を再編成していくことは，決して無駄な作業ではないのであろう。

(3) 高齢者の学習活動

身体機能が低下し社会的役割が徐々に減少していく高齢者にとっての学習活動の目的は，健康を維持していくことや生きがいを得ていくことなどが中心となる。かつて，マクラスキー(McClusky, H. Y.)は，高齢者の教育的ニーズとして，対処的ニーズ(生存のためのニーズ)，表現的ニーズ(活動それ自体のなかに見出される喜びへのニーズ)，貢献的ニーズ(参加と貢献を通して認められたいというニーズ)，影響的ニーズ(生活する環境に影響を与えたいというニーズ)，超越的ニーズ(生理的機能の低下や社会的役割の減少という制約を乗り越えて，精神的に伸び続けたいというニーズ)の5つのニーズがあることを示した[15]。この他，高齢者特有のニーズとして，ライフ・レビューニーズ(過去を振り返りその意味と統合感を得たいというニーズ)，親和的ニーズ(人間関係を充実させたいというニーズ)，異世代交流へのニーズ(次世代との交流を通して経験を伝えていきたいというニーズ)などもある[16]。こうした高齢者特有の学習ニーズをもとにして日本各地で学習プログラムが提供されている。行政が提供する高齢者向けの学習プログラムは，「寿大学」「長寿大学」「白寿大学」「地域シルバーカレッジ」「市民カレッジ」「公民大学」などさまざまな名称がある。主に60歳以上が参加対象となる場合が多いが，なかには高齢準備期にあたる40歳以上60歳未満の人々も参加対象に含まれる場合もある[17]。

高齢者の学習活動への参加に関しては，内閣府による2008年度の「高齢者の地域社会への参加に関する意識調査」が参考になる[18]。そこでは，「カルチャーセンターなどの民間団体が行う学習活動」(7.6%)がもっとも多く，「公共機関や大学などが開催する公開講座など」(4.8%)，「公的機関が高齢者専用に設けている高齢者学級など」(4.2%)，「通信手段を用いて自宅にいながらできる学習」(4.0%)，「大学・大学院への進学」(0.4%)などが続いている。この調査から，佐倉市民カレッジのような行政が提供する学習プログラムに参加している高齢者は，たったの4.2%にすぎないことがわかる。またこの調査では，40.2

%の高齢者が学習活動に「参加したいが，参加していない」と答えており，高齢者をとりまく学習環境の貧しさが浮き彫りにされている。

4　個人の要望と社会の要請

(1)　ワーク・ライフ・バランスと社会教育・生涯学習

　ここまでは，さまざまな学習者をおもに個人の側からとらえてきたが，この節では，個人の側と社会の側の両方から求められる側面に焦点を据えて論じていく。2006年の教育基本法改正において，「個人の要望や社会の要請にこたえ，社会において行われる教育は，国及び地方公共団体によって奨励されなければならない」(第12条)と明記され，社会教育は，「個人的要望」と「社会的要請」に応えていくという役割が法制上において求められるようになった。ここでは，その役割を先に述べたワーク・ライフ・バランスという現代の日本社会における最重要課題の一つから見ていくこととしたい。

　国のワーク・ライフ・バランス施策は，少子化対策の一環として注目されるようになったという背景がある。つまりその概念は，ワークとライフ(子育て・介護・学習活動・地域活動・ボランティア活動など)[19]の両者の充実を得たいという「個人的要望」と少子化問題を乗り越えたいという「社会的要請」の2つのニーズに同時に応えていくというものである。企業においても，2003年に制定された次世代育成支援対策推進法を契機として，ワーク・ライフ・バランスへの取り組みが急速に進み始めている。この法は，次代の社会を担っていく子どもたちが健やかに生まれ，育成される環境を整えていくために成立したものである。次世代育成支援対策推進法では，事業主が子どもの育成のための環境整備の担い手として定められており，一般事業主行動計画の策定・実施を通して，仕事と子育ての両立を図るために必要な雇用環境の整備の充実が求められている。

　ワーク・ライフ・バランスとよく似た考え方として，ダイバーシティという用語がしばしば登場する[20]。欧米では，"Diversity and Inclusion"，すなわち

「多様性と受容」と表現されるが，日本ではこれをダイバーシティ（多様性）と呼ぶことが多い。それは，性別・年齢・国籍・人種・宗教などバックグラウンドの異なる人々を受け入れ，それぞれが個性を発揮できるようにするという概念である。欧米では，人種・宗教・言語など，性別以外の要素でもさまざまなマイノリティが存在する。そのため，早くからその「多様性」を，社会として企業としてどのように受けとめるかが議論されてきた。日本の場合，欧米に比べて国籍や人種などの「多様性」は限られており，企業社会の最大のマイノリティは女性という状況が長く続いてきた。最近，日本企業において，ダイバーシティを推進するためのセクションが設けられることが徐々に増えているが，このことは，女性のみならず，外国人・高齢者・しょうがい者など，より多様な人々が求められる時代を視野に収めていることを示している。ワーク・ライフ・バランスを追究するうえで，ダイバーシティは重要な役割を果たしていくことと考えられる。

　ワーク・ライフ・バランスと社会教育・生涯学習の関係についてであるが，実は両者は密接なつながりをもっている。なぜならば，ライフのなかに含まれる「学習活動・地域活動・ボランティア活動」は，社会教育・生涯学習と深い関係を結んできたからである。だがその一方で，ワークとの関係はこれまできわめて希薄であったといえる。今，社会教育・生涯学習に求められるのは，これまで得意としてきたライフのなかの「学習活動・地域活動・ボランティア活動」をワークと結びつけていくための道筋を探っていくことなのであろう。

(2) **ワーク・ライフ・バランスが見落としている層**

　ところで，ワーク・ライフ・バランスが議論されるとき，その議論の対象となるのは専ら正規雇用者である場合が多く，フリーター・失業者・若年無業者（ニート）などを対象として語られることはあまりない。彼らは，ワーク・ライフ・バランスとは無関係な存在なのであろうか。

　フリーターという言葉は，1987年にリクルート社の雑誌『フロム・エー』で初めて使われた言葉である[21]。フリーターのフリーは，自由気ままという意味ではなく，むしろフリーランスを意味し，夢に向かって働く拘束の緩い労

働形態を意味していたという。1991年，労働省（厚生労働省）が，フリーターを「年齢は15～34歳と限定し，①現在就業している者については勤め先における呼称が『アルバイト』又は『パート』である雇用者で，男子については継続就業年数が5年未満の者，女子については未婚の者とし，②現在無業の者については，家事も通学もしておらず『アルバイト・パート』の仕事を希望する者」と定義し[22]，正規雇用以外の雇用労働の実態を把握したのが，フリーター数算出の始まりであるといわれている[23]。

　フリーターに関連した用語として，若年無業者（ニート＝NEET: Not in Employment, Education or Training）という用語もしばしば使われる。2つの用語の基本的な違いは，「パート・アルバイト等の非正規雇用労働に従事しているか求職の意思がある」（フリーター）か「労働していない・求職の意思がない」（若年無業者）かにあるととらえられている[24]。失業者は，「求職中の無業者」ととらえられており，求職の意思がない若年無業者のなかには含まれないことになる。『平成21年版 労働経済白書』（厚生労働省）によると，フリーターの数は，2003年の約217万人をピークに減少に転じ，2008年には約170万人となっている。一方，若年無業者の数は，2002年以降ほぼ横ばい状態が続くなかで2006年に減少に転じたこともあるが，2008年には再び増加し約64万人（前年比2万人増）となっている。

　(3)　**フリーター・失業者・若年無業者にとってのワーク・ライフ・バランス**
　これまで，フリーター・若年無業者などに象徴される若年不安定就労者に対する国の対策は，大規模に進められてきた。2003年4月に，関係する4つの省庁（内閣府・文部科学省・厚生労働省・経済産業省）で「若者自立・挑戦戦略会議」を発足させ，同年6月にこのプランは，「若者自立・挑戦プラン」としてまとめられた。具体的には，①教育段階から職場定着にいたるキャリア形成・就職支援（キャリア教育・企業における実習訓練と専門学校や公共訓練施設などにおける座学を組み合わせた日本版デュアルシステムなど），②若年労働市場の整備，③若年者の能力の向上／就業選択肢の拡大，④若年者の就業機会創出，⑤若年者のためのワンストップセンター（ジョブカフェ）などを柱としている[25]。ジョブカ

フェとは，地域の実情に合った若者の能力向上と就職促進をはかるため，若年者が雇用関連サービスを1カ所でまとめて受けられるようにした施設である。

　このように，フリーター・若年無業者を支援する環境は徐々にではあるが充実してきている。だが，これらの対策は，フリーターにとっては効果的であったのかもしれないが，若年無業者にとってはあまり意味のないものであったのかもしれない。それは，フリーターの減少傾向と若年無業者の横ばい・増加傾向を示すデータから，読み取ることができる。日本社会において，若年無業者の支援は，重要課題の一つであることを再確認する必要があるのだろう。

　ワーク・ライフ・バランスの観点から，フリーター・失業者・若年無業者を見渡した場合，次の2つの問題を指摘することができる。まず1つ目は，非正規雇用者は，ワーク・ライフ・バランスの議論の対象から外されているのではないか，という問題である。2つ目は，仕事を探している失業者や求職の意思のない若年無業者に関しては，ワークと切り離されているという状況から，非正規雇用者よりももっと議論の対象から外されているのではないか，という問題である。先述したように，ワーク・ライフ・バランスは，すべての働く人々を対象とした考え方である。非正規雇用化が進むなかで，非正規雇用者にとってのワーク・ライフ・バランスも，今後重視していくことが求められる。また，求職の意思の有無という大きな違いはあるけれども，ワークと切り離されている状況にある失業者や若年無業者にとってのワーク・ライフ・バランスとはどういうことなのか，あらためて考える時がきているといえよう。

【小川　誠子】

注

1) Knowles, M. S., *The Modern Practice of Adult Education: Andragogy Versus Pedagogy*, Association Press, 1970, p.38. ノールズは，1926年に『成人教育の意味』(*The Meaning of Adult Education*) を公刊したリンデマン (Lindeman, E. C.) の成人教育の考え方にかなりの影響を受けている。アンドラゴジーの生成と展開に関しては，池田秀男「成人教育学の原理―アンドラゴジーとは何か―」池田秀男・三浦清一郎・山本恒夫・浅井経子著『成人教育の理解』実務教育出版，1987，p.4-38 が参考になる。

2) Lebel, J., Beyond Andragogy to Gerogogy, *Lifelong Learning: The Adult Years*,

Vol.1, No.9, 1978, p.16-18, p.25.
3） 堀薫夫『教育老年学の構想―エイジングと生涯学習―』学文社，1999，p.17.
4） Cranton, P., *Working with Adult learners*, Wall & Emerson, 1992, p.50.
5） 第5部の「児童期と青年期における発達課題の実験的研究」も，幼児期・児童期・青年期のページのなかに含めている。
6） エリクソン，E. H., エリクソン，J. M. & キヴニック，H. Q., 朝長正徳・朝長梨枝子訳『老年期―生き生きしたかかわりあい―』(*Vital Involvement in Old Age*, W. W. Norton & Company, 1986) みすず書房，1990，p.365.
7） 近藤邦夫「訳者あとがき（増補版）」エリクソン，E. H. & エリクソン，J. M., 村瀬孝雄・近藤邦夫訳『ライフサイクル，その完結〈増補版〉』(*The Life Cycle Completed: A Review*, W. W. Norton & Company, 1997) みすず書房，2001，p.200.
8） Ibid., p.162-165.
9） 堀薫夫「生涯発達とエイジング」麻生誠・堀薫夫編『生涯学習と自己実現』放送大学教育振興会，2002，p.48-56，堀薫夫「生涯発達と発達課題」麻生誠・堀薫夫著『生涯発達と生涯学習』放送大学教育振興会，1997，p.50-54.
10） 山川肖美「学習者の理解と学習者のニーズ」鈴木眞理・清國祐二編著『社会教育計画の基礎』学文社，2004，p.119.
11） 通学合宿の詳細に関しては，望月厚志「子どもの生活と社会教育」鈴木眞理・佐々木英和編『社会教育と学校』（シリーズ生涯学習社会における社会教育　第2巻）学文社，2003，p.107-109，鈴木眞理「学社連携・融合の展開とその課題」鈴木眞理・佐々木英和編著，*op. cit.*, p.216 を参照されたい。
12） 異年齢交流プログラムとしては，1981年にスタートした「寺子屋事業」（岩手県奥州市水沢区）が参考になる。このプログラムは，青少年の健全育成のための社会参加活動の充実を目指して実施されてものである。行政のスタッフや寺社関係者や保護者に見守られるなか，ボランティア・リーダーである中学生・高校生が中心となって小学生のために企画・立案した3日間にわたる学習プログラムを夏休みに実施していく。ちなみに，2006年度には，19寺社の協力を得ながら，898名の小学生と225名のボランティア・リーダーが参加している。なお，「寺子屋事業」に関する情報は，インタビュー調査と当時の担当者から入手した資料に基づいている（2005年7月28日～30日，2007年7月28日～30日）。
13） 厚生労働省編『平成18年版　労働経済白書』国立印刷局，2006，p.187，p.193，p.195. なお，総務省統計局が5年ごとに実施している就業構造基本調査によると，正規雇用の割合は，70.1％（1997年），68.0％（2002年），64.4％（2007年）と減少傾向を辿っている。
14） 内閣府編『少子化社会白書（平成18年版）』ぎょうせい，2006，p.62.
15） マクラスキーの教育的ニーズ論に関しては，堀薫夫，*op. cit.*, 1999, p.81-86 が参考になる。

16) 堀薫夫「高齢者の学習ニーズに関する調査研究：60 代と 70 代以上との比較を中心に」堀薫夫編『教育老年学の展開』学文社，2006，p.124.
17) たとえば，千葉県佐倉市立中央公民館で実施されている佐倉市民カレッジである（全国公民館連合会編『新しい公民館活動のあり方に関する調査研究報告書』2000，p.29）。このプログラムの学習期間は 4 年間で，前半の 2 年間（であい課程）は広い分野の教養を学ぶ。後半の 2 年間（専攻課程）は，「あったか福祉」「ふるさと歴史」「さわやか情報」「ゆっくり元気」の 4 つのコースに分かれ専門的な学習が行われる。ここでは，そこで学んだ成果を卒業後の地域活動に生かし高齢者の生きがいの創造につなげていくことがめざされている。2005 年には，6 つの福祉施設ボランティア，4 つのパソコンボランティア，5 つの学校ガードボランティア，3 つの史跡・博物館ガイドボランティアなど多くのボランティア・グループが生まれている（荒井誠「『高齢者の社会参加』を促進する公民館活動—佐倉市立中央公民館の市民カレッジの事例—」『月刊公民館』2005，9 月号，p.8-11）
18) この調査は，地域社会への参加に関する高齢者の意識を把握するために，60 歳以上の男女を対象として 2009 年の 2 月から 3 月にかけて内閣府によって実施されたものである。調査員による面接聴取法によって行われ，有効回収数は 3293 人（65.9％）となっている。おもな調査内容は，健康状態・日常生活に関すること，地域社会に参加するための環境に関すること，社会参加活動・世代間交流についての実態と意識に関すること，地域活動についての考え方に関すること，などである。
19) ライフのなかに，「学習活動・地域活動・ボランティア活動」が加えられたのは，子育てを担わない人々のライフも充実させることによって，子どもを育てながら働いている人々に対する支援策を充実させていくことが求められたという背景もあった。つまり，「仕事と子育ての両立」支援を充実させることによって，一方的に同僚に負担をかけてしまうことがないように，子育てを担う人々と担わない人々の間に「お互いさま」の関係を作り上げることが目指されたのである。詳細に関しては，小川誠子「ワーク・ライフ・バランスの概念とその展開—ワーク・ライフ・バランス施策を中心として—」『教育研究』(青山学院大学教育学会紀要，第 53 号，2009，p.202)を参照されたい。その他，小川誠子「ワーク・ライフ・バランスの取組に関する考察—大企業を中心として—」『生涯学習・社会教育研究ジャーナル』(第 3 号，2009，p.1-15)や小川誠子「ワーク・ライフ・バランス施策の検証—育児休業制度と育児休業取得率の観点から—」『教育研究』(青山学院大学教育学会紀要，第 54 号，2010，p.185-198)も参考になる。
20) ダイバーシティに関しては，小室淑恵『ワークライフバランス—考え方と導入法—』(日本能率協会マネジメントセンター，2007，p.18-19)を参照。
21) 長須正明「フリーターの実態とその社会的背景」日本キャリア教育学会編『キャリア教育概説』東洋館出版社，2008，p.122.
22) 労働省編『労働白書（平成 3 年版）』第一法規，1991，p.177．ちなみに，内閣府は，「学

生と主婦を除く 15～34 歳の若年のうち，パート・アルバイト（派遣等を含む）及び働く意思のある無職の人」と定義している（内閣府編『平成 15 年版 国民生活白書』ぎょうせい，2003，p.78）。
23) 長須正明, *op. cit.*, p.122.
24) *Ibid.*, p.122-123.
25) 下村英雄「フリーター・ニートの支援策」日本キャリア教育学会編, *op. cit.*, p.130-132.

キーワード

ペダゴジー　　アンドラゴジー　　ジェロゴジー　　自己決定性　　発達課題　　エリクソン　　ハヴィガースト　　職業能力開発　　ワーク・ライフ・バランス

この章を深めるために

1. 身近な年長者に 20 歳前後，40 歳前後，60 歳前後の頃のことを語ってもらったうえで，そこに見出される変化や特徴と，本章で言及された成人期の変化や特徴とを比較し，共通点と相違点を整理してみよう。
2. あなたの住んでいる地域（市区町村）では，成人や高齢者を対象にどのような学習プログラムが実施されていますか？ その状況を調べ，興味をもったプログラムの工夫点や課題点について検討してみよう。

参考文献

堀薫夫『教育老年学の構想―エイジングと生涯学習―』学文社，1999
麻生誠・堀薫夫編『生涯学習と自己実現』放送大学教育振興会，2002
無藤隆・やまだようこ編『生涯発達心理学とは何か―理論と方法―』（講座生涯発達心理学　第 1 巻）金子書房，1995
鈴木眞理・小川誠子編『生涯学習をとりまく社会環境』（シリーズ生涯学習社会における社会教育　第 3 巻）学文社，2003

第9章　さまざまな学習課題・学習内容

1　学んでいる内容／学びたい内容／学ぶべき課題

(1) 意図的学習と無意図的学習

　人は生を受けてから死を迎えるまで，実に多くのことを学ぶ。幼児期にはまず二足歩行や話すことを学び，学齢期になると読み書きなどの基礎学力や社会生活のために必要なコミュニケーション能力を身につける。成人になれば，職業能力の習得に励んだり，育児について学習したりする。日々の生活に潤いを与える趣味の学びもあれば，地域社会の一員として地域課題に取り組むこともある。やがて高齢者になると死にゆくことについて思索を深めることとなる。

　これはほんの一例にすぎないが，これだけでも私たちの学びの内容が多岐にわたっていることがわかる。私たちはあらゆる年齢において，学校はもとより，家庭，職場，地域社会，インターネット上の種々の教育機能を通じて，自己の形成や生活の向上等に関するさまざまな事柄を学んでいるのである。

　ところで，人が何かを学ぶのは，明確な意図や目的・目標をもって行う「意図的学習」によるばかりではない。何かを学び取ろうと意図していないにもかかわらず，知らず知らずのうちに何かを発見できていたり身につけていること，すなわち「無意図的学習」あるいは「偶発的学習」もある。無意図的学習には，テレビ番組を見ながら，あるいはゲーム機で遊びながら，結果的に新しい知識を習得することがあるというだけでなく，たとえば「親の背中から学ぶ」「大自然から学ぶ」という言い方に見られるように，周囲の環境が教育的効果をもって人を感化することも含まれる。「正統的周辺参加」という考え方[1]のように，人が何らかの状況や社会集団に参加すること自体に学習の可能性を認め，他者

とのつながりのなかでさまざまなことを学びながら一人前になっていくという見方もある。

私たちは，自然や人間社会などの教育機能をもつ環境に囲まれて日々の生活を送っており，そのなかで無数のことを生涯にわたって学んでいるのである。

(2) 世論調査に見る「学んでみたい内容」

現代の日本では，人の生涯にわたる学習において，あらかじめ学習内容が決められている場面は限られている。生涯学習の基礎を築く小学校，中学校，高等学校等において学習内容が学習指導要領で定められていたり，就職した企業等で義務づけられている研修の内容などが数少ない例である。このような例外を除き，学習者は何を学ぼうが自由であり，他者から強制力が働くことはない，というのが学習について考える前提となっている。そもそも，成人教育の基礎概念である自己主導型学習（self-directed learning）においては，学習のニーズ分析を含め，学習者自身が主体的に関与する学習スタイルがうたわれている。

内閣府の「生涯学習に関する世論調査」によると，図9-1の通り，人々が学

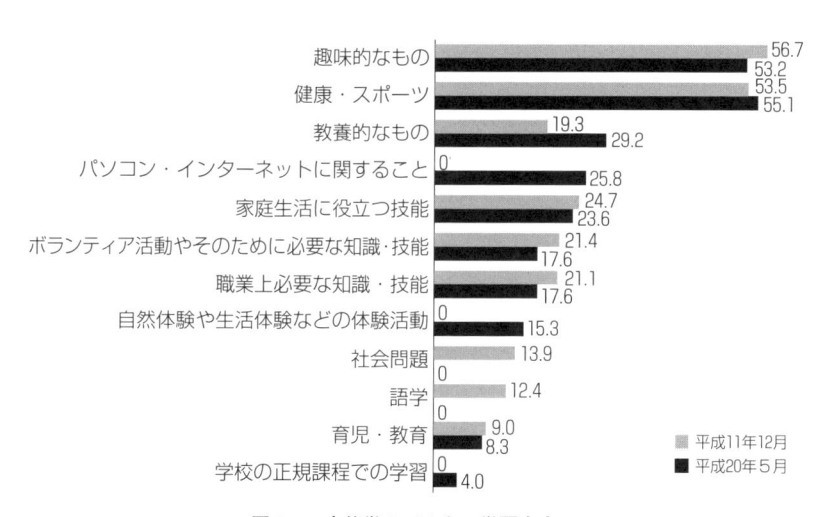

学習内容	平成11年12月	平成20年5月
趣味的なもの	56.7	53.2
健康・スポーツ	53.5	55.1
教養的なもの	19.3	29.2
パソコン・インターネットに関すること	0	25.8
家庭生活に役立つ技能	24.7	23.6
ボランティア活動やそのために必要な知識・技能	21.4	17.6
職業上必要な知識・技能	21.1	17.6
自然体験や生活体験などの体験活動	0	15.3
社会問題	13.9	0
語学	12.4	0
育児・教育	9.0	8.3
学校の正規課程での学習	0	4.0

図9-1 今後学んでみたい学習内容

出所：内閣府の「生涯学習に関する世論調査」（1999年12月，2008年5月）をもとに作成。「今後，『生涯学習』をしてみたいか」という設問に「してみたい」と答えた者に対する複数回答の設問。数値が0の項目は，当該年の選択肢になかったもの。

んでみたい学習内容は，健康・スポーツと趣味的なものが圧倒的多数を占めている。実際にこの1年間に学習した内容を問うた設問の結果を見ても，やはり健康・スポーツと趣味的なものが多数を占めている[2]。

この図を見て学習機会の提供者はどのように思うだろうか。人々の要求に応えて，健康・スポーツと趣味的なものに特化して学習を提供しようと考えるだろうか。カルチャーセンターのような営利企業であれば，それが採算を取るため，儲けを拡大していくための近道だろう。しかし，人々の顕在的意向に応えて学習機会を提供するだけでよいのだろうか。

(3) 要求課題と必要課題

人々が学んでみたいと自覚している学習課題を「要求課題」という。このような顕在的な学習ニーズに対して，学習者個々人は気づいていないものの社会全体としてある分野について学習が必要であるという潜在的な学習ニーズもあり，これを「必要課題」と呼んでいる。学習ニーズはこの要求課題と必要課題の2種類からなるが，必要課題は潜在的ニーズであるがゆえに世論調査にはあらわれにくい。

この点について岡本薫は，「ディマンド（需要）の誘導」，すなわち，人々が学んでおくべきであると思われる事項について，人々がこれらに関する学習活動に自発的に「参加したい」と思うように学習需要を「誘導」していくことを，市場の不完全を補うための行政の取り組みの一つとして掲げている[3]。

現代の日本では学習者の自発性が尊重されており，人々の学習を誘導することは自発性を損なうことになるのではないかという懸念もある[4]。しかし，そもそも1965年にポール・ラングラン（Lengrand, P.）がユネスコで生涯教育を唱えた背景には，人類がかつて経験したことのないような「挑戦」に直面していること，すなわち，諸変化の加速，人口増大，科学的知識・技術体系の進歩，政治の民主化と複雑化，情報化，余暇の普及，生活様式や人間関係の変化，肉体と精神の不均衡，イデオロギーの危機といった社会がかかえつつある課題を，学習によって解決しなければならないという危機感があった[5]。

生涯学習には個人の要請で行われる「個人的な活動」という側面だけでなく，

そのことが何らかの効果を社会にもたらすという「社会的な活動」という側面も含まれているのである。

2　現代社会における学習課題

(1)　現代的課題

　現在，わが国においては，多種多様な学習活動が展開されている。学習それ自体に違法行為が含まれているような場合でないかぎり，学習者が自発的に学習することについてこれを妨げられることはなく，人は何を学ぼうが自由である。しかし，行政によって，あるいは社会全体によって「推進されるべき学習」と「そうでない学習」があることは疑いをいれない。

　それでは，学習することが求められる課題とは具体的に何だろうか。

　現代的課題という考え方が，この問いに対する一つの回答である。現代的課題は1992（平成4）年に提出された生涯学習審議会答申「今後の社会の動向に対応した生涯学習の振興方策について」のなかで言及されたものである。

　　「ここで言う現代的課題とは，このような社会の急激な変化に対応し，人間性豊かな生活を営むために，人々が学習する必要のある課題である。」（圏点は筆者による。以下同じ。）

　答申の中では，現代的課題の具体例として「生命，健康，人権，豊かな人間性，家庭・家族，消費者問題，地域の連帯，まちづくり，交通問題，高齢化社会，男女共同参画型社会，科学技術，情報の活用，知的所有権，国際理解，国際貢献・開発援助，人口・食糧，環境，資源・エネルギー」が列挙されている。そして，現代的課題については「学習者が学習しようと思っても学習機会がなかったり，自己の学習課題に結びつかなかったり，学習課題として意識されないものも多い。」と，その学習にはさまざまな障害があることに言及しつつ，「これからの我が国においては，人々がこのような現代的課題の重要性を認識し，これに関心を持って適切に対応していくことにより，自己の確立を図るとともに，活力ある社会を築いていく必要がある。」と述べられている。現代的課題

の学習は，自己の成長（個人的側面）とともに社会の発展の礎（社会的側面）でもあるという学習の二面性が，ここでも指摘されている。

(2) 現代的課題へのアプローチ——科学技術を例に

現代的課題の一例として，ここで科学技術を取り上げてみよう。

ラングランが「科学的知識及び技術体系の進歩」を諸変化の加速の背景の一つにあげているように，科学技術の進歩は私たちの生活を日々変化させている。科学技術に対して，私たちはどのような学習，どのような課題解決に向けた主体的取り組みができるだろうか。一つには，進歩する科学技術に「適応する」ための学習である。たとえばITを使いこなすための学習があげられる。労働の現場においてITなくして仕事ができる場面は限られつつあり，知識・スキルなくしては雇用されることがむずかしい。日常生活においても情報弱者になりかねない。

科学技術立国を掲げる日本では，変化を所与として受動的に適応するのみならず，国家レベルで科学技術の革新をリードする方策も考えられている。それは科学者・技術者たちの支援ばかりにとどまらない。科学技術政策は国民の理解と支持を得てはじめて効果的な実施が可能となるという考えのもと，国民の科学技術に対する関心を高め，国民とともに科学技術を進めていくこと，すなわち「科学技術に関する国民意識の醸成」を課題として掲げている。科学技術基本法（平成7年）および科学技術基本計画（第3期，平成18年）において，国は，青少年をはじめ広く国民があらゆる機会を通じて科学技術に対する理解と関心を深めることができるよう，学校教育及び社会教育における科学技術に関する学習の振興や，科学技術に関する啓発及び知識の普及に必要な施策を講ずるものと定めている。国民の科学技術に関する知識や能力（科学技術リテラシー）を高めるため，研究機関・研究者等は研究活動を社会・国民にできるかぎり開示し，研究内容や成果を社会に対してわかりやすく説明することをその基本的責務と位置づけ，科学館や大学，地方公共団体等は科学技術に親しみ学習する機会（実験教室やイベントの開催）を提供している[6]。

一方，科学技術基本計画には，「科学技術から国民への働きかけのみならず，

国民の方から科学技術に積極的に参加してもらうことも重要である」という指摘がある。「研究者等と国民との対話」という場合，研究者による説明責任，すなわち科学技術に関する知識をより多くもっている研究者が「無知な国民」に説いて聞かせるという一方的コミュニケーションばかりが考えられているわけではない。私たちはアカデミックな訓練を受けた研究者がもつ系統的な知識体系とは異なるものの，個人がおかれている固有の状況に基づく固有の関心にしたがって知識を集積しており，望ましい科学技術の姿について研究者たちと双方向に語り合う「科学技術への主体的な参加」が求められている[7]。

日本で科学技術リテラシーが言及されるときには，科学技術立国という国策のもと，変化に適応し，さらに変化をリードするという側面が強調されがちである。しかし，私たちの権利として今後の豊かな生活のために科学技術がどうあるべきかを研究者とともに考える，そういう意味で新しい社会の創造へ向かう可能性を含んだ概念としてとらえられるべきである。

ここに，現代的課題に対するアプローチの多様性が見て取れるだろう。

(3) 裁判員制度と市民参加

私たちは日常生活を送るにあたって，絶えず判断や選択を行っている。そしてその判断や選択は決して自己完結するものではない。他者との関わりのなかで生活している以上，私たちが下す決定は本人だけでなく他者にも少なからぬ影響を及ぼすこととなる。このことは幅広く導入されつつある市民参加制度のもとではいっそう明確である。私たちはさまざまな場面で社会的な決定を下すことが求められるようになっている。

近年大きな関心をもって導入された裁判員制度がその最たるものの一つであろう。2004（平成16）年，裁判員の参加する刑事裁判に関する法律が公布され，2009（平成21）年5月から国民の司法参加を実現する新たな制度が発足した。同法の附則第2条には，政府及び最高裁判所は，この法律の施行までの期間に，裁判員制度の意義や裁判員の職務等を具体的にわかりやすく説明するなど，同制度についての国民の理解と関心を深めるとともに，国民の自覚に基づく主体的な刑事裁判への参加が行われるようにするための措置を講じなければならな

いと規定され,各地で教育・啓発活動が展開された[8]。

　このように新しい制度が導入された場合,その制度にまずは「適応する」ことが求められるが,それだけにとどまらず,制度を「上手く使いこなす」こと,そして制度に問題があればそれを「よりよい制度に変えていく」ことについて,私たちは考えなければならない。

　裁判員制度に限らず市民参加の場面は増えつつあり,私たち一人ひとりが責任ある決定を下すことが求められている。近年盛んに喧伝される「新しい公共」という考え方では,行政が公共サービスを提供し,市民は受け手であるという関係から,市民も公共サービスの担い手となることがうたわれている。「お任せ民主主義」と揶揄されることもある私たちの意識の変容を促す学習機会の提供はますます重要になるだろう。

3　国際社会と「現代的課題」

(1) 21世紀の国際社会の目標

　国・地域によって,あるいは時代によって,必要課題は異なる。

　たとえば,初等教育の純就学率が7-8割,成人識字率が6割台にとどまっている西南アジアやアフリカ(サハラ以南)諸国においては,識字率向上に政策的関心があつまっている[9]。国連でも1990年を国際識字年とし,非識字状況の根絶に努めてきたが,さらに2003-12年を「国連識字の10年」(United Nations Literacy Decade)と定めて,加盟各国に対し,関係する国際政府間機構およびNGOとの緊密なパートナーシップのもと,いっそうの努力を求めている。

　識字率向上以外にも,それぞれの国・地域の課題とは別に,グローバル化が進む現代は,国際社会が協力して解決しなければならない課題に溢れている。

　2000(平成12)年9月ニューヨークで開催された国連ミレニアム・サミットにおいて,21世紀の国際社会の目標として国連ミレニアム宣言が採択された。この国連ミレニアム宣言は,平和と安全,開発と貧困,環境,人権とグッドガバナンス(良い統治),アフリカの特別なニーズなどを課題として掲げ,21世紀

の国連の役割に関する明確な方向性を提示した。そして，同宣言と1990年代に開催された主要な国際会議やサミットで採択された国際開発目標を統合し，一つの共通の枠組みとしてまとめたものとしてミレニアム開発目標（Millennium Development Goals: MDGs）があり，2015年までに達成すべき8つの目標が掲げられている。

この8つの目標のなかには，「ジェンダー平等推進と女性の地位向上」や「環境の持続可能性確保」が含まれ，いずれも生涯学習と大きく関わっている。これらの国際的課題は日本では国内法の整備や実施計画策定によって，国際社会と協力した解決に向けて努力されている。

(2) 男女共同参画

ミレニアム開発目標の「ジェンダー平等推進と女性の地位向上」では，識字率や就学率等において男女間に格差が見られることから，「2015年までに全ての教育レベルにおける男女格差を解消する」ことをうたっている。日本でも，男女共同参画社会基本法（平成11年）に基づく男女共同参画基本計画（第2次，平成17年）において，生涯学習社会の形成を推進するための施策を講じることによって，目標実現に努めることを掲げている。

男女共同参画基本計画の重点事項のなかには，学校，家庭，地域，職場など社会のあらゆる分野において男女平等を推進する教育・学習の充実を図ること，結婚・出産等により職業生活の中断を余儀なくされた女性の再チャレンジのため，職業生活に必要な能力開発のための学習プログラム等の充実及び学習機会の提供にいっそう努めることなどがあげられている。これを受けて，各地の男女共同参画センター等において，子育てや再就職，女性への暴力などのテーマについての講座が広く開催されている。

(3) 持続可能な開発のための教育

1972年にストックホルム（スウェーデン）で開催された国連人間環境会議以降，地球環境問題については1992年リオ・デ・ジャネイロ（ブラジル）の国連環境開発会議（地球サミット），2002年ヨハネスブルグ（南アフリカ）の持続可能な開発に関する世界首脳会議等，数々の国際会議が開かれてきた。これらを経て，

2002年12月の国連総会では,2005年から2014年までの10年間を「国連持続可能な開発のための教育の10年」(United Nations Decade of Education for Sustainable Development)とする日本の提案が決議された。

持続可能な開発を進めていくためには,あらゆる国・地域において,各国政府,国際機関,NGO,企業等が各々取り組みを行うと同時に,それぞれの連携を図ること,そして地球上のすべての人々の間で地球規模の合意とパートナーシップを達成することが必要である。その推進にあたっては,教育のあらゆるレベルでの環境学習を充実させ,市民の啓発活動を粘り強く展開していくことが欠かせない。

2003(平成15)年には環境の保全のための意欲の増進及び環境教育の推進に関する法律が制定され,第9条で学校教育及び社会教育における環境教育への支援が規定され,続く第10条では職場における環境保全の意欲の増進及び環境教育についても定めている。さらに2006(平成18)年には関係省庁連絡会議による実施計画も公表されている。

これを受けて,各地の公民館・博物館等で環境学習が盛んに行われるようになりつつある。なかには,大学と地域の教育機関(公民館,高校,生涯学習センター等)との連携によって,市民に高度で体系的な学習の機会を提供する学習プログラム「淡海生涯カレッジ」(滋賀県)の例も見られる[10]。

グローバル化が進む現代において,生涯学習の課題は個人や地域,国家の枠内でとらえられるだけでは不十分である。国際社会と協調した課題解決にも目を配ることが求められる。

【山本 珠美】

注
1) レイヴ,J.・ウェンガー,E.(佐伯胖訳)『状況に埋め込まれた学習―正統的周辺参加―』産業図書,1993年.
2) 学習機会提供者が具体的にどのような学級・講座を企画・実施しているかは,統計法による基幹統計の一つである文部科学省社会教育調査(平成20年度)によってその一端はわかる。調査対象の都道府県・市町村教育委員会,都道府県・市町村首長部局,公民館,青少年教育施設,女性教育施設,生涯学習センターによって学習内容は異なるが,都道府県・市町村首長部局以外においては,「教養の向上」にかかる学級・講座が件数,

総数に占める割合とも最も多い。社会教育調査は文部科学省のウェブサイト (http://www.mext.go.jp/) からダウンロード可能。
3) 岡本薫『行政関係者のための入門・生涯学習政策 (新訂版)』全日本社会教育連合会, 2004, p.63-67.
4) 現代社会において学ぶことが求められている現代的課題 (本章第2節参照) について, 生涯学習審議会答申 (1992年) では「生涯学習は, 自発的意思に基づいて行われるものであり, 現代的課題に関しても, 人々の学習意欲の啓発を図りつつ, 自発的に学習活動に参加するよう奨励・援助することが基本である。」とあくまでも学習は自発的意思に基づくものであるということを確認し, 「行政においては, 現代的課題についての学習の奨励・援助が学習者への押し付けにならないよう, 十分留意する必要が有る。」と慎重な記述となっている。
5) ラングラン, P. (波多野完治訳)『生涯教育入門』全日本社会教育連合会, 1971.
6) これは何も現在に限った話ではない。1886 (明治19) 年, 手島精一は「理学ノ振否ハ一国ノ盛衰強弱ニ関スル」という観点に基づき, 科学振興のための方策の一つとして「理科或ハ技術ニ従事スル人ハ公衆ニ向テ理科上ノ演説ヲナスコト」とし, 「老若男女ノ別ナク理科上ノ演説ヲ聴聞セシメ, 理学ノ日常瑣末ノ事ニ至ルマデ其用少カラザルヲ知ラシメザル可ラズ」と述べた。明治期から科学技術をめぐる状況も日本社会も大きく変化したものの, ほぼ同様の言説が見られるのは興味深い。飯田賢一校注『科学と技術 (日本近代思想体系14)』岩波書店, 1989, p.240-241 (原典は『東洋学芸雑誌』59号, 1886年8月所収).
7) 科学技術に関する市民と専門家との熟議 (熟慮と討論) のための手法として, コンセンサス会議や参加型テクノロジーアセスメントなども開発されつつある。小林傳司『誰が科学技術について考えるのか―コンセンサス会議という実験―』名古屋大学出版会, 2004.
8) 裁判員制度導入にあたっては, 文部科学省においても法務省・最高裁判所・日本弁護士連合会と連携して「社会教育施設等を活用した裁判員制度等に係る教育・啓発活動の推進について (通知)」が出され (平成17年7月), 裁判員制度等の教育・啓発活動の促進に向けて, 公民館, 図書館をはじめとする社会教育施設等の積極的な活用が図られるよう, 都道府県・市区町村教育委員会への協力が求められた。
9) 初等教育純就学率や成人識字率については, UNESCO, *Education For All Global Monitoring Report 2010* を参照。同レポートはユネスコのウェブサイト (http://www.unesco.org/) からダウンロードできる。
10) その他の例として, 日本各地で実施されている環境社会検定試験® (eco検定) が興味深い。受験資格に学歴・年齢・性別・国籍による制限はなく, 学生の他, 多様な業種に従事している人が受験している。東京商工会議所編『環境社会検定試験® eco検定公式テキスト (改訂2版)』日本能率協会マネジメントセンター, 2010.

▶ キーワード

無意図的学習　要求課題　必要課題　現代的課題　科学技術リテラシー　市民参加　識字　ミレニアム開発目標　男女共同参画　持続可能な開発のための教育（ESD）

▶ この章を深めるために

1．知識や技能がどのような学習によって得られたか，自分自身の経験や身近な人の話をもとに考え，気づいたことをまとめてみよう。
2．現代的な課題に取り組んでいる学習活動や社会事業の例としてどのようなものがあるか，あなたの住んでいる地域について調べ，その取り組みの成果と課題について検討してみよう。

▶ 参考文献

鈴木眞理・小川誠子編著『生涯学習をとりまく社会環境』（シリーズ生涯学習社会における社会教育　第3巻）学文社，2003
日本社会教育学会編『グローバリゼーションと社会教育・生涯学習』（日本の社会教育第49集）東洋館出版社，2005
田中治彦編著『開発教育―持続可能な世界のために―』学文社，2008
住岡英毅・梅田修・神部純一『地域で創る学びのシステム―淡海生涯カレッジの挑戦―』ミネルヴァ書房，2009

第10章　知識社会と情報リテラシー

1　情報社会と知識社会

　今日，依然としてデジタル・ディバイドが大きな問題として横たわっていることを忘れてはならないが，情報通信技術（ICT：information and communication technology；本章では，以下「情報技術」を基本として表記）の発展がもたらした各種の機器やシステムの便利さを多くの人々が享受している。パソコンやインターネットが生活や仕事場のなかに「当たり前のもの」のように普及し始める原動力となったのが，1995年にMicrosoft社が発売したパソコン基本ソフトのWindows95である。以前は，プログラムを「走らせる」ための特別の「言語」を知っている人でなければ扱えなかったコンピュータが，この時期から一種の家庭電化製品のような存在となった。その性能はハード，ソフトそれぞれの次元で急速に発展し，それと並行して，通信回線の容量・速度も飛躍的に向上していった。21世紀の初頭には，パソコンや携帯端末を介して誰もが，いつでも，どこでも情報の送受信をできるインターネットは，生産，流通，消費，学術，文化，娯楽，等々，いずれにとっても欠くことのできない公共装置として機能するようになった。

　このように情報化が高度に進んだ社会の姿を，早くから具体的に描いていた論者の一人に増田米二がいる。1985年の著作の中で，増田は「社会的技術」，つまり「人類社会全体を変革する技術」として，狩猟技術，農業技術，工業技術が出現した後，新たに情報技術が出現しつつあることを指摘した。この情報技術によって形成されるのが情報社会，すなわち「情報の価値の生産と利用を中心として発展する社会」であるという。そして，未来の情報社会においては

「だれでも，いつでも，どこでも，必要な情報が即座に，しかも安価に入手できる公共的な情報サービス機関」である「情報ユーティリティ」(information utility) がシンボル的な生産拠点となると予測した[1]。

この情報ユーティリティは，今日のインターネットと重なる部分が多い。インターネットの原型といわれる ARPANET (Advanced Research Projects Agency Net) の実験が米国国防省によって始められたのが 1969 年であった。1980 年代の半ばには，日本でも研究機関や企業の内部で通信ネットワークが構築され，異なるネットワーク間での相互乗り入れ (つまり「インターネット」) も始まっていた。しかしながら，ようやくファクシミリが一般化するかどうかというこの時期，一般的には情報化やネットワーク化という現象は必ずしも身近なものではなかった。その段階で，増田は高度情報社会の姿をかなり的確に言い当てていたわけである。

実のところ，情報技術の重要性と可能性に着目した社会分析や未来予測は 1960 年代から盛んに行われてきた。たとえば，アメリカ社会で知識産業や情報経済が拡大している状況を明らかにしたマッハルプ (Machlup, F.) の『知識産業』，あるいは，新しい産業の興隆，経済のグローバル化，社会の多元化，知識社会の到来など，従来の社会からの連続性を絶つほどの根源的変化が起こりつつあることを指摘したドラッカー (Drucker, P.) の『断絶の時代』，そして，経済の中心が財の生産からサービス産業に移行し，研究開発や理論的知識が重視される社会が到来することを予測したベル (Bell, D.) の『脱工業社会の到来』などの議論がある[2]。

日本でも，すでに高度経済成長期の頃から情報社会に関する積極的な議論が提起されていた。たとえば，梅棹忠夫は「情報」が社会の基盤になると予見した論文 (「情報産業論」) を著し，当時の日本社会に衝撃を与えた。また，林雄二郎は『情報化社会』のなかで「実用的機能」よりも「情報的機能」が重要となる社会の到来を指摘したほか，先に触れた増田米二も『情報社会入門』において来るべき情報社会の展望 (「コンピュートピア」) を描いている[3]。

ところで，情報に一般性や内容の安定性が生じてくると知識になると考えら

れる。また，情報技術の発展が新たな知識の生成・洗練を促す一方，知識の習得や開発を求める流れが情報技術の進展に勢いを与えるという関係もあるだろう。つまり，いろいろな意味で，情報と知識は密接につながり合っている。ゆえに，情報技術と社会の関係が論じられる場合，必然的に，知識と社会の関係も重要な論点となる。そのため，上述の先駆的な議論も，「情報社会論」として理解される場合もあれば，「知識社会論」と見なされる場合もある。

　では，情報社会と知識社会はどのように区別されるのか？その異同をめぐる議論に詳しく立ち入る余裕はないが，一例として生涯学習研究の第一人者であるジャービス（Jarvis, P.）の見解を見ておくと，情報社会は知識・情報を伝える先進テクノロジーが活用される社会を指すのに対し，知識社会は商品やサービスの生産のために知識が資源として利用される社会を意味するという[4]。換言すると，情報の処理・保存・伝達に関する高度な技術力の働きに注目する表現が情報社会であり，知識や情報が社会発展の主要な原動力となっていることを強調するのが知識社会である，と理解できよう。

　いつの時代であっても知識や情報は社会を成り立たせる重要な要素であったのだが，現代社会においてはその比重がかつてないほど増している。このことは，とくに経済・産業の分野で顕著であり，今や知識基盤経済（knowledge-based economy），つまり「知識と情報の生産，流通，および利用に直接的に基づいた経済」[5]の状況となっている。しかしながら，知識が重要な役割を果たすという傾向は経済・産業の分野に限られるわけではない。今日では，政治，文化，教育，福祉など，あらゆる領域で「知識・情報の生産，流通，利用」を適切に進めてゆくことが重要な課題となっている。つまり，社会全体が「知識基盤型」となりつつあるのが現代社会である。そして，この情報化・知識社会化の傾向は，生涯教育・生涯学習の政策化を推進する要因の一つとして作用し続けてきた。たとえば，「知識」や「情報化」が生涯学習関連の審議会においてどのように取り上げられてきたか，簡単に整理すると表10-1に示すとおりである[6]。

表10-1 「情報」・「知識」について言及されている審議会答申の例

発表年月／答申名	具体的記述，論調の特徴など
1971（昭和46）年4月 社会教育審議会答申 「急激な社会構造の変化に対処する社会教育のあり方について」	急激に進む社会的変化について「マスコミの発達はまことに著しく，情報化社会と称される現象が生じ，ひとびとが情報の洪水，流行の支配に圧倒されて個性と自我を喪失する傾向がみられ，さらに，価値の混乱や対立が個人にも社会にも現われている」と記述。また，「知識」に関しては，技術革新の進展・就業構造の変化への対応のために，職業に関する知識・技術の向上が課題であると指摘。
1981（昭和56）年6月 中央教育審議会答申 「生涯教育について」	生涯教育が重視される背景の一つとして「社会・経済の急速な変化」があることを指摘し，「目覚ましい科学技術の進歩や経済の発展は，技術革新と産業構造の変化をもたらすとともに，社会の都市化や情報化を進めており，このような状況の下で，多くの人々が新たな知識・技術の習得や主体的な情報選択能力の涵養，都市生活への適応など種々の対応を迫られている」と記述。
1986（昭和61）年4月 臨時教育審議会 「教育改革に関する第二次答申」	「新しい情報手段」（コンピュータ，高度情報通信システムなど）は，人間の情報生産能力を飛躍的に向上させるものであり，それゆえに身体的，精神的，文化的な弊害もあると指摘。このような理解に基づき，学校教育や社会教育における情報手段の活用と「情報活用能力（情報リテラシー）」の育成を進めてゆくための具体的な方策や課題を提示。
1987（昭和62）年4月 臨時教育審議会 「教育改革に関する第三次答申」	教育・研究・文化・スポーツ施設の「インテリジェント化」（高度な情報通信機能と快適な学習・生活空間とを備えた生涯学習・情報活動地域拠点として整備すること）の必要性や，情報化への対応のための課題（情報モラルの確立，教育システムの情報化，多様性をもった情報環境の整備など）を指摘。
1992（平成4）年7月 生涯学習審議会答申 「今後の社会の動向に対応した生涯学習の振興方策について」	生涯学習の必要性が高まってきた社会的背景として「科学技術の高度化」を挙げ，「目覚ましい科学技術の高度化は，人々の生活環境を大きく変化させており，絶えず新たな知識・技術への対応が必要となってきている」と指摘。他方，「情報化」については，「マス・メディアの発達やコンピュータの普及，ファクシミリ，パソコン通信，衛星通信などの新しい情報通信ネットワークの発達など，情報化の進展は著しく，人々は，多様なメディアや情報に主体的に対応し活用する能力を求められている」と記述。
1998（平成10）年9月 生涯学習審議会答申 「社会の変化に対応した今後の社会教育行政の在り方について」	「社会教育施設の運営等の弾力化」に関する論点として，公共図書館が「高度情報化時代に応じた多様かつ高度な図書館サービス」を担うための受益者負担の必要性について言及。また，学習支援サービスの多様化のための課題として，「多様なメディアが急速に進展している情報化時代にふさわしい社会通信教育の在り方」や「マルチメディアを活用した新しい学習システムの開発や普及」などについて検討するべきことを指摘。
2000（平成12）年11月 生涯学習審議会答申 「新しい情報通信技術を活用した生涯学習の推進方策について―情報化で広がる生涯学習の展望―」	「本格的な情報社会に向けた動きは，産業，経済，社会生活のあらゆる分野に及び，我が国でも高度情報社会への対応が21世紀における重要な課題になって」いるという認識をもとに，知識社会に向けた生涯学習の役割や情報化と人材育成の関係について強調したうえで，情報通信技術を活用した生涯学習施策の基本方向と課題について詳述。当面推進すべき施策として「情報リテラシーを身につけるための学習機会や研修体制の整備」「生涯学習関連施設の情報化の推進」「インターネット利用環境の整備について」など，8項目を掲げる。
2008（平成20）年2月 中央教育審議会答申 「新しい時代を切り拓く生涯学習の振興方策について―知の循環型社会の構築を目指して―」	目指すべき社会像として「知の循環型社会」を提示し，21世紀は知識が社会の諸領域を支える基盤として重要性を増す「知識基盤社会」の時代となること，ゆえに知識を創造する人への投資が重要であると指摘。取り組むべき基本課題として「自立した個人の育成や自立したコミュニティの形成」と「持続可能な社会の構築」が示され，後者に貢献する社会の在り方が「知の循環型社会」（各個人が，自らのニーズに基づき学習した成果を社会に還元し，社会全体の持続的な教育力の向上に貢献する社会）であるとされる。

2　鍵としての情報リテラシー

　情報化が進展し，知識の創造・交流・利用が社会発展の主要な原動力になりつつある。教育・学習の営みもその状況に対応してゆかねばならない。では，情報化が進み知識が重要となる社会においては，どのような能力や学習が必要となるのだろうか。ここで鍵となるのが「情報リテラシー」(information literacy) である。

　情報リテラシーは，すでに 1986（昭和 61）年の臨時教育審議会第二次答申のなかで「情報活用能力」として言及されている。それは「情報および情報手段を主体的に選択し活用していくための個人の基礎的な資質」と定義され，情報化に適切に対応できるかどうかはこの能力の成否によって左右され，社会的・文化的な活動能力もこれに影響されると指摘されている。

　その後，この情報活用能力は，1987（昭和 62）年 12 月の教育課程審議会答申（「幼稚園，小学校，中学校及び高等学校の教育課程の基準の改善について」）や 1996（平成 8）年 7 月の中央教育審議会答申（「21 世紀を展望した我が国の教育の在り方について」）など，とくに初等中等教育の方向性を議論する文脈において，情報教育を進めてゆくための指針的な概念として位置づくようになった。そして，1998 年 8 月に「情報化の進展に対応した初等中等教育における情報教育の推進等に関する調査研究協力者会議」がまとめた「最終報告書」[7]においては，あらためて情報活用能力の概念整理が試みられ，次のような意味を含むものとされた。

①情報活用の実践力——課題や目的に応じて情報手段を適切に活用することを含めて，必要な情報を主体的に収集・判断・表現・処理・創造し，受け手の状況などを踏まえて発信・伝達できる能力

②情報の科学的な理解——情報活用の基礎となる情報手段の特性の理解と，情報を適切に扱ったり，自らの情報活用を評価・改善するための基礎的な理論や方法の理解

③情報社会に参画する態度——社会生活の中で情報や情報技術が果たしてい

る役割や及ぼしている影響を理解し，情報モラルの必要性や情報に対する責任について考え，望ましい情報社会の創造に参画しようとする態度

　この情報活用能力は「初等中等教育段階で育成すべき」能力として提示される場合が多いが，当然，これは高等教育の在学者や成人も習熟するべき能力でもある。実際のところ，2000 (平成 12) 年の生涯学習審議会答申（「新しい情報通信技術を活用した生涯学習の推進方等について─情報化で広がる生涯学習の展望─」）においても，すべての国民が情報通信技術を使うことができ，情報化の恩恵を享受できるようになるために「情報リテラシー」の学習機会の充実が必要であると繰り返し指摘されている。また，海外の議論を見てみると，情報リテラシーは，むしろ成人の職業能力形成や生涯教育のテーマとして位置づく傾向にあるようだ。たとえば，もっとも早く情報リテラシーという用語が用いられた文書──1974 年にズルコウスキ（Zurkowski, P. G.）が図書館情報科学委員会（National Commission for Libraries and Information Science）に対して行った提言──においては，「仕事に対して情報資源を応用することに長けた人のことを情報活用能力がある人（information literate）と呼びうる。それは，直面する問題に対する情報ソリューションを構築する場合に，広範な情報ツールも基本的な情報源も活用できる技術と技能を備えた人である」[8]ととらえられている。そして，情報リテラシーを得ている人はまだ僅かであったため，これをアメリカの国民の間に広める必要が提起されている。

　あるいは，国際的に合意された比較的新しいとらえ方の例として，2005 年の「情報リテラシーおよび生涯学習に関する上級会合」の議論をあげることができる。そこでは，「情報リテラシーは生涯学習の中核に位置する。それは，個人的，社会的，職業的，教育的な目標を達成するよう，情報を効果的に探し，評価し，利用し，創出することを，あらゆる職種の人々に対して可能にさせるものである。それはデジタル化した世界における基本的人権であり，全ての国民の社会的統合を促すものである」[9]と記述されている[10]。

　このように，情報リテラシーの習得は，情報社会／知識社会を生きる現代人にとって，年齢や社会的立場に関係なく取り組むべき主要な必要課題となって

いるといえる。

3　メディア・リテラシーと情報リテラシー

　情報リテラシーに近接するものとして「メディア・リテラシー」(media literacy) という概念もある。情報メディアが高度化／多様化し，メディアの社会的影響やメディア環境が複雑化してゆくなかで，メディアとどのように付き合うべきかという点を中心に考えようとするのが，メディア・リテラシーであると理解できる。

　2000 年 6 月に「放送分野における青少年とメディア・リテラシーに関する調査研究会」がまとめた報告書によると，メディア・リテラシーとは，「メディアとの関わりが不可欠なメディア社会における『生きる力』であり，多様な価値観を持つ人々から成り立つ民主社会を健全に発展させるために不可欠なもの」[11] と定義され，①メディアを主体的に読み解く能力，②メディアにアクセスし，活用する能力，③メディアを通じてコミュニケーションを創造する能力（とくに，情報の読み手との相互作用的コミュニケーション能力）から構成されるという。いずれも重要な要素であるが，①の「主体的に」という部分にメディア・リテラシーの歴史的本質がもっとも強く反映されている。

　メディア・リテラシーの源流は，1960 年代のカナダでの取り組みにさかのぼることができる。当時，合衆国から国境を越えて入ってくるテレビ放送のなかには「俗悪」なものもあり，これに対する識別能力を子どもに習得させる必要性の高まりが背景となって，メディア教育への取り組みが始まった[12]。その後，21 世紀に入って，2001 年の同時多発テロを機に，メディアの在り方があらためて問われることになり，近年，メディア・リテラシー教育の重要性が再認識されているという[13]。すなわち，この概念は，メディアが表現・伝達するものを批判的に吟味し能動的に判断できる能力を培う必要性の認識とともに発展してきたのである。

　では，メディア・リテラシーと情報リテラシーの関係はどのように理解すれ

ばよいか。この点に関し，ズルコウスキの同僚でもあったホートン，Jr.(Horton, Jr., F. W.) の見解が示唆的である。彼は，21世紀における「生き残るためのリテラシー」には「(読み・書き・語り・算の能力などの) 基礎・中核的な機能的識字力」「コンピュータ・リテラシー」「メディア・リテラシー」「遠隔教育とeラーニング」「文化リテラシー」「情報リテラシー」が含まれるが，これらは緊密に結びついた同類 (family) として理解されるべきだと指摘する。というのも，「リテラシー」とは，単に読み書きができることを意味するわけではなく，生活に影響する多様な技能，態度，行動能力を包含する考え方であるからだ[14]。つまり，情報リテラシーは，そのような総合的な概念であるリテラシーの一部分として，メディア・リテラシーを始め他のリテラシーと相補的に成り立つものとしてとらえる必要がある。

　もちろん，各リテラシーの関係を階層的にとらえる見方や，あるいは，成人の基本的能力の構成要素としてリテラシーを意味づける見方などもありうる[15]。だが，いずれにせよ，情報化が進展し，知識経済・知識産業が基盤となる状況にあって，情報リテラシーもメディア・リテラシーも生涯学習について考える際のもっとも重要な鍵概念であることには変わりない。というのも，すべての人のために有益な情報社会・知識社会を構築するということと，すべての人にとって現実的に有意義な学習社会を構築するということは，多くの課題や論点が一致するからである。　　　　　　　　　　　　　【永井 健夫】

注
1) 増田米二『原典　情報社会―機会開発者の時代へ―』TBSブリタニカ，1985のとくに p.15-41。なお，増田は情報ユーティリティを「情報市民公社」とも呼んでいる。
2) これらの書誌情報は次のとおり。Machlup, F., *The Production and Distribution of Knowledge in the United States.* Princeton: Princeton University Press, 1962［木田宏・高橋達男共訳監訳『知識産業』産業能率短期大学出版部，1969］; Drucker, P. F., *The Age of Discontinuity: Guidelines to Our Changing Society.* New York: Harper & Row, 1968［林雄二郎訳『断絶の時代―来たるべき知識社会の構想―』ダイヤモンド社，1969］; Bell, D., *The Coming of Post-Industrial Society: A Venture in Social Forecasting.* New York: Basic Books, 1973.［内田忠夫ほか訳『脱工業社会の到来―社会予測の

一つの試み（上・下）—』ダイヤモンド社，1975］。
3）これらの書誌情報は次のとおり。梅棹忠夫「情報産業論—きたるべき外胚葉産業時代の夜明け—」『放送朝日』第104号，1963年1月［『情報の文明学』（中公叢書）中央公論社，1988に改訂されたものが所収されている］；林雄二郎『情報化社会—ハードな社会からソフトな社会へ—』（現代新書）講談社，1969［復刻版，オンブック，2007］；増田米二『情報社会入門—コンピュータは人間社会を変える—』ぺりかん社，1968。
4）Jarvis, P., *Globalisation, Lifelong Learning and the Learning Society: Sociological Perspectives*（*Lifelong Learning and the Learning Society, vol.2*）. London: Routledge, 2007, p.77. なお，このとらえ方に即せば，先述の増田の定義では「情報社会」と「知識社会」両方の意味が混合していると理解できる。
5）OECD, *Science, Technology and Industry Outlook, 1996.* Paris: OECD, 1996, p.229.
6）情報社会や知識社会が近未来的な社会像から現実の状況に変化してゆく過程にあった1970年代から90年代にかけて，生涯学習関連の審議会答申においては，「情報」は生涯学習を必要とさせる社会的特質の一つとして理解され，「知識」は科学技術の進展や社会環境の変化に合わせて習得・更新すべきものの一つとして意味づけられていた。つまり，「情報」や「知識」は生涯学習にとっての環境条件，あるいは学習・習得するべき対象として認識されていたのだが，必ずしも他に優先する中心的なテーマとして位置づいていたわけではなかった。しかし近年では，情報社会／知識社会という状況をもっとも基本的な前提に置いて生涯学習について検討する答申も出されるようになった。たとえば，2000年の生涯学習審議会答申は，生涯学習施策における中心軸のような意味を「情報化」に与えている点で，従来の答申とは異なっている。また，2008年の中教審答申の場合，提言される施策の内容は，とくに従来と異なる次元のものが多く含まれているわけではないが，社会の維持・発展の成否を「知識」が握っていることを強く意識している点で，新しい方向性をもった答申となっている。
7）情報化の進展に対応した初等中等教育における情報教育の推進等に関する調査研究協力者会議［文部省］(1998)「情報化の進展に対応した教育環境の実現に向けて（最終報告）」（平成10年8月5日）〈http://www.mext.go.jp/b_menu/shingi/chousa/shotou/002/toushin/980801.htm〉
8）Zurkowski, P.G., *The Information Service Environment: Relationships and Priorities*（*Related Paper No.5*）. Washington, D.C.: National Commission on Libraries and Information Science, 1974, p.6.
9）Garner, S.D. (ed.) *High-Level Colloquium on Information Literacy and Lifelong Learning, Bibliotheca Alexandrina, Alexandria, Egypt, November6-9, 2005*（*Report of a Meeting*), 2006.〈http://archive.ifla.org/III/wsis/High-Level-Colloquium.pdf〉, p.3.
10）その他，注目すべき議論として，Breivik, P. S. and Gee, E. G., *Information Literacy: Revolution in the Library.* New York: American Council on Education and Macmillan

Publishing Company, 1989［三浦逸雄・宮部頼子・斎藤泰則訳『情報を使う力—大学と図書館の改革—』勁草書房, 1995］や, American Library Association, *Presidential Committee on Information Literacy: Final Report.* Washington, D.C.: American Library Association, 1989〈http://www.ala.org/ala/mgrps/divs/acrl/publications/whitepapers/presidential.cfm〉など。

11) 放送分野における青少年とメディア・リテラシーに関する調査研究会［郵政省］(2000)『放送分野における青少年とメディア・リテラシーに関する調査研究会報告書』(平成12年6月21日)〈http://www.soumu.go.jp/main_sosiki/joho_tsusin/top/hoso/pdf/houkokusyo.pdf〉, p.2.

12) 上杉嘉見「カナダ・オンタリオ州におけるメディア・リテラシー教育の発展過程—社会批判的カリキュラムの追求と限界—」『教育学研究』第71巻第3号, 2004 のとくに p.27［315］-31［319］を参照。

13) 村上郷子「メディア・リテラシー教育と批判的思考」『埼玉学園大学紀要（人間学部篇）』第9号, 2009, p.257.

14) Horton, Jr. F.W., *Understanding Information Literacy: A Primer.* Paris: UNESCO, 2007, p.3-4.

15) Catts, R. and Lau, J., *Towards Information Literacy Indicators.* Paris: UNESCO, 2008, p.17-20.

キーワード

情報社会　知識社会　OECD　知識基盤経済　情報技術　情報リテラシー　情報活用能力　メディア・リテラシー

この章を深めるために

1. 情報化の進展がもたらした利便性・効率性の弊害や負の側面について, 具体例に即して検討してみよう。
2. 知識基盤型の経済・産業が発展する社会において, 図書館や博物館などの生涯学習関連施設はどのような役割を果たすべきか, 考察してみよう。

参考文献

佐藤佳弘『IT社会の護身術』春風社, 2010

西垣通『ウェブ社会をどう生きるか』(岩波新書1074)岩波書店, 2007

アラン・バートン＝ジョーンズ（野中郁次郎監訳）『知識資本主義—ビジネス, 就労, 学習の意味が根本から変わる—』日本経済新聞社, 2001

第11章　健康への関心と生涯スポーツ

1　健康への関心と生涯学習

(1)　健康への関心の高まりとその背景

　人々の健康に対する関心が高まったと言われて久しい。テレビや雑誌でさまざまな健康法が紹介されたり，健康食品や健康器具がブームになったりする状況からは，人々が健康について強い関心をもっていることがうかがえる。政策的にも，2002年に健康増進法が制定され，健康の増進が国民の責務として位置づけられるなど，健康に関する多くの施策が展開されている[1]。

　健康への関心の高まりの背景としては，以下の3点をあげることができる。

　第1に，社会の高齢化である。平均寿命の伸長と少子化によって，2020年には国民の4人に1人が65歳以上になるといわれており，高齢者介護の仕組みづくりや医療費の増大への対応が社会的な問題となっている。また個人にとっても，長くなった高齢期を有意義に過ごす前提として，健康のもつ重要性は増しているといえる。病気や他人の介助なしに生きられる期間の指標として「健康寿命」が用いられることがあるが，「健康寿命」をいかに長くできるかということは，社会と個人の双方にとって重要な課題となっている。

　第2に，疾病構造の変化である。戦後，感染症に代表される急性疾患の割合が大きく減少する一方，糖尿病や脳卒中に代表されるいわゆる「生活習慣病」の割合は一貫して増え続けてきた[2]。また近年では，高齢化にともなう認知症の増加なども指摘されている。生活習慣病や認知症は，食事や睡眠，運動といった日常的な生活習慣との関連が指摘されており，生活習慣の改善が予防や治療に有効であるとされている。こうした状況は，個人の側から見れば，生活習

143

慣を改善することで，ある程度自分の健康状態をコントロールすることが可能になったということでもある。近年のさまざまな健康法ブームは，自分の健康状態を自分で管理しようとする心性の表れだということもできるだろう。

　第3に，社会の変化やそれにともなうライフスタイルの変化によって，生活習慣に関するさまざまな問題が指摘されるようになったことである。たとえば，科学技術の発展にともなう都市化や情報化は，運動不足や人間関係の希薄化をもたらしたとされ，メタボリックシンドロームや精神的なストレスの増大なども問題となっている。また，インスタント食品の使用が日常化するなかで，食品添加物が身体に与える影響が指摘されるようになり，いわゆる「食の安全」への関心も高まっている。さらに近年では，基本的な生活習慣を身につけていない青少年の増加が指摘されており，青少年の体力の低下や食育の必要性への対応が求められるようになっている。2005（平成17）年に制定された食育基本法において，「『食』に関する知識と『食』を選択する力を習得し，健全な食生活を実践することができる人間を育てる食育」の推進のために，国，地方公共団体その他の関係者の責務等が定められたことや，2006年に「早寝早起き朝ごはん」全国協議会が設立され，文部科学省とともに子どもの生活リズムを向上させるための全国的な普及啓発活動（「早寝早起き朝ごはん」国民運動）が推進されていること等は，こうした状況への政策的な対応だと見ることができる。

　このように，健康に関する関心が高まるなかで，生活習慣の改善などの健康への個々人の取り組みが重視されるようになり，そのための社会的な支援のあり方が問われるようになっている。

(2) **ヘルスプロモーションと生涯学習**

　こうした社会的な健康の増進に関する基本的な理念として提唱されているのが「ヘルスプロモーション」の考え方である。これは1986年の世界保健機関（WHO）による，いわゆる「オタワ憲章」のなかで提唱されたもので，「人々が自らの健康をコントロールし，改善する能力を高めていくプロセス」と定義される。ここでは，健康の実現には一人ひとりの主体的な取り組みが必要であることを前提としつつも，それを個人の責任の問題とせず，個々人をとりまく諸

環境を改善していく社会的な努力が重視されている。

　厚生省（当時）が2000年に始めた「21世紀における国民健康づくり運動（健康日本21）」はヘルスプロモーションの理念に基づき，2010年度までに取り組むべき課題等の基本的な戦略をまとめたものである。ここでは，①栄養・食生活，②身体活動・運動，③休養・こころの健康づくり，④たばこ，⑤アルコール，⑥歯の健康，⑦糖尿病，⑧循環器病，⑨がん，の9項目について年齢階層ごとの具体的な目標値などが設定されており，目標達成のための環境整備については行政だけでなく，マスメディアや企業，非営利団体，職場，学校，地域，家庭なども役割を果たすべきであることが明記されている。

　ヘルスプロモーションの理念は，健康に関する生涯学習の重要性を示すものである。健康に関する知識を身につけ，実際に行動を変容させていくプロセスに各人が生涯にわたって主体的に取り組むことや，そうした環境整備のために家庭・学校・地域等の統合的な支援体制が重視されるという点において，健康に関する生涯学習はヘルスプロモーションにおける中心的な役割を果たすものだと考えられる。

　そもそも1946年のWHO憲章によれば，健康とは「身体的，精神的および社会的に完全に良好（well-being）な状態であって，単に疾病がないとか虚弱でないというだけでない」とされる。健康が身体的な側面にとどまらず，精神的，社会的な側面をも含む概念だと考えれば，ヘルスプロモーションと生涯学習の理念はきわめて近いものになる。

(3) **健康学習としてのスポーツ活動**

　生涯学習や社会教育に関する分野において，健康に関する学習活動の中心の一つが，スポーツに関する活動であろう。1997（平成9）年の保健体育審議会答申「生涯にわたる心身の健康の保持増進のための今後の健康に関する教育及びスポーツの振興の在り方について」では，ヘルスプロモーションの観点から，個人が主体的にスポーツに取り組むことの重要性が指摘され，生涯の各時期の望ましいスポーツライフのあり方が示された。生涯にわたるスポーツ活動は，それ自体が健康の保持増進と密接に関連したものであると同時に，社会教育事

業としても伝統的に振興されてきたものであり，ヘルスプロモーションと生涯学習の双方の文脈において，重要な位置を占める健康学習の一形態であるといえる[3]。

2　生涯スポーツ支援の展開

(1)　「生涯スポーツ」という考え方

　日本で「生涯スポーツ」という言葉が用いられるようになるのは，1960～70年代にかけてのことである。さまざまな定義がなされているが，「生涯学習」と同様「生涯にわたって行われるスポーツ活動（の総体）」といった個人の行為を指す側面と，「生涯にわたるスポーツ活動（及びそれを可能にする環境整備）の推進」といった社会的な目標を指す側面の両面から理解する必要がある。後者については，「いつでも，どこでも，だれでも」スポーツに取り組める「生涯スポーツ社会」の実現をめざす理念だと表現されることも多い。

　生涯スポーツが求められるようになった主な背景としては，①高齢化や都市化，情報化といった急激な社会の変化のなかで，新たに生じた健康に関する問題（運動不足やストレスなど）への対応，②生きがいを重視するライフスタイルの広がりによるスポーツ活動へのニーズの増大，③学校や企業での選手を中心とした競技スポーツが政策的にも文化的にも重視され，日常生活のなかでの「身近なスポーツ」が軽視されてきたことへの反省，等をあげることができる。ここでも生涯学習の場合と同様，社会問題に対処する「手段としての生涯スポーツ」への期待と，スポーツ活動自体が人生を豊かにするといった意味での「目的としての生涯スポーツ」への期待の双方を見ることができる。健康に関する問題との関連では「手段としての生涯スポーツ」の側面のみが注目されがちであるが，単に「健康に良いから」ということのみを強調した生涯スポーツの振興には限界があろう。スポーツとは本来的に楽しいものであり，活動を通じて達成感や人間関係の充実が得られるなど，それ自体にさまざまな価値が見出せることを踏まえたうえで，生涯スポーツの振興に取り組んでいくことが重要で

あるし，そもそもスポーツを「する側」の自発性や主体性が尊重されなければならないことはいうまでもない。

また，スポーツは「する」ものであると同時に，プロスポーツやオリンピックなどを通じて「見る」ものでもあり，指導者やイベント運営のボランティアとして「支える」ものでもありうる。生涯学習との関連からは，こうしたスポーツとの多様な関わり方も含めて生涯スポーツをとらえることが重要であろう。

個人とスポーツとの関わり方が多様であるのと同様に，生涯スポーツを支援する社会的な仕組みもまた多様である。支援の行われる場に注目すれば，学校で行われる保健体育の授業や部活動から，公共スポーツ施設や職場スポーツ施設，フィットネスクラブなどで行われている活動までさまざまな場所が生涯スポーツ支援の場となるし，支援する側の属性に注目すれば，行政だけでなく，スポーツ少年団や体育協会などのスポーツ団体，民間企業，などが各種の講座やイベントを実施したり，スポーツ施設の運営などを行っている。

学校以外の場で行われるスポーツ活動の支援は学校体育との対比で「社会体育」と呼ばれるが，学校体育と社会体育，行政と民間などさまざまな場や担い手が相互に連携しながら，生涯スポーツの支援体制がより一層充実していくことが望まれる。

(2) 生涯スポーツ社会の拠点としての総合型地域スポーツクラブ

2010（平成22）年に文部科学省が策定した「スポーツ立国戦略—スポーツコミュニティ・ニッポン—」（以下，「戦略」という）は，2000（平成12）年に策定された「スポーツ振興基本計画」（以下，「基本計画」という）を引き継ぎ，スポーツ振興に関しておおむね10年間で実施すべき重点戦略，政策目標等をまとめたものである。

「戦略」では，生涯スポーツ社会の実現を目指すものとして，5つの重点戦略の1つに「ライフステージに応じたスポーツ機会の創造」が掲げられている[4]。また，数値目標としては「できるかぎり早朝に，成人の週1回以上のスポーツ実施率が3人に2人（65パーセント程度），成人の週3回以上のスポーツ実施率が3人に1人（30パーセント程度）となることを目指す」ことがあげられている[5]。

こうした近年の生涯スポーツ社会の実現に向けた施策の中心に位置づけられているのが「総合型地域スポーツクラブ」の育成である。総合型地域スポーツクラブとは，①中学校区程度の地域において，②スポーツ施設等を拠点に地域住民によって主体的に運営される，③種目，世代，年齢，技術レベル等によって限定されないスポーツクラブの形態である。2000年の「基本計画」以降，全国の各市町村において少なくとも一つは総合型地域スポーツクラブを育成すること，さらに総合型地域スポーツクラブを支援する「広域スポーツセンター」を各都道府県において少なくとも一つ育成することを目標に整備が進められてきた[6]）。

　総合型地域スポーツクラブを継続的かつ安定的に運営するには，施設や指導者などの確保が課題となる。とくに施設面では学校体育施設の活用が想定されているが，これまで社会体育および生涯スポーツ支援において蓄積されてきた物的・人的な資源を活用し，各種スポーツ団体や企業等とも連携していくことが求められる。また，クラブ運営にあたって経営的な能力をもつクラブマネジャーや，運営を支えるスポーツ・ボランティアの養成等も課題となっている。

　このような総合型の地域スポーツクラブは，ヨーロッパでは一般的に見られるものであり，スポーツを通じたまちづくりの要素をもつものとしても期待される。「いつでも，どこでも，だれでも」スポーツに参加できるシステムが，地域ごとに住民の自主的・自律的な運営によってつくられることは，生涯学習や生涯スポーツの理念においても望ましいものである。しかし現状では，地域住民によって主体的に運営されるはずのクラブが行政主導で設置されていくという，矛盾した状況が見られることも事実である。「自主性」や「主体性」といった言葉をいかに内実のともなったものに変えていけるかが今後の課題であろう。

3 健康・スポーツに関する学習支援をめぐる問題

(1) 健康ブームの背後にあるもの

　健康への社会的な関心が高まる一方で，人々が健康に対する際限のない不安をかかえがちであることが指摘されている。たしかに，繰り返される健康法ブーム（科学的な根拠の希薄さが指摘されるものも少なくない）や，食品や栄養が健康・病気に与える影響を過大に評価する「フードファディズム（food faddism）」の風潮を鑑みれば，そこにある種の強迫的な健康志向を見出すことも可能であろう。マスメディア等を通じて流される健康に関する情報が，結果として人々の健康に対する不安をいっそう募らせるものとなっている感も否めない。

　こうした不安の背景には，①個人の努力によって健康がコントロールできるという考えが広がることによって，充実した人生を送るための手段であったはずの健康が，人生の目的として考えられるようになったことや[7]，②生活習慣病等の慢性疾患においては原因と結果のつながりが明確ではないため，自分が健康であるかを自分で判断することができず，結果として医学的な数値等に基づく専門家の判断に依存せざるをえなくなっていること，等が指摘できる。

　こうした状況は，健康に関する生涯学習において，単に健康を追求するための学習やスポーツを振興するだけでは不十分であることを示している。健康をめざす学習やスポーツを支援する一方で，一人ひとりが健康のもつ意味や価値を問い直し，健康に関する情報を適切に取捨選択できるようにするような学習を支援していくことが求められる。

(2) 学習支援という視点

　ヘルスプロモーションや生涯スポーツの分野には，専門家からボランティアまで，さまざまな指導者が関わっているが，健康やスポーツに関する活動は，生涯学習や社会教育の分野の活動であるとは意識されないことも多い。しかし，それが学習活動であると自覚されているかどうかにかかわらず，健康やスポーツに関する活動は，人々の意識や行動の変容を含むものであり，そこに関わる指導者には，学習支援するという視点が求められる。

たとえば，総合型地域スポーツクラブのスタッフにとっては，スポーツに関する知識や技術も大切ではあるが，クラブが多様な種目，年齢，レベルに開かれたものであることを考えれば，人々の関心を掘り起こし，関心を同じくする人を結びつけ，個々人にとっての活動の意味や活動を通じた変化に目を向けていくような視点をもつことの重要性こそ強調されるべきであろう。健康やスポーツに関する生涯学習を振興していくうえで，指導者の「学習支援者」としての側面をいかに重視できるかが，今後の課題となる。　　　　　　【青山　鉄兵】

注
1) 内閣府が 2008 年に実施した「生涯学習に関する世論調査」によると，人々が 1 年間に実施した学習活動のなかで「健康・スポーツ（健康法，医学，栄養，ジョギング，水泳など）」の占める割合が 22.5％でもっとも高くなっている。
2)「生活習慣病」は「食習慣，運動習慣，休養，喫煙，飲酒等の生活習慣が，その発症・進行に関与する疾患群」と定義され，従来「成人病」と呼ばれてきた疾患の多くと重複している（公衆衛生審議会「生活習慣に着目した疾病対策の基本的方向性について」（意見具申）1996 年）。
3) 2008 年度の「社会教育調査」によると，2007 年度に全国の教育委員会および社会教育施設で行われた学級・講座のうち，「体育・レクリエーション」に関するものは 17.7％を占めている。
4)「戦略」では，この他に「世界で競い合うトップアスリートの育成・強化」「スポーツ界の連携・協働による『好環境』の創出」「スポーツ界における透明性や公平・公正性の向上」「社会全体でスポーツを支える基盤の整備」が重点戦略としてあげられている。
5) 内閣府が 2009 年に実施した「体力・スポーツに関する世論調査」によると，週 1 回以上のスポーツ実施率は約 45.3％，週 3 回以上のスポーツ実施率は約 23.5％となっている（調査結果をもとに算出）。
6) 2010（平成 22）年 7 月現在，全国の 1249 市区町村（1750 市区町村中）で 3114 の総合型地域スポーツクラブが育成されている（文部科学省「平成 22 年度総合型地域スポーツクラブ育成状況調査」2010）。
7) すでに見たように，健康増進法においては健康の増進が国民の責務として位置づけられている。健康が手段か目的かという点に加えて，健康が権利か義務かという点についても検討しておく必要があろう。

キーワード

健康寿命　生活習慣病　ヘルスプロモーション　21世紀における国民健康づくり運動（健康日本21）　生涯スポーツ　社会体育　スポーツ立国戦略　スポーツ振興基本計画　総合型地域スポーツクラブ　広域スポーツセンター　フードファディズム

この章を深めるために

1. 現代社会を生きるうえで，「健康に関して知っておくべきこと」として具体的にどのようなものがあるか，いくつか列挙し，そのうちの一つについて実際に調べてみよう。
2. 「総合型地域スポーツクラブ」に相当するものがいくつくらい運営されており，どのような活動を展開しているのか，あなたの住んでいる地域について調べてみよう。

参考文献

津田彰・馬場園明編『健康支援学　ヘルスプロモーション最前線』（現代のエスプリ 440）至文堂，2004

岡本包治編著『地域における生涯スポーツの振興—企画・実践・評価—』（現代生涯学習全集第6巻）ぎょうせい，1992

日本体育・スポーツ経営学会編『テキスト　総合型地域スポーツクラブ』（増補版）大修館書店，2004

飯島裕一編著『健康不安社会を生きる』（岩波新書）岩波書店，2009

第12章　遊び・居場所・人間形成

1　遊びと学びの微妙な関係

(1)　遊びの教育的活用

　一見したところ，遊ぶことと学ぶことは容易には結びつかない。価値と無価値，意味と無意味，真面目と不真面目など，両者はまったく正反対の性格をもつようにも見える。しかし実際には，教育やその近接領域において遊びの重要性が指摘されることは少なくない。

　たとえば，中央教育審議会答申「新しい時代を拓く心を育てるために―次世代を育てる心を失う危機―」(1998年6月30日)は，人間関係をつくる力，集団のルールを守る心，忍耐力や責任感，積極的な意欲や自発性などが遊びのなかで育まれると述べ，幼児期から小学生段階の子どもの成長や健全な発達において遊びがもつ意義を指摘している。また，厚生労働省が定める「保育所保育指針」(2008年)でも，「子どもは，遊びを通して，仲間との関係を育み，その中で個の成長も促される」とするなど，子どもの主体的な活動や子ども相互の関わりを大切にした保育を提唱している。

　直接体験や他者とのコミュニケーションの機会に満ちた営みである遊びは，子どもの身体的・精神的・社会的な発達と密接な関連をもつといえる。教育的な視点に立って考えた場合，教育目的を実現するための手段として遊びを活用するという発想はけっして珍しいものではない。

(2)　手段化された遊びへの疑問

　しかし，教育的な立場から活用されたときの遊びは，本来の楽しさや自由とは異なる性格を帯び，ある種の息苦しさを感じさせるものになりかねない。

「先生，お砂あそびが終わったら，ほんとうに遊んでもいい？」[1]

これは，幼稚園の教育活動の一環として導入された遊びに対する，ある園児の違和感の表明である。活動によって生じうる成果を先取りし，それを効率よく実現するための手段となった遊びは，本来もっていたはずの意義や可能性を手放し，「ほんとう」の遊びとはいえなくなっていくのではないだろうか。

このような事態を避けるために，「冒険遊び場」や「プレーパーク」などと呼ばれる活動では，おとなの価値観によって子どもの遊びを規制しないことを重視している[2]。そのため，活動の運営は保護者や地域住民等による手づくりの作業（ボランティア）と話し合いに基づいて進められ，たとえ行政が関与するケースでも場の提供など消極的な役割にとどまる。また，プレーリーダーが置かれる場合には，遊びを教えたり子どもを指導したりするよりも，さまざまな規制から遊びの自由を守る「防波堤」の役割が期待される。危険をともなう行為[3]や「汚い」こと・「悪い」ことも排除せず，子どもの自発的意思を最大限に許容しようという大らかさが活動の特徴となっている。

周囲のおとなの教育的意図やねらいとは無関係に，子どもは自らの意思で自由に遊ぶよう促される。過保護や行動の制約から自由であることが自発的意思や判断力を育むことにつながり，子どもはおとなの意図を超えてさまざまなことを学び成長していく。ここには，教育的意図をあえて前面に出さないことがかえって教育的意義を高めるという逆説がある。遊びと学びの関係を明らかにするためには，このような微妙な点を考慮しなければならない[4]。

(3) 遊びと学びの接点

人間にとって遊びがもつ意味については，ホイジンガ（Huizinga, J.）やカイヨワ（Caillois, R.）をはじめ多くの研究がある。これらを手がかりにしながら，子どもや若者以外の幅広い年齢層の学習者も含めた学びと比較することによって，あらためて遊びと学びの接点を探ってみよう[5]。

まず第1に，遊びは他者によって強制されず，あくまでも行為者の自発的意思に基づく自由な活動である。これは，学習者の自発的意思を強調する生涯学習にもあてはまる共通の特徴であるといえる。第2に，遊びは限定された時間

と空間のなかで活動が行われ，外部の現実世界とは異なるルールや仕組みに基づくもう一つの世界を構成する。この点について，現実世界の必要性に応じて行われる学習には当てはまらないようにも見えるが，その一方で，生活や活動の場面から一時的に距離を置くことで学習者が自らの生き方を見つめ直し，新たな対応策の発見につながるような学びが存在することも事実である。第3に，遊びの魅力は未知の世界との出会いや意外な結果が生じる可能性にあり，予期しなかった新たな出来事が遊びによってしばしば創発される。これと同様に，学ぶことも必ずしも事前の計画に沿ってのみ進むわけではなく，思いがけない活動の進展や新たな活動へのつながり，新たな人や世界との出会いをもたらす創発的なプロセスとして学習をとらえることができる。

　これらの点が示すように，遊びと学びの両者は本質において深く結びついている。多くの点で両者が異なるのは事実であるが，遊びと学びの接点に注目することは，生涯学習の意義や可能性を最大限に追究するうえで意味があるといえる。パンフレットなどで見かける"生涯楽習"というキャッチフレーズも，学習における楽しさの重要性を強調することで，遊びと学びとの本質的なつながりを示す一例である。山本思外里は，カルチャーセンターでの学びを軽やかに愉しむ成人学習者のなかに，社会や組織が求める価値観から距離を置き，「個」としての生き方を大切にしながら家庭・地域・企業・社会との関係を築き直そうという志向を見出した[6]。現代社会におけるこのような学習活動の展開は，時代状況の違いを遙かに超えて，「民衆娯楽」が人間形成に及ぼす影響に着目した権田保之助[7]の視点とつながっているといえるだろう。

　ホイジンガは人間を「ホモ・ルーデンス（遊ぶヒト）」という言葉でとらえ，スポーツ・芸術・学問・戦争などさまざまな活動が遊びの精神に根ざしていることを示した。「人間文化は遊びのなかにおいて，遊びとして発生し，展開してきた[8]」という彼の言葉は，現代社会のさまざまな現実に即して，あらためてその意味を確認されなければならない。

2 居場所のアーキテクチャ

(1) 教育における居場所の意味

教育に関わる政策的な議論ではじめて「居場所」をキーワードとしたのは，学校不適応対策調査研究協力者会議「登校拒否（不登校）問題について—児童生徒の『心の居場所』づくりを目指して」（1992年3月13日）である。この報告は，不登校[9]が特定の子どもだけの問題ではなくすべての子どもに起こりうるという視点に立ち，予防や対策を進めるうえで「心の居場所」の存在が重要であることを指摘した。ここで「心の居場所」とは，「児童生徒にとって自己の存在を実感でき精神的に安心していることのできる場所」を意味している。そのような役割を担うことができるかどうかなどの観点から，学校その他の関係機関の役割や家庭のあり方が問い直されているといえるだろう。

これとは別の文脈で「居場所」の重要性に注目した取り組みに，文部科学省が2007年度から実施している放課後子ども教室推進事業がある。この事業は，これに先立つ地域子ども教室推進事業を引き継ぎ，「子どもの居場所づくり」キャンペーンとして展開されている。放課後や休日に安全で安心して子どもが活動できる拠点としての「居場所」を，学校施設や公民館等を活用しながら全国各地に整備することが事業のねらいである。文化活動やスポーツ活動，地域の大人や異年齢の子どもとの交流などの拠点となる「居場所」を，学校その他の関係機関や保護者・地域住民などの努力と工夫によって意図的・計画的につくるという取り組みが，全国各地で進められている。

(2) 人と人とのつながりを生み出す空間

子どもや若者の教育に関わる「居場所」は，もともと学校外の青少年教育を活性化するための取り組みから生まれてきた。1980年代の半ば頃から子ども会やボーイスカウトなどの青少年団体の会員数が減少に転じるなど，青少年教育の活動全般に停滞が見られるようになってきた。このような動きの背景には，地域社会やメディアなど社会環境の変化が子どもどうし・若者どうしの関係の持続と発展を難しくしたことや，明るい未来への展望との関連が見えにくくな

った「教育」から逃避する傾向が生じてきたことなどが考えられる。

　このような状況のなかで，子どもや若者の間の不安定で流動的な関係をつなぎとめるために，青少年教育施設に設けられているロビーのような空間が重要な役割を果たすことが明らかになってきた。面倒な手続きなしで時間を気にせずに利用でき，個人であれグループであれ多様な利用形態を許容する空間であるロビーが，子どもや若者相互の関わりやつながりを生み出し，さまざまな活動の基盤となっていく。利用者が自分のペースで時間を過ごすことができ，ときには仲間とともに遊び話し合うなど，子どもや若者の成長にとって必要な「時間・空間・仲間」という3つの「間（ま）」が，「居場所」のなかでそろって確保できるということになる。

　ここには，あからさまに「教育」を意図したはたらきかけは存在しない。青少年教育を専門とするスタッフが関わる場合には，講座等の事業や活動場所に関する情報の提供，利用者のニーズ・施設に対する意見・若者の間で流行っているものなどのリサーチ，利用者の個人的ないしは人間関係上の相談への対応など，担うべき役割は不定型かつ多様である[10]。いずれにせよ，あらかじめ意味や価値が定まった事柄を教える／学ぶよりも，多様な利用形態を受け入れることで人とのつながりや新たな活動を生み出すことに重点を置くような学習空間が現れてきているのである。

　(3)　**創発的な学習空間のために**

　これまで見てきたような「居場所」の機能は，子どもや若者だけでなく成人や高齢者の学習を考える際にも重要な意味をもつ。知識・技能の伝達を目的とする事業や活動は，学習者の参加を受けとめる場の雰囲気や他者との関係に支えられて成立するし，また，学習活動を通じて居心地がよく許容度の高い環境が醸成されていくといえる。

　社会学者オルデンバーグ（Oldenburg, R.）は，家庭や職場と並んで都市生活者にとって重要な「第3の場所（サードプレイス）」の機能に着目した[11]。カフェやビアガーデンなど自由でリラックスした雰囲気の空間が，その場にいる者同士の間に対話を促し，良好な人間関係や新たな出会いを生み出す。これらの場

は教育や学習とは無関係に設けられたものであるが、思いがけない形で学びが生じる可能性を認めることができる[12]。

　この議論は、たとえば社会教育施設である公民館に「住民の自由なたまり場」[13]の役割が期待されることとも深い関連がある。価値観や生活様式が多様化し、孤独で孤立した住民が存在する都市化社会のなかで、個人単位でも気軽に足を運んで楽しい時間を過ごせる環境が存在することが、講座への参加やグループへの加入など新たな活動につながるきっかけとなる。また、このことは常連のグループ利用者や行動力の高い市民だけでなく、より幅広い市民へと施設の利用者層を開拓していくことにつながるものである。

　教育の名の下にはじめから何かを押しつけるのではなく、まずは市民の行動を制約せずに自由に利用できる環境を提供すること。これによって利用者は生活の場や学校・職場を離れた視点から自分自身を見つめ直すことができる。ときには他者と関わりながら過ごすそのような時間―空間が新たな学習への需要を生み出し、よりよい生き方や社会のあり方の可能性を垣間見せてくれるとともに、具体的な学習活動・社会活動となって周囲に変革の動きを引き起こしていく。そのような創発的な学習空間が今こそ求められているといえるだろう。

3　複雑系としての人間形成

(1)　学習観・教育観の再検討

　これまでいくつかの具体例を示しながら、遊びや「居場所」と学習・教育との間に成立する微妙で複雑な関係について確認してきた。これらの関係に着目することが生涯学習の理解にあたってどのような意味をもつのか、最後に簡単にまとめてみよう。

　まず第1に、生涯学習とは何かを考える際に、社会教育施設や学校など学習（またはその支援）を目的とする場だけを視野に収めるのでなく、教育や学習を目的としないさまざまな場面で生じる学びにまで目を向ける必要がある。労働やボランティア活動をはじめ社会のさまざまな場面に含まれる学びは、教育機

関等が提供する学習機会では得られない独自の効果と意義をもつ。また，そのような学びが教育機関の提供する学習プログラムに結びついていく可能性も意識される必要がある。

　たとえば，レイヴ（Lave, J.）とウェンガー（Wenger, E.）はいくつかの事例をもとに，「実践のコミュニティ」への参加として学習を位置づけている[14]。学習は労働や社会的課題の解決などから切り離せない形で社会的な文脈のなかに埋め込まれており，何を学ぶべきかは活動や状況をつうじて明らかになる。このように，教育や学習を目的としない活動や場面に内在する学び（の可能性）を見つけ出し，他の活動やさらなる学びと関連づけることでその意義や効果を高めていこうという視点は，生涯学習を考えるうえできわめて重要であるといえる。

　第2に，既存の学習プログラムや関連施設のあり方について，楽しさや居心地の良さなどの観点からあらためて検討される必要がある。社会的価値や学習者の要求への対応が教育機関に期待されるのは当然であるが，それらを固定化せず，むしろ学習者の興味関心が形成されるプロセスや個人の活動と社会的価値との間に折り合いがつくプロセスに目を向けることが重要である。

　学習活動に参加するかどうか，学習を行うのは何のためか，何をどのような方法で学ぶのかについて，教育者が一方的に決定せずに学習者の側の判断を重視すべきだというのは，ノールズやその後の成人教育研究の重要な論点である[15]。学習者が自らの意思を安心して表明できるような環境や周囲の他者との関係を用意することは，おとなに限らず子どもに対しても有効である場合が多い。その意味で，教育の意図や目的をはじめから前面に出すのではなく，活動への参加者・施設利用者の自由な活動を尊重しつつ臨機応変に対処するという役割が学習支援者に期待される。

　いずれにしても，教育と学習のあいだに短絡的な因果関係を見るのではなく，多次元で重層的な関係のなかで教育と学習をとらえるべきであろう。このように考えるとき，学習とは直接関係がないように見える遊びや「居場所」は，むしろ学習の可能性を豊かにする条件として，ますますその意義が注目される。

(2) 人間形成のプロセスにおける学習の意味

　遊びも「居場所」も，限られた時間—空間のなかで切り取られた生活や社会の一断面にすぎない。全身全霊で遊びに没入する者もいつかは元の世界に戻っていかなければならないし，「居場所」を離れた者は社会の現実に直面する。遊びや「居場所」がもつ意味はさまざまな活動や生活場面の連なりのなかではじめて明らかになるが，学習活動についても同じことがあてはまる。このように，さまざまな異なる時間—空間の間を往還するプロセスのなかで，秩序と混沌，文化と自然，洗練と野蛮，表層と深層，タテマエとホンネ，善と悪は交錯し，そこに葛藤が生じていく。人間形成とは，一元的な把握が不可能な複数の力の絡み合いであり，学習はそのうちのごく一部にすぎない。

　複数の者が集まり活動するなかで，さまざまな意図や思いはときに干渉しあい，ときに共鳴しながら新たな動きを生み出していく。未知の世界や新たな人との出会いと交流を通じて，学ぶということの意味が豊かになっていく。学習とは当初の目的を実現するために個人の内部で完結した営みではなく，他者や周囲の環境に支えられつつ，それらに変革を及ぼしていく可能性をもつ営みであろう。これこそが学ぶということのおもしろさであり，そのとらえにくさでもある。

【梨本　雄太郎】

注

1）羽根木プレーパークの会編『冒険遊び場がやってきた！—羽根木プレーパークの記録—』晶文社，1987，p.127．
2）20世紀半ばにヨーロッパで生まれ，現在では数十カ国に広がっている冒険遊び場について，門脇厚司『子どもの社会力』岩波新書，1999，p.191-201などが紹介している。特定非営利活動法人日本冒険遊び場づくり協会のウェブサイトによれば，日本国内に200以上の取り組みが存在する（http://www.ipa-japan.org/asobiba/）。
3）たとえば国土交通省「都市公園における遊具の安全確保に関する指針（改訂版）」（2008年8月）のように，危険を予測し回避できる要素である「リスク」と，予測や判断が困難で重大事故につながりやすい「ハザード」とを区別する議論がある。遊ぶ者や周囲の保護者にも完全に管理・制御することができない「リスク」こそが遊びの魅力であり，そのような「リスク」に接する経験が子どもの危機管理能力や判断力を育むといえる。

4）同じような視点から遊びの事例を紹介した文献として，たとえば加賀谷真由美『子どもとつくる遊び場とまち―遊び心がキーワード―』萌文社，2001がある。
5）カイヨワは，(1)自由な活動，(2)隔離された活動，(3)未確定の活動，(4)非生産的活動，(5)規則のある活動，(6)虚構の活動，の6点を遊びの特徴としてあげた（『遊びと人間』多田道太郎・塚崎幹夫訳，講談社学術文庫，1990，p.40）。
6）山本思外里『大人たちの学校』中公新書，2001.
7）権田保之助『民衆娯楽の基調』同人社，1922；同『民衆娯楽論』巌松堂，1931など。
8）ホイジンガ（高橋英夫訳）『ホモ・ルーデンス』中公文庫，1973．
9）この報告では，学校に通う意思はあるが登校できない状況に「登校拒否」という表現は適切でないなど，「不登校」という表現の必要性が示唆されている。
10）教育スタッフによる臨機応変の対応は「ロビーワーク」と呼ばれることがある。伊藤学「若者を支援する職員の役割と課題―東京都青少年センターのロビーワークの記録―」久田邦明『子どもと若者の居場所』萌文社，2000，p.96-117．
11）Ray Oldenburg, *The Great Good Place: Cafes, Coffee Shops, Community Centers, Beauty Parlors, General Stores, Bars, Hangouts, and How They Get You through the Day*, Paragon House, 1989.
12）同種の議論としては，小林章夫『コーヒー・ハウス』（講談社学術文庫）講談社，2000（原著は1984年に駸々堂より出版された）などを参照。
13）東京都教育庁社会教育部「新しい公民館像をめざして」1973．
14）ジーン・レイヴ＆エティエンヌ・ウェンガー（佐伯胖訳）『状況に埋め込まれた学習―正統的周辺参加―』産業図書，1993．
15）成人学習の支援のあり方については，マルカム・ノールズ（堀薫夫・三輪建二監訳）『成人教育の現代的実践―ペダゴジーからアンドラゴジーへ―』鳳書房，2002をはじめ多数の文献が存在する。

キーワード

冒険遊び場　ホイジンガ　カイヨワ　カルチャーセンター　権田保之助　不登校
放課後子ども教室　3つの間　サードプレイス（第3の場所）　たまり場

この章を深めるために

1．学習が主目的ではない活動（遊び，労働，ボランティア活動など）に見られる学習がどのような仕組みや配慮によって促されるか，具体的な例に即して考えてみよう。
2．生涯学習関連の施設を訪問し，学習活動や相互交流のために空間や設備がどのように工夫されているか，調べてみよう。
3．行政やNPOによる「居場所」の創出・提供の実践例を調べ，その成果と課題について検討してみよう。

参考文献

小川博久編『「遊び」の探究』生活ジャーナル，2001
久田邦明編『子どもと若者の居場所』萌文社，2000
田中治彦編『子ども・若者の居場所の構想』学陽書房，2001
平林正夫「『たまり場』考―社会教育における空間論的視点」長浜功編『現代社会教育の課題と展望』明石書店，1986（p.112-163）

第13章　芸術文化活動がもたらす社会的成熟

1　社会的な豊かさと芸術文化活動

(1)　戦後日本社会における文化的変容

　社会的な豊かさを表す言葉として,「文化の時代」「地方の時代」と言われるようになって久しい。高度経済成長の時代を経た1970年代以降,経済水準の向上・平均寿命の伸長・余暇時間の増大・価値観の多様化とともに,人々は職場や家庭でのライフスタイルを変化させてきた。とくに,経済中心の社会から文化中心の社会への移行が提起され,「ものの豊かさからこころの豊かさへ」と言われるようになった1980年代以降は,一人ひとりが自分の自由時間を創造的に活用し,地域ごとのニーズにあわせたまちづくりがめざされるなど,個人やコミュニティのレベルで「生活の質」(quality of life)の向上を求める動きが広まってきた。「文化の時代」とは,人々がそれぞれの価値観に基づいて,とくに精神的な側面から生活を豊かにしていくことを志向する社会を指す言葉であり,芸術文化活動[1]はそうした社会的な豊かさの象徴としてとらえられてきた側面がある[2]。

(2)　生涯学習社会における芸術文化活動

　一方で,生涯学習の理念も,経済的な豊かさを獲得した人々による学習要求の高まりを背景に,広く受け入れられるようになってきたといえる。なかでも,趣味やレクリエーションに関わる,いわゆる余暇型生涯学習は,さまざまな芸術文化活動をその範疇に取り込みつつ浸透してきた。その意味で,生涯学習と芸術文化活動は社会の成熟にともない,部分的に重なり合いながら展開してきたものであるといえよう。

たとえば，文化庁は人々が行う具体的な芸術文化活動として，①鑑賞活動（舞台芸術，映画，美術展覧会，読書など），②自ら行う文化活動（音楽，美術，演劇，文学，民謡，民舞，茶，花道，囲碁，将棋など），③文化に関する学習活動の3つをあげている[3]が，直接的な学習活動を示す③だけでなく，鑑賞・表現活動も，現在では広く生涯学習に関連する活動ととらえられている。人々が自分の自由時間を創造的に活用し，学び続ける生涯学習社会においては，学びを支える基盤として文化活動をとらえたり，あるいは，学習の成果として芸術活動をとらえるなど，「芸術文化活動」と「学習（活動）」とは深い結びつきのあるものとしてとらえられているのである。

2　芸術文化活動の支援に関する取り組みと課題

(1)　芸術文化に関わる行政施策の動向①――国の文化政策

　戦後日本において，芸術文化に関わる国レベルの政策は1960年代まで文化財保護が中心とされてきた。舞台芸術の提供や文化の普及活動といった現在の芸術文化振興策が本格化するのは，1968（昭和43）年に文化庁が設置されて以降である。文化庁ではこれまでの文化財保護行政に加え，「文化の頂点の伸長」と「文化の裾野の拡大」の両側面からの芸術文化振興をめざし，前者として①芸術活動の基盤整備，②芸術活動の奨励・援助，③芸術活動の場の確保，④芸術家の育成，⑤芸術の国際交流，後者として①地域文化活動の振興，②芸術鑑賞機会の整備をすすめてきた。文化庁予算の推移をみると，1990（平成2）年に432億円だった予算額は，1995（平成7）年に668億円，2000（平成12）年に808億円，2005（平成17）年に1016億円，2010（平成22）年に1020億円と順調に増加を続けている。近年は高止まり傾向を示しているものの，ここ20年で文化行政関係の予算はおよそ2.5倍に増加しており，また，予算額に占める施設費・人件費の割合が低下し，代わりに芸術文化振興費目が占める割合が増加していることから，国際社会のなかで文化の薫り高い国をめざす「文化立国」[4]の実現が政策課題として明確に意識化されていることがうかがえる[5]。

このような政策動向の背景には，2001（平成13）年に芸術文化活動の振興を推進する国の基本理念を定めた「文化芸術振興基本法」の制定がある。この法律は，戦前の国家による文化統制に対する反省に立ち，芸術文化が社会的成熟に不可欠の存在であること，市民一人ひとりの自主性が尊重されるべきであることを強調している点に特徴がある。芸術文化の領域にはそれまで国として明確な方針や法律が存在していなかったことを考えると，芸術文化に関する法的整備は評価されてよい。ただし，同法は総合的な基本理念を示したものにすぎず，法解釈を含めて，条文を個々の施策へどうつなげるか，多様化する文化活動をどう振興するのかについては課題が残されているといえる。

(2)　芸術文化に関わる行政施策の動向②——地方の文化政策

　地方自治体における文化政策は，1970年代以降「文化の時代」「地方の時代」の標語のもとに推進されてきた。具体的には，市民文化活動の推進・文化施設等の条件整備・文化的なまちづくりの観点から，好景気の時代にはとくに劇場や文化ホールなどの文化施設の整備が積極的にすすめられた。また，地域文化は地域活性化に不可欠であるとの考えから，都市政策・環境政策・文化政策などを複合的に展開させ，行政組織を「文化」の視点から改革しようと，「行政の文化化」と呼ばれる行政意識改革論も展開された。すなわち，地方自治体では自治体政策全体に文化的環境整備の視点を導入する「総合行政」としても，芸術文化支援が位置づけられてきたということができる。

　しかし，地方自治体における芸術文化支援は近年厳しい状況にさらされつつある。自治体の文化関係経費の推移を見てみると，1993（平成5）年に9553億円でピークを迎えた予算額は，その後地方財政の悪化にともない減少を続け，10年後の2003（平成15）年には4934億円と半額近くまで落ち込み，現在まで低迷を続けている。なかでも文化施設建設費の減少は著しく，1993（平成5）年に5878億円あった予算は，2003（平成15）年には1354億円とおよそ4分の1にまで縮小している。これまでの地方文化政策の中心は，文化ホールを各市町村にあまねく設置しようとするなど，施設建設に重点が置かれてきた。しかし，こうした施策は内容をともなわないハード整備に傾斜しているとして，しばし

ば「ハコモノ行政」として批判され，ハード整備からソフト重視の政策への移行が提起されてきた。とくに，近年の地方自治法の改正や，自治体財政の悪化にともない，公立文化施設は施設の管理運営を民間企業やNPOに委託する「指定管理者制度」を導入したり，行政評価の手法を導入したりするなど，施設運営の工夫を迫られている。

　指定管理者制度の導入については，施設運営を柔軟に選択できる利点がある一方，採算面で赤字になることが多い芸術文化施設で，営利目的のプログラムに偏りすぎないか，また，文化施設には博物館における学芸員や図書館における司書にあたる専門職員が制度的に整備されていないため，民間委託によりそれまで培われてきた施設ごとの運営のノウハウが失われるのではないかといった懸念も指摘されている。文化施設の運営をめぐっては，文化施設における営利のとらえ方や，芸術文化活動をどのように数量的に評価していくのかといった，芸術文化の領域特有の問題について検討していく必要があるといえよう。

(3) さまざまなアクターによる芸術文化活動支援

　芸術文化活動は国・地方自治体といった行政セクター（第一セクター）による公的支援のほかにも，カルチャーセンターなど民間セクター（第二セクター）による多彩なプログラムの提供，芸術文化に関わるNPO（アートNPO等）や各種の文化・芸術団体といった市民セクター（第三セクター）による支援や啓発，その他企業による「メセナ支援」[6]，アーティストや市民による表現活動など，さまざまなセクターによる活動や相互のネットワークによって支えられている。

　芸術文化活動は国家の介入をなるべく受けるべきではないという「アーム・レングスの原則」や，民間による支援は景気変動などに左右され長期的な活動支援が難しいという意見もあるように，バランスのよい支援を実現するためには，官民の両セクターから支援が行われるのが望ましいとされる。また，官と民の隙間を埋める立場として，NPOの役割も期待されている。こうした多様なセクターの連携は教育・福祉・医療・環境などあらゆる領域で求められているが，芸術文化活動の領域については，とくに自由な活動が損なわれないような仕組みとして，政府から自立して活動に対する評価・提言を行う第三者評価

機関の役割が注目されている。市民が自立的・主体的に活動できるよう提言する専門家集団組織である芸術評議会（Arts Council）を設置する自治体も増えるなど，提言型のNPO・市民団体が果たす役割も今後ますます重要になってくるだろう。

3　芸術文化活動における「学習」の位置づけ

(1)　生涯学習と文化芸術活動の結びつき

　以上，さまざまな芸術文化活動（支援）を紹介してきたが，ここで生涯学習と芸術文化活動がどのように結びつきうるのかをあらためて考えてみたい。たとえば，地域の伝統文化の掘り起こし，音楽祭や芸術祭，ふるさと学習，一村一文化運動といった「まちづくり」に関わる活動は，「生涯学習まちづくり」とも言われるように学習活動をともなうことが多く，ここでは芸術文化は「学習対象・学習成果」と位置づけられている。また，学校週5日制や総合学習の導入にともない，「学社連携」など学校教育と社会教育が協力して子どもの教育に取り組める環境整備が求められるなか，美術館における鑑賞教育やワークショップを通じた体験的な創作・表現プログラムが広まっているが，ここでは芸術文化は「参加・体験型学習方法」と位置づけられているといえる。

　では，芸術文化活動と生涯学習はどのような場合にも結びつきうるのだろうか。岡本薫は，文化振興のための施策や実際の文化活動のなかで，「人々に学習させることを目的とする部分」や「結果として学習を伴う部分」のみが生涯学習という概念に含まれるのであり，「学習」を含まない芸術文化活動は生涯学習ではないとした[7]。

　一方で，芸術文化活動に限らず，ある人が何らかの活動をしようとすれば，その活動の知識や技術を身につけなければならず，そこには何がしかの学習行動がともなう。逆に，文化芸術活動をするなかで新たな学習が生まれることもあり，両者を切り離すことは現実的に難しい。1992（平成4）年の中央教育審議会答申「生涯学習の基盤整備について」のなかでは，「生涯学習は，学校や社

会の中での意図的,組織的な学習活動として行われるだけでなく,人々のスポーツ活動,文化活動,趣味,レクリエーション活動,ボランティア活動などの中でも行われるものである」とされている。すなわち,生涯学習そのものが広い意味での文化活動ということもできるのである。

(2) 「文化」・「教育」・「学習」の関係をめぐって

そもそも,生涯学習の概念が提示される以前から,「文化」と「教育」の関係は,教育行政において模索され続けてきた。戦前,日本では「文化」を「教育」のなかでとらえるのが一般的とされ,人々の芸術文化活動についても,国が「教え育てる」ものであるという一方向的な「施し」として社会教育行政の文脈でとらえられることが多かった。たとえば,明治初期の内国勧業博覧会や文部省美術展覧会といった国家主導の展示会などは,日本国民の「文化度」を高めるための啓蒙政策の典型といえよう。また,民衆娯楽文化が発達した大正時代には,活動写真のフィルム取締・脚本の検閲といった文化規制や,逆に民衆娯楽を善導教育に利用しようとする動きが見られたが,ここからも,当時の社会教育行政にとって民衆娯楽文化は教化の手段であり,「教育」の範疇に収まらない「文化」は規制・統制の対象とみなしていたことがうかがえる。

第二次世界大戦期には国家総動員体制を基軸として,「文化」を「教育」が統制する姿勢は一層強まり,社会教育行政は「文化政策」の名の下に,映画制作の制限,芸人登録許可制度,新劇劇団の解散,ジャズ演奏禁止などの文化統制を展開した。しかし一方で,素人演劇運動に見られるように,統制のみに回収されない民衆の自発性に基づく文化活動も深まりを見せた。

戦後を迎えると,戦時期の文化統制への反省から,一転して社会教育法に国民主体の文化活動の原則が明記され,芸術文化は統制から解放され,自由な文化活動を教育行政が支援する体制へと転換した。さらに,1970年代後半に梅棹忠夫が「教育はチャージ(充電),文化はディスチャージ(放電)であり,文化を教育の文脈で捉えることは不適切」と提起して以降は,教育活動と文化活動を明確に区分することで,自発的な営みである文化活動を教育活動の範疇から解放しようとする動きが自治体文化政策において見られるようになった[8]。

このように，「教育」と「文化」は絶えず密接にかかわり合いながら，その関係を変化させてきた。だが，「教育」と「文化」を二元的に分類すること自体，たとえば直接的に教育が意図されているわけではないが，芸術文化活動を通じた創造的で自由な体験が自己教育・相互教育となるような営みがもつ教育・文化間の豊かな相補性を見落とす危険性をはらんでいる。生涯学習概念の広まりとともに，一方向的な「教育」から自発的な「学習」へと学びのとらえられ方が変化するなかで，芸術文化活動を含むさまざまな学習活動の主体性・自発性が尊重されるようになった今，「学習」・「教育」・「文化」の形式的な区分自体の意義が薄れているといえるだろう。

(3) **主体的な学習文化活動によってもたらされる社会的成熟**

　ここで重要なのは，「(生涯)教育」から「(生涯)学習」へと人々の学びのとらえ方が変化し，社会的な豊かさを背景に「学習」と「文化」が融合していくなかで，人々の学習活動・文化活動における「主体性」「自主性」が両者の共通項としてクローズアップされてくるということである。たとえば，近年のユネスコの議論では，「文化的多様性」を理解し，自ら主体的に文化活動に関わることは，単に余暇時間を利用した趣味活動を越えた主体形成・社会発達の活動であるとされている。ここでは，文化活動は自らを成長させ，社会を刷新していく契機としてとらえる可能性が示唆されているといえよう。

　芸術文化活動や生涯学習への関心の高まりが，社会的な豊かさを背景としたものであったように，主体性を共通項にもつ芸術文化活動と生涯学習が，人々の主体形成を通じて新たな社会的成熟をもたらす。すなわち，芸術文化活動と生涯学習という主体的な学習文化活動は，個々の発信者・学習者による芸術文化活動と行政をはじめとする多様なセクターによる芸術文化支援とが絡まり合いながら，社会的な成熟と相補循環的な関係にあるといえるだろう。

　多様化する市民の学習要求・文化要求に社会はどのように応えていけばよいのか。この答えは，文化・教育の私事性と公共性の両側面を慎重に考察しながら，芸術文化の担い手としての市民の生涯にわたる文化的な成長・発達をどのように支援していくべきかにかかっている。　　　　　　　　【青山　貴子】

注
1）「文化」という言葉は哲学・宗教・慣習・生活様式などを含む多義的で曖昧な言葉であり，文化活動とは広義にとらえれば人間活動全般にまで広がりうる。「文化活動」や「芸術活動」の範疇をどのように設定するのかについては議論があるが，ここでは生涯学習との関わりから，狭義の芸術活動（美術・音楽・演劇・伝統芸能その他の芸術活動）に，教育・福祉・地域文化・まちづくりなどの関連活動を含め，包括的に「芸術文化活動」と表記することとする。
2）「文化の時代」という言葉は，1980年に出された同名の報告書に由来する（文化の時代研究グループ『文化の時代』大蔵省印刷局, 1980）。この頃から，「（芸術）文化」が政策課題としてクローズアップされるようになる。
3）文化庁『我が国の文化と文化行政』ぎょうせい, 1988.
4）「文化立国」の概念は，1989年に発足した文化庁の私的諮問機関である文化政策推進会議の提言「新しい文化立国をめざして」（1995年）によって提示されたものである。1997年には文化庁「文化振興マスタープラン」において，国をあげて取り組むべき課題として「文化立国の実現」があげられた。
5）とはいえ，国家予算に占める文化関係予算（2005年時点，文化庁調べ）を見ると，フランス（0.96％），韓国（0.95％），中国（0.30％），イギリス（0.26％）等に比べ，日本（0.12％）はまだまだ低い比率であるといえる。国により文化行政の担当組織・制度・範疇が異なることから単純な国際比較は困難であるが，国家施策における「文化」の位置づけをうかがうことができるだろう。
6）「メセナ」とは，主に企業を中心とした民間による芸術文化振興活動のことを指す。背景には，企業も市民社会の一員として社会貢献を果たすべきだという考えがある。メセナ活動の実態については，企業メセナ協議会編『メセナ白書』（1991〜1992年は企業メセナ協議会による出版, 1993〜2000年はダイヤモンド社による出版）に詳しい。
7）岡本薫『行政関係者のための入門・生涯学習政策』全日本社会教育連合会, 1994, p.37-38.
8）梅棹忠夫「文化行政のめざすもの」『梅棹忠夫著作集第二一巻　都市と文化開発』中央公論社, 1993所収。

キーワード

文化の時代　　芸術文化活動　　文化庁　　文化芸術振興基本法　　文化立国　　企業メセナ　　チャージ／ディスチャージ　　指定管理者制度　　生涯学習まちづくり

この章を深めるために

1．これまであなたが経験した身近な芸術文化活動について振り返り，その活動に「教育」や「学習」がどのように関連しているか考えてみよう。

2．学習活動・芸術文化活動と社会的成熟は互いに相補循環的な関係にある，ということの例証となる簡単なストーリーを創作してみよう。

参考文献
岡本包治編『まちづくりと文化・芸術の振興―創造・継承・発展―』(現代生涯学習全集第7巻) ぎょうせい，1992
中川幾郎『分権時代の自治体文化政策―ハコモノづくりから総合政策評価に向けて―』勁草書房，2001
畑潤・草野滋之編『表現・文化活動の社会教育学―生活のなかで感性と知性を育む―』学文社，2007
鈴木忠志ほか『利賀から世界へ』舞台芸術財団演劇人会議，2009

第14章　現代人にとっての精神世界

1　精神的価値をめぐる意識の変化

(1)　グローバル化の進展と精神世界への関心の高まり

　21世紀のキーワードは「いのち」「共存」「対話」であるといわれる。経済的・社会的閉塞感が続くなか，人々は物質的なものでは満たされない何か，すなわち精神的，内面的なものを強く求めている。お遍路などの巡礼ブームにみられるような自分探しや精神的豊かさや癒しなど，いわゆる科学的なものや「合理的」には割り切れない「何か」への関心のあらわれであるといえよう。

　この背景には少子高齢化による子育て後の人生の長期化や，伝統的価値観のゆらぎにともなう新たな生き方の模索，ワーク・ライフ・バランスの見直し，心身両面の健康への関心の高まりがある。また，生命科学や医療技術の発達にともない，「できること」は「やってよいこと」なのかという問いや，インフォームド・チョイスなど病者本人の主体的な治療選択の機会にともなって新たな課題も出てきた。さらに，映画「おくりびと」や「千の風になって」の歌などの流行にもみられるように，1980年代からの死の非タブー化，終末期医療における病者本人のQOL (quality of life＝いのち・生活・人生の質) の重視や緩和ケアの試みが広まるにつれ，「いのち」をめぐる考え方や死生観を一人ひとりが問い直す機会が増えてきている。

　そして何よりもこの問題を先鋭化させたのはグローバル化の進展である。2001年9月11日の同時多発テロは，日頃私たちがあまり意識しないでいた精神世界，とりわけ宗教についての理解の重要性に目を向けさせることとなった。また，食物禁忌などの習慣や互いの文化についての理解不足による国際的な摩

擦も生まれている。しかもそれは遠い世界のことではなく，国際結婚や帰国子女の増加，外国人家族の定住などによって，日常化しつつある課題となっており，宗教や精神世界についての理解はグローバル化が進む現代社会を生きる私たちにとって無視できない重要な教養となってきている。諸外国では，教育や学習における宗教や精神的価値の扱いがかなり前から議論となり，新しい時代にふさわしい価値教育の構築が模索されてきた。しかしながら，わが国の教育や学習の分野において，この問題は長い間タブー視されてきたため，学際的な調査・研究が進展してきたのはここ十数年ほどのことで，今後が期待されている。

一方，グローバル化は世界の人々のものの見方や考え方を均質化する機能を果たすとともに，日常的な異文化との接触により，かえって自らの価値観を単純に強化させてしまう側面も指摘されている。それゆえ，多文化共生への道を模索していくということは，何よりも自らのよって立つ精神的な価値に対する考え方やとらえ方を客観化・意識化することでもある。ここでは，まず現代の日本における精神世界や宗教性についてみておこう。

(2) **現代日本人の精神世界── 習俗化している無自覚な宗教心**

日本社会において宗教が注目されたのは，1995年のオウム真理教（現・アーレフ）事件であった。これが「オウム・ショック」とも呼ばれたのは，もちろん教団が起こした数々の事件の異常さもあるが，何よりも一連の事件の中心的な役割を果たした者の多くが「科学を学んだ」「優秀な」「若者たち」であったことが，人々を驚かせたためであった。このことは，一般の人々の間では「宗教は，科学的・合理的な思考の訓練を受けていない人々，あるいは主に年長者が関わるもの」という無言の前提や，「日本は諸外国と異なり，宗教とはほとんど関わりのない文化である」という認識があったことを含意している。しかし，現代の日本は本当に宗教や精神世界とは無縁なのだろうか。

一般に，日本人は「あなたの宗教は何ですか」と問われると，無宗教と答えることが多い。各種世論調査などによれば，何らかの宗教をもっている人は2～3割にすぎず，その数は昭和20年代のおよそ半分となっており，諸外国と比べるとかなり低い数字である[1]。そのため，「自分は特に何の宗教にも属し

ていないので，宗教に対して中立的な立場に立って見られる」と単純に思い込んでしまうきらいもあるが，それは少々短絡的な見解といえる。

たとえば，日本人の宗教意識を語るときにしばしば引用される文化庁宗務課の統計をみると，日本の信者数の合計は全人口の約2倍，2億人を越えている[2]。これには幾つか考慮しなければならない点はあるが[3]，この数だけを見ると日本は宗教に熱心な国であるということもできる。また，「墓参り」や「初詣」などの宗教行為を行う人はかなりの数にのぼり，「あの世」「奇跡」「お守り・お札の力」などの「宗教的なもの」を信じる人の割合は，近年，若年層と中年層で増加している[4]。初詣に神社仏閣に行く何百万人もの人々の映像を見た外国人が，「日本はなんと宗教に熱心な国なのか」と驚いたというエピソードもよく聞く。

それでもほとんどの日本人にとっては，「初詣や墓参りは，単なるイベントや行事」という認識であることが多い。だが，普段は単なるイベントと考えていても，苦しいことや不幸なことが起こった時には真剣に神仏に祈ったり，その出来事の裏に何か宗教的な理由を無意識に考えたりしがちであることも確かである。社会人類学者のレヴィ＝ストロース (Lévi-Strauss, C.) が来日した際に，日本人は非宗教的なわけではなく，超自然的なもの，超越的なものに対する畏敬の念は非常に強いと言ったことが知られているが[5]，日本のような同質性の高い文化では，外から見ると宗教的と思えることでも，自らは習俗として考えがちで，「無自覚」なまま宗教行為を行っていることが多い。つまり，日本人がいう「無宗教」は多くの場合，特定の宗教教団に属していないというほどの意味であり，いわゆる「無神論者」というわけでは必ずしもない。「自覚的に信仰を持っている」人の数は少ないといえるが，むしろ宗教的なものや精神世界には「無自覚な親和性」が高い，という日本の特色を認識しておく必要があるだろう。

(3)　「スピリチュアリティ・ブーム」——危うさも内包した精神的な希求

オウム真理教の事件の後，宗教への不信は深まったが，「宗教的なもの」に対しての関心は近年再び高まりつつある。これは1960年代に始まるニュー・

エイジの流れを汲む世界的に広く見られる動きで,「新霊性運動」とも称され[6],現代社会における精神世界や宗教性を表す現象であるが,最近ではマスコミの影響もあり,「スピリチュアル」「スピリチュアリティ」と呼ばれるようなった。

　この特徴は,まず何よりも自らを「宗教ではない」としながらも,従来,伝統的に宗教が担ってきた役割や機能を果たしていることにある。つまり,ネガティブなイメージをもつ従来の宗教とは自らを切り離しつつも,大自然や霊的な存在など自己を超越した「何か」との神秘的なつながりの感覚をとおして,内面的な自己への気づきや霊的な成長や癒しなどを深めていこうとする感覚や意識をもっていることである。

　スピリチュアリティのもう一つの特徴は,それがある意味,個別化したゆるやかなネットワークであるがゆえに,非常に広い分野に関わるものとなっているということである。たとえば,ホリスティックな世界観,瞑想,気功などの東洋医学への関心,医療・福祉におけるスピリチュアル・ケアやグリーフ・ワーク(遺族の悲嘆のケア),AA(Alcoholics Anonymous＝アルコール依存者たちの断酒の自助グループ),自己啓発セミナー,アロマテラピー,ホメオパシー,環境・エコロジー,ロハス,スローライフ,先住民文化,ネットワーク,自分探しや自己実現,魂の成長や癒し,教育における「いのち」の重視,SMAPの「世界に一つだけの花」などに象徴されるような自己受容の重視の感覚などである[7]。近年,このスピリチュアリティという現象が包含する分野への人々の関心は高く,後で触れるNPOやボランティア,あるいは学校や企業などの組織をとおしてこれらに関わる学習が広く行われている。

　スピリチュアリティには「従来の宗教のネガティブな部分を引いた,ピュアで普遍的な超越への意識」という自己認識があるが,「すぴこん」(スピリチュアル・コンベンション,スピリチュアルに関わるものの見本市)などにみられるように,ある意味,つかみどころのない危うさを秘めているともいえる。しかし同時に,WHO(国際保健機関)において健康の定義にスピリチュアルという言葉を用いた案が提出されたこともあり[8],今後,これに対する関心は高まると思われる。スピリチュアリティに関する研究は宗教社会学において近年盛んに行われてい

るが，生涯学習の分野との学際的な対話がいっそう期待されるところである。

2 精神世界への関心と学びとの関わり

(1) 宗教リテラシーに対する関心の高まり──宗教文化教育

次に，このような精神世界への関心の変化が学習と結びつく例をいくつか見てみたい。まずはいわゆる「宗教リテラシー」への関心である。いわゆる宗教や精神世界に関する教養としての「宗教リテラシー」を高める必要性が叫ばれた直接のきっかけは先のオウム真理教事件であった。これは，戦後のやや過度な宗教アレルギーもあり，若者たちが宗教的な問いについて接する機会がほとんどなかったという反省の機会ともなった。現在，宗教学においても，宗教を一つの「文化資産」として学ぶ立場を取る「宗教文化教育」[9]という考え方のもと，学生や社会人を対象とした具体的な学習や教育の実質化についての研究・検討が進んでおり[10]，2011 年には「宗教文化教育推進センター」が立ちあげられ「宗教文化士」の認定試験が始められることとなった。これは，グローバル化が進展しつつある現代社会を理解するのに必須である，宗教という現象に対する態度についての学びをめざした，宗教リテラシーに関する積極的な試みといえよう。

(2) 医療や看護の分野との協働──ターミナル・ケア

先述のスピリチュアリティという言葉が世界的に広がる要因の一つとなったのは，1960 年代後半にホスピス運動を始めた英国のシシリー・ソンダース (Saunders, C.) が，末期の病者の痛みに対し，4 つの痛み（肉体的・精神的・社会的・スピリチュアルな痛み）という観点からトータルなケアを提唱したことにある。インドのマザー・テレサの実践でも同様であったように，病者本人の宗教の有無や宗派に関係なく，従来の痛みの概念とは異なるスピリチュアルな次元の痛みに注目して病者の苦痛を和らげようとするこの試みは，日本の医療や看護界においても早くから受け入れられた。また，日本ではホスピスは単なる「施設」と考えられがちだが，ソンダースは当初からそのなかに学習やボランティアの

センターとしての機能を備えなければならないと主張していた[11]。最近では日本においても末期の病者のケアに関する研究所を併設し，病者や家族，ボランティアの養成・研修や地域に対して学習の機会を提供するホスピスが増えている。また，「臨床パストラルケア教育センター」(カトリック) や「スピリチュアルケア・ワーカー養成講習会」(真言宗) なども始まり，日本スピリチュアルケア学会が設立されるなど，宗教と医療・看護の協働や，社会への働きかけとして注目されている[12]。

(3) 宗教団体の社会的貢献に対する関心の高まり

日本においても宗教は歴史的に福祉活動や教育活動，社会活動などを担ってきており，現在も病者や家族のケア，自殺防止，DVシェルター，平和運動や異文化間理解の促進などの活動が続けられている。宗教の社会貢献は一般にはあまり知られていないが，1995年の阪神・淡路大震災においても宗教を母胎とする救援ボランティア活動が盛んに行われ，在日外国人被災者のための援助活動から発展したNPOなどが今も数多く活動している。宗教のもつ国際的なネットワークを活かした団体としては「キリスト教海外医療協力会」，「シャンティ国際ボランティア会」，「幼き難民を考える会」や，宗教の違いを超えて生まれた「RNN (人道援助宗教NGOネットワーク)」などが知られている。岩手県の知勝院の「樹木葬」の実践では，埋葬という非常に個人的で宗教的なものが自然に対する学びの機会を生み出し，そのことが過疎化により管理放棄されていた里山を蘇らせ，さらには都会と地方を結んだコミュニティづくりや市民団体や大学との協働の実践や新たな学びへと発展している。また，野宿者援助を行っているNPO法人の過半数が宗教に関連する団体であることなどもあり[13]，社会の一システムとしての宗教の社会貢献という機能が，今，あらためて注目されてきている。

3　今後の課題──「個」と「共」の接点へ

現代人にとっての精神世界が，既存の宗教と並んで「スピリチュアリティ」

というかたちで表出し，新たな学習活動と結びついている例を見てきた。精神世界や宗教に関する問いは，生や死という人間の本質的・存在論的問いと重なっている。それはある意味，不可視で証明ができないものであるゆえに，反社会的な側面に触れる可能性をはらむ危険性は常に認識しておく必要がある。しかし，人々のこれらに対する関心はすでにさまざまな学習活動を生み出しており，今後ますます具体的な学習課題としてあらわれてくることは間違いない。多文化化が進むなか，諸外国同様，宗教的背景をもつ NPO などとの協働も進むと思われるが，その際には，ある意味，非常に「個」的なものといえる宗教的関心が，時には「公」と協働しながら，「共」への接点をどれだけもてるかが重要な要素となってくるだろう。

　また，精神世界や宗教，精神的価値への関心というものが従来の学習課題や社会の課題に一つの深みを与えてきていることは間違いないが，それを社会的に検証するシステムを考える必要もある。たとえば末期の病者へのケアや死の準備教育 (death education) は，近代化のなかでタブー化されていた「死の受容」や「病者本人の QOL の重視」という視点を拓き，人々が生きがいや死生観を深める機会を提供した。しかしそれと同時に，まだ治癒の可能性があるにもかかわらず末期とみなされてしまうという，いわゆる「見なし末期」を肯定する機能を果たす可能性が出てきていることも指摘しておかねばならない。死の準備教育も QOL もその意味で，さらなる深い研究・検討が必要となってきている。

　最後に，現代社会において精神世界や宗教に関する言説が，主にテレビなどのマスメディアのみによって担われて形成されているという問題について指摘しておきたい。マスメディアによって流される宗教や精神世界に関する情報やイメージはステレオタイプ化されている場合が多く，そこでつくられたイメージに左右されてしまって，精神世界や宗教に関わる社会や人々の実際の状況に目が届きにくくなっていることは案外意識されていない。それゆえ「宗教情報」に関するリテラシーも，今後の重要な学習課題である[14]。

　現代に生きる人々の精神世界や精神的価値への関心の広がりの現実をまず直視し，それらが生み出す学習課題に対して，恐れ過ぎず，オープンな対話や試

みを続けることが，今，ますます重要になってきているといえよう。

【佐々木 裕子】

注

1）石井研士「統計に現れた日本人の宗教性の現状」国際宗教研究所『現代宗教2001 21世紀の宗教』東京堂出版，2001．
2）文化庁『宗教年鑑 平成20年度版』ぎょうせい，2009．p.31．その内訳は仏教系の信者が8900万人，神道系の信者が約1億で，キリスト教，諸教となっている。
3）これは宗教法人のみのもので教団の自己申告に基づく統計である。また，このような数字が出される背景には仏教や神道が檀家や氏子の数から信者数を出していること，家の宗教と個人の宗教の問題，複数の信仰をもっている場合などが指摘される。
4）NHK放送文化研究所編『現代日本人の意識構造（第七版）』日本放送出版協会，2010，p.128．
5）大橋保夫編『構造・神話・労働―クロード・レヴィ＝ストロース日本講演集―』みすず書房，1979，p.164．
6）島薗進『精神世界のゆくえ―現代世界と新霊性運動―』東京堂出版，1996．
7）磯村健太郎『〈スピリチュアル〉はなぜ流行るのか』PHP研究所，2007，p.187；伊藤雅之・樫尾直樹・弓山達也編『スピリチュアリティの社会学―現代世界の宗教性の探求―』世界思想社，2004ほか。
8）葛西賢太「『スピリチュアリティ』を使う人々―普及の試みと標準化の試みをめぐって」湯浅泰雄監修『スピリチュアリティの現在―宗教・倫理・心理の観点―』人文書院，2003，p.144．
9）井上順孝「『宗教文化教育』という発想」渡邊直樹責任編集『宗教と現代がわかる本2007』平凡社；2007．井上順孝「宗教文化教育の提唱」『教育』53⑾，国土社，2003，p.57．
10）日本学術振興会科学研究費補助金基盤研究A（2008-2010年）「大学における宗教文化教育の実質化を図るシステム構築」（研究代表者：星野秀紀）
11）佐々木裕子「生と死に関する成人の学習活動―イギリスのホスピス・ムーブメントを中心に―」『日本社会教育学会紀要』29号，1993．
12）弓山達也「教育・医療現場で協働の動き」『東京新聞』2008年12月2日夕刊．
13）白波瀬達也「野宿者支援を行うキリスト教」稲場圭信・櫻井義秀編『社会貢献する宗教』世界思想社，2009，p.56．
14）石井研士「テレビと宗教リテラシー」渡邊直樹責任編集『宗教と現代がわかる本2010』平凡社，2010，および，石井研士「ステレオタイプ化する宗教的リアリティ」国際宗教研究所編『現代宗教2008―メディアが生み出す神々―』秋山書店，2008．

キーワード

オウム・ショック　宗教リテラシー　宗教文化教育　スピリチュアリティ　ターミナル・ケア　新霊性運動　グローバル化　多文化共生　宗教の社会貢献　日本人の宗教意識

この章を深めるために

1. 文化的背景が異なる人たちの間では意思の疎通がうまくいかなかったり，誤解や対立が生じたりすることがあります。具体的にどのような差異や相違が作用してそのようなトラブルが誘発されるのか，自分自身の経験や他者の体験談をもとに考えてみよう。
2. ①「あなたの宗教は何ですか」，②「あなたは何を大切に信じて生きていますか」，③「あなたの家の宗教は何ですか」と聞かれた場合の自らの答えを検討し，自分自身について気づいたことをまとめてみよう。
3. 本章で取り上げた「スピリチュアル」をテーマとする学習の機会としてどのようなものがあるか，調べてみよう。

参考文献

井上順孝『宗教社会学のすすめ』丸善，2002
国際宗教研究所編『現代宗教2007―宗教教育の地平―』秋山書店，2007
櫻井義秀・稲葉圭信『社会貢献する宗教』世界思想社，2009
島薗進『スピリチュアリティの興隆―新霊性文化とその周辺―』岩波書店，2007
三木英・櫻井義秀編著『よくわかる宗教社会学』ミネルヴァ書房，2007
千坂嵃峰『樹木葬和尚の自然再生―久保川イーハトーブ世界への誘い―』地人書館，2010
渡邊直樹責任編集『宗教と現代がわかる本』平凡社，2007

第 15 章　生命をめぐる社会的責任

1　生命をめぐる現代の問題

(1)　先端医療における光と影

　世界を救うためであれば，人の命を犠牲にすることは許されるのか？　これは，およそ 150 年前に，ロシアの作家ドストエフスキーが繰り返し社会に突きつけた問いである。だが，今日生命倫理のさまざまな問題において問われているのは，本質的にはまさにこの同じ問いである。

　たとえば，心臓移植でしか助かる見込みのない心臓病の患者が，大変な苦労をして海外に移植を受けに行く姿をテレビや新聞で目にすると，なんとか国内でもっと容易に心臓移植を受けられるようにならないものかと歯がゆく感じる者は多いだろう。そうした世論に後押しされて，2009 (平成 21) 年 7 月には臓器移植法が改正され，臓器提供の条件に関して，1997 (平成 9) 年法の「本人の書面による同意」から，本人の書面による同意がない場合でも「家族の承諾」があれば臓器提供できる，と緩和された。しかし，心臓移植に用いるためには，脳死状態にある人から心臓を摘出する必要がある[1]。脳死とは，脳は機能していないが，心臓をはじめ脳以外の身体は機能している状態である。心臓が動いているのなら，まだその人は生きているのではないのか？　素人のこうした素朴な疑問に対して，科学的に見て脳死は人の死なのだからたとえ心臓が動いていてもそれは死体である，その心臓を用いて死にかけている他の患者を救えるとしたら素晴らしいことではないか，と心臓移植を推進しようとする専門家は応えるかもしれない。とはいえ，脳死を人の死とすることについては，国の内外においていまだに議論がある。

また，クローン技術によって作成した胚性幹細胞（ES 細胞）を再生医療[2]に利用すれば，将来，脊髄損傷による下半身麻痺や脳機能が衰えていくアルツハイマー病など，現在は治療することのできないさまざまな疾患を治せるようになるかもしれない。だが，この医療を実施するためには，受精後 1 週間くらいの人の胚を壊して，その内部の細胞から幹細胞を作成しなければならない。さらにそれに先立って，この医療に利用するためにのみ，クローン技術を用いて人の生命の萌芽である胚を生み出さなければならない。さらにそれに先立って，この目的のために女性の身体を侵襲して多くの卵子を提供してもらわなければならない。しかもこうして作成された胚は，順調に成長すれば，人格を備えた一人の人間となる可能性をもっているものである。他の患者を救うためとはいえ，治療の材料として人の生命を生み出し，それを壊して利用するという行為は，はたして人間の尊厳を侵すことはないのだろうか。

　このように，今日の先端医療においては，ある患者を治療しようとする行為が，同時に他方で他の人間の生活や健康や生命を脅かす可能性がある，というジレンマに直面することがしばしばある。そのような治療を実施することは，人間として倫理的に善いことなのだろうか，それとも悪いことなのだろうか。

(2) **生命に対する態度**

　一般の人々は，こうした生命倫理の問題にテレビや新聞を通して触れることはあっても，実際にその当事者となることは稀である。とはいえ，こうした問題にどのように答えるかによって，生命に対する私たち自身の態度は明らかとなる。生命倫理の問題において，私たちはまさに自らの人格の核心部分を問われているのであり，その意味では決して他人事ではないといえるだろう。

　さらに，法令や制度に基づいて，社会がこうした生命の問題にどのように対処するかということは，個人の場合同様，人間の生に対する社会そのもののもっとも基本的な態度を物語るものである。私たちは自分の暮らす社会が，人間の尊厳に配慮する社会であってもらいたいのか，それとも，人の命をその時の都合で功利的に利用したり廃棄したりする社会であってもらいたいのか。これは，自身社会の担い手として，社会に暮らす私たち一人ひとりが考えて決めて

いかなければならない問題である。というのも，人間の生に対する社会の態度とは，社会を構成する私たち一人ひとりの生命に対する態度の総和にほかならないからである。

(3) 医療技術の進歩とその課題

　人類は，おそらくその誕生以来，病や死を克服しようとして闘ってきた。病気にならないように，病気から回復するように，少しでも若くいられるように，少しでも長生きできるように，さまざまな努力を重ねてきた。19世紀以来の科学技術の飛躍的な発達は，そのために人類に大きな力を与えてくれた。科学技術のおかげで，治療成績は格段に向上した。いくつかの感染症は地上から駆逐され，かつては不治の病といわれていたいくつもの疾患が治癒可能となり，乳幼児死亡率が激減し，その結果人間の平均寿命は延びた。こうして現代医療は人類に幸福を約束してくれるかにみえた。

　だが，科学技術の力で人類の積年の夢がいくらか叶えられたかにみえる現代において，逆に，寿命が尽きるのを待たずに自らの生命を短縮する尊厳死や安楽死を望む声が大きくなってきてもいる。たしかに現代医療においては，時として，もはや助かる見込みのない癌の末期患者に対してまでも，抗癌剤治療によって苦しめ，この世の最後の安息さえ奪ってしまうような過度の治療が行われてきたのも事実である。こうした科学技術に裏打ちされた闘う医療に対する反省から，今日では，病や死に徹底抗戦するのではなく，病や死をある程度許容しつつ治療していく道が模索されている。人類が強い完璧な存在になることで病や死を克服することをめざすのではなく，死すべき傷つきやすい存在という人間の分をわきまえたうえで，患者の自律を尊重しつつも，社会関係のなかで互いの心身の統合性と人間の尊厳を損なわないような医療をめざすべきではなかろうか，ということがいわれるようになった[3]。

2 医療との付き合い方

(1) インフォームド・コンセント

　技術の進歩のおかげで，昔にくらべて病苦から解放され寿命が延びたことは，現代に暮らす私たちにとっては朗報である。だが，技術の向上とともに専門分化が進んだために，素人が治療の内実を正確に把握することはいっそう困難になった。たとえば，上で述べた「クローン技術によって作成した胚性幹細胞（ES細胞）を用いる再生医療」という表現にしても，このことを解説なしに理解できる市民がどれだけいるだろうか。専門家たちは，ここには倫理的問題があると言って盛んに議論しているが，市民には，それは一体どのような技術なのか，その技術のどこに倫理的問題が潜んでいるのか，テレビや新聞だけから判断することはほとんど不可能である。私たちは，医療技術や治療の内実についてはあまり知ることなく，ただ医学を信頼し医師に感謝して，そのおかげで以前より快適になった治療生活にただ身を委ねていれば，それでよいのだろうか。

　治療とは，言うまでもなく，患者に対して施される。治療中も治療後も，その対象は患者の身体，患者の人生である。したがって，治療方針を決めることは，多少大袈裟にいえば，患者の生き方を決めることにほかならない。患者にとってもっとも大切な患者自身の人生であるにもかかわらず，なにもかも医師任せにすることは，おかしくはないだろうか。また，医師の判断はいつも正しいといえるだろうか。病状を診断し，それに対するいくつかの治療法を提示することは，医師の専門家としての役割である。だが，そのなかから患者の人生にとってもっとも満足のいく治療法を選択することは，医師が専門家として判断することではなく，患者自身が自らの価値観に基づいて判断することである。さらに，その治療自体が人の道に背くものでないかどうかの判断は，医学的判断ではなく，倫理的価値判断である。

　こうしたことから，20世紀後半になって，一般医療のルールとして，インフォームド・コンセントということが言われるようになった。インフォームド・コンセントの精神は，医師の補助の下に，患者が自分で自分の治療を選択する

ことにある。というのも，いくら患者が自分の治療を自分で選択したいと願っても，専門的知識のない患者には，自分の病状がどうであって，それに対する治療法にどのようなものがあるのかさえわからないからである。そこで，まず専門家である医師が，患者の病気の現状やそれに対する複数の治療法，それぞれの治療を施した場合のメリットとデメリットなどについて，患者に十分な説明を行わなければならない。その説明を参考にして，自分の人生にとって最適と思われる治療法を，患者自身が選択する。医師は，患者の自己決定を尊重しつつ，患者の価値観に適った治療生活が送れるように援助するのである。

ところが今日でさえ，医師のなかには，インフォームド・コンセントの意味をはき違えていて，部下に「患者からインフォームド・コンセントを取ってこい」などと命じる者がいる。あたかも，後で事故が起きた場合に備えて，患者に責任を転嫁するために，前もって患者の了解を得ておくかのようである。このように，患者の自己決定の尊重と言えば聞こえはよいが，患者を理性的判断のできる自律的存在[4]とみなすことは，医師が責任を逃れ，弱者である患者に責任を押し付けるための方便にもなりうる。一般に，社会による個人の自律の尊重は，自己責任の名の下に，福祉に対する社会の責任を回避するための口実として利用されるおそれのあることに注意しなければならない。

(2) 技術と社会

今日私たちは，医療の分野ばかりでなく，日常生活においても，科学技術に取り囲まれて暮らしている。その点で，科学技術の社会に及ぼす影響力はきわめて大きい。一部の専門家は技術のもつリスクに気づいていても，素人である市民は，それと知らずにリスクに曝されて暮らしている，といっても過言ではない。欠陥製品による事故や，農薬や化学物質に汚染された食品による食中毒については，しばしばマスコミでも大きく報じられる。実際に被害が出てからでなければ，市民はそのような危険性に気づきようもない。だが，被害を受けてからでは遅い。そのような私たちの明日の命にも関わる問題について，私たちは，ただ専門家を信じて一切を専門家任せにしていてよいものだろうか。

被害を未然に防ぐためには，賢明な市民とならなければならない。たとえ専

門家ではなくとも，身近に提供される技術については自発的に学習する必要があるだろう。ただ専門家から与えられるものを子どものように素直に受け取るのではなく，医療におけるインフォームド・コンセントの場合と同様に，専門家の協力を得て，市民も提供される技術についての情報を手に入れ，自らの理性を用いて取捨選択ができるようにならなければならない。そうして生命を脅かすような危険な製品，食品に対しては，市民の良識に基づいて，はっきりとノーを言うことができるように成長しなければならない。確かな情報をもとに理性的に是非の判断を下せるようになってはじめて，人間は真の意味での自律的存在といえるだろう。

こうした学習は個人レベルでの問題にとどまらない。技術が高度化した現代においては，社会は，特定の技術をどう受け入れるか，あるいはどう制限するか，その態度決定を迫られている。たとえば，出生前診断技術[5]を用いて，生まれてくる生命の選別を無条件に許せば，社会は優生政策[6]という過去の過ちを，新たな形で再び繰り返すおそれがある。たしかに，以前のように，劣っていると判断した人々の出生を，国が政策として抑制するように市民に強制するわけではない。だが現代においては，こうした技術の存在それ自体が，人間の無意識の底に潜む暗い願望に働きかけ，個人の自由意思という隠れ蓑の下にいっそう巧妙な仕方で，遺伝子や染色体に異常のある人々を社会から排除しようとする危険性を宿している。

社会の意思とは市民の意思の総和である。市民一人ひとりがこうした技術のもつ政治性[7]を的確に見抜くことにより，知らぬ間に技術に操られることのないように賢くなることは，とりもなおさず，社会そのものが賢明になることにほかならない。そのような意味で，個々の市民が，技術との適切な付き合い方を体得することは，社会が技術に対する健全な判断力を備えるほどに成熟することにほかならない。したがって，現代において市民が継続的な学習を通じて倫理的判断力を身につけることは，個人の自己実現を超えて，社会を支える一構成員としての義務であるといってよい。

3　成熟した社会の構築へ向けて

(1) コンセンサス会議

　コンセンサス会議という試みがある。科学技術政策に関して，市民の側から専門家に提言しようとする企てである。1985年頃にデンマークで始まったといわれている。会議には，そこで取り上げるテーマに適した専門家（専門家パネル）のほかに，公募で選ばれた市民（市民パネル）が参加する。それぞれ十数名ずつである。市民は素人であるため，専門的な知識と技術についてはあらかじめ学習して会議に臨む。会議において市民は疑問点を専門家に問い質し，それに対して専門家が回答する。質疑応答を含めて2日間で終え，3日目に市民パネルがまとめた「コンセンサス文書」を公表し，その後会場で全体討論を行う。すでに日本で開催された会議においてテーマとして取り上げられたものには，遺伝子治療，遺伝子組み換え作物，ヒトゲノム研究，インターネット技術などがある。

　短い日程ではあるが，ともかくも，市民生活に密着した科学技術に関する政策を，市民が専門家任せにするのではなく，市民の側から市民の目線で，直接専門家と膝を交えて意見交換を行うための場をつくろうとしている。コンセンサスをつくり上げていく過程において，市民パネルでは参加者同士の間で意見交換が行われる。多くの者の賛同を得られなかった見解も，少数意見として併記される。

　参加する市民にとって，この会議は，専門家の意見に耳を傾けつつ，合意に向けて全員で努力することをとおして，立場の異なる者と成熟した人間関係を築くための生きた学習の機会である。また，その討議のなかで，他者との意見の食い違いに直面させられることは，他者のもつ自分とは異質な考え方に気づくと同時に，あらためて他者とは異なる自分の考え方に気づく機会でもある。そのように，意見交換をしつつ自分の考えを明確にするためには，生命や技術に対する自分自身の姿勢を見つめ直さないわけにはいかないからである。

　他方で，こうした素人との話し合いの後にしばしば専門家の口から漏れる感

想は,やはり理解してもらえなかったという失望感である。だがそこには専門家の心に潜む無意識の思い上がりが隠れてはいないだろうか。真理は学問の側にあり,正確に理解できさえすれば,誰もが自分のように考えるはずだという思い上がりが。たとえば,脳死を人の死とみなして心臓を摘出するか,それとも死とはみなさないで回復を信じて看病するかということは,単に医師が医学的観点からのみ決められる事柄ではなく,市民もまた社会的,歴史的,哲学的,宗教的,理性的,感情的等々,さまざまな観点から考慮すべき事柄である。この場合,科学的説明も一つの理ではあるが,理は他にいくつもあり,どの理を優先するかということは,同時代の社会に暮らす当事者が倫理的に判断することである。そのため,市民の提言には,専門家は謙虚に耳を傾ける姿勢がなくてはならない。そういう意味では,専門家の意識改革が必要だろう。つまり,こうした市民との意見交換を通じて,専門家は,それまで自分には思いもよらなかった発想や自らの偏見に気づき,社会に息づくさまざまな価値観について学習する必要がある。

　こうしたコンセンサス会議の直接の目的は,社会に暮らす人々の生命に関わる問題を,専門家だけの判断に委ねるのではなく,市民にとってもっとも切実な視点からも考えてもらいたいということを訴えることにある。だが実際には,市民も専門家も,双方が会議において自発的積極的に発言し,かつ,自分とは異なる相手の立場を理解しようとする。そうすることにより,この会議は,専門分化が進んだことで考えにおいて遠く乖離してしまった専門家と市民とを,社会において再び結びつけ共生させようとする試みでもある。そうした異質な価値観の融合のなかから,さらに社会を発展させるための新しい発想が生まれてくるかもしれない。

(2)　生命をめぐる生涯学習の役割——他者を理解しようとする努力

　今日では,あまりにも医療技術の社会への影響力が大きなものとなったために,市民と専門家がともに歩みより,人間の生命の取り扱い方に関して合意を形成する必要がある。技術にできることに振り回されないために,人間の生命の価値を見据え,人間がしてよいことと悪いことをわきまえたうえで技術を利

用するのでなければ，人類は取り返しのつかない過ちを犯すだろう。そのために，生涯学習にできることはないだろうか。

　社会には，さまざまな病気に苦しむ人々，さまざまな障がいをかかえて暮らす人々がいる。さらに，今はまだ若くともいずれすべての人々は高齢者となり，多かれ少なかれ病気や障がいをかかえて生きていかざるをえない。そういう意味では，私たちは皆いつかは患者や障がい者となる運命である。ところが，私たちの多くは日々の生活に忙しく，残念なことに，その時自分と関わりのないことには関心を向ける心の余裕がない。そのため，悪気はなくとも，病気や障がいをもつ人々が，日々どのようなことに困り苦労しているのかということに気づこうとしない。その場合，社会のよきあり方を考えるにしても，無意識のうちにかれらを排除して考えるために，自分でも気づかないうちに，かれらを差別したり傷つけたりしている。したがって，安心して暮らせる社会をつくるためには，社会で他者と心豊かに共生できるためには，どうしても自分とは異なる他者を理解しようとする努力が必要である。そこにこそ生涯学習が果たすべき大きな役割がある。

　その意味で，学校教育のなかで，障がいをかかえて暮らすことの疑似体験をさせたり，実際に障がい者や高齢者の暮らす施設に行って介護の手伝いをしたり，ボランティア活動に参加したりすることは，生徒にとって貴重な学習の機会である。いったん社会に出ると，それぞれ日々の仕事があるため，日常的にそうした活動に参加して，社会への理解を深めてもらうことはなかなか困難であろう。とはいえ，阪神淡路大震災の時のように，市民もボランティアとして被災地で支援活動を行うなど，自分にできる範囲内で社会に貢献しようという市民の意欲は，今日高まっているようにみえる。よりよい社会を築くために，生涯学習が貢献できる余地は多分にあるということだろう。　　【小出　泰士】

注
1）現在の移植技術では，心臓移植のために，脳死状態の人から心臓を摘出し移植する必要がある。そのため，脳機能は回復不可能な仕方で喪失しているが，生命維持装置につなぐことで身体の機能は維持されている状態を脳死と定義し，その脳死体から心臓を摘

出することを合法とすることで，心臓移植を実施している。
2）ここでいう再生医療とは，胚を壊してつくる胚性幹細胞を，身体のさまざまな細胞へと分化させ，その細胞を機能の衰えた組織や臓器に移植することで，その組織や臓器の機能を回復させようとする医療である。その際，体細胞クローン技術を用いて，患者と遺伝子の同じ胚性幹細胞を作成して用いれば，拒絶反応のない再生医療が実現できるのではないかと期待されている。
3）1979年にアメリカの学者ビーチャムとチルドレスが提唱した医の倫理原則「善行，無危害，自律，正義」に対して，1998年の欧州連合の生命倫理プロジェクトによるバルセロナ宣言では，「尊厳，自律，統合性，傷つきやすさ」を基本的倫理原則としている。
4）今日，自由主義社会においては，「道徳的判断力のある大人なら，自分の生命，身体，財産に関して，他人に危害を及ぼさない限り，たとえその決定が当人にとって不利益なことでも，自己決定の権限を持つ」（加藤尚武『現代倫理学入門』講談社学術文庫）といわれる。
5）超音波診断装置を用いて胎児の身体的異常を診断したり，胎児の細胞を採取して遺伝学的診断を行うことにより遺伝子や染色体の異常を診断したりする。異常を診断することはできても多くの場合治療法がないため，人工妊娠中絶に至るケースが多いといわれている。しかし実際には，一口に異常とはいっても，軽微なものから重篤なものまでさまざまある。
6）劣悪な素質をもつ人々を減らし，優良な素質をもつ人々を増やすことにより，質の高い社会を実現しようとする優生思想に基づいた政策。わが国では，1940（昭和15）年の国民優生法，1948（昭和23）年の優生保護法により合法化され，心身に遺伝性の疾患のある人々に対して不妊手術や人工妊娠中絶などが実施された。だが実際には時期により，実施対象は拡大され，半ば強制的に行われもした。
7）階段のある施設を車いすの人は利用できないように，従来，健常な成人を念頭に社会がデザインされてきたことにより，それと気づかずに高齢者や障がい者が社会から排除されてきた。技術には，そのような政治性がある。もはや現代の技術は，使うも使わないも使用者の自由であるような中立的手段ではない。出生前診断技術にしても，遺伝子や染色体の異常を診断できる技術が存在すること自体が，人々に生命の選択を迫るという力をもっている。

キーワード

人間の尊厳　科学技術の進歩　倫理的問題　死すべき傷つきやすい存在　心身の統合性　インフォームド・コンセント　自律の尊重　リスク　技術の政治性　コンセンサス会議　他者理解

この章を深めるために

1. 市民が生命倫理の諸問題に取り組むためには，まず医療技術に関する基礎知識が必要です。また，生命倫理の諸問題を継続的に考えてゆくための場や体制を用意することも重要です。これらのことに関して，社会教育はどのような支援や貢献ができるか，検討してみよう。
2. 医療技術の進歩は，人間の尊厳を脅かす危険性を秘めています。人間の尊厳が侵害されることなく，市民が安心して暮らせるためには，社会にどのような仕組みを構築していったらよいか考えてみよう。
3. 医療の専門家と市民の考え方の溝を埋め，双方が融和しつつより良き社会を形作るために，社会教育が果たさなければならない社会的責任について考えてみよう。

参考文献

赤林朗編『入門・医療倫理Ⅰ』勁草書房，2005
小林傳司編『公共のための科学技術』玉川大学出版部，2002

第16章　消費者の自立と自律[1]

1　消費者が直面する課題——安全・安心な暮らしの実現に向けて

(1)　消費者被害と発生の原因

　私たちは消費者という呼ばれ方をすることが多い。この消費者という概念は，産業革命により生産と消費の分離が進み，人々がその消費生活を，生産者や販売者（以下，事業者）が市場を通じて提供する財（製品または商品）・サービスに依存せざるをえなくなったことにより誕生し，事業者に対置する概念として用いられている。

　人々は消費者となることによって消費生活の豊かさや利便性を手に入れることになったが，同時に，事業者の提供する商品やサービスあるいはそれらに関連する取引によって不利益や被害（消費者被害）を被る危険にさらされることになった。私たち消費者は今日，社会的分業が高度に進んだ経済社会に暮らしており，事業者への依存度はさらに高まっている。消費者被害をどう防ぐかは，私たち消費者が安全で安心できる消費生活を実現するために決して避けて通れない課題となっている。

(2)　消費者被害を防ぐための取り組み

　消費者被害の発生は，消費者と事業者の間に情報力や交渉力，市場支配力といった点で格差があり，両者が対等ではないこと（「非対称性」）に起因すると考えられている[2]。資本主義経済の進んだ社会においては，事業者は大企業であることが多く，消費者との格差は圧倒的なものであることから，何の方策も講じなければ消費者被害は必然的に発生するといえよう。

　消費者被害の発生を防ぐためには，消費者と事業者との間の格差の解消が必

要となるが，消費者個々人の努力によってこうした格差を埋めることは到底不可能である。そこで，消費者らは集まって集団（消費者団体）をつくり，消費者被害を防ぐための取り組み（消費者活動や消費者運動）を行うようになった。たとえば，独自に商品の性能や品質を調査し結果を公表する「商品テスト」や，有害な商品やサービスに関する情報を一般の消費者に提供し買わないように呼びかける不買運動，合理的な購買行動を採れる消費者を育てるための消費者学習・教育[3]等である。

こうした消費者らの取り組みが事業者の行動を律し市場における取引の適正化に大きく貢献してきたことはいうまでもない。しかしながら，消費者らが力を尽くしても事業者との格差を完全に解消することは不可能である。そこで，消費者の消費生活の安全性の確保のためには，政府が市場に関与し市場に存在する格差を是正することが必要不可欠であると考えられるようになった。わが国においては，高度経済成長期に安全性を欠いた製品（とくに食品や医薬品）が大量生産・大量販売され，多くの消費者の生命や身体に甚大な被害を与える事件が相次いだことから，1968（昭和43）年に初めて消費者政策の基本的な枠組みを規定した消費者保護基本法が制定され，消費者行政がスタートすることとなった。

(3) **消費者政策の転換——保護される弱者から自立した主体へ**

消費者保護基本法においては，消費者は「市場における弱者」と位置づけられ，消費者保護のために政府が積極的に市場介入（事前規制）を行うべきであると考えられた。そして，同基本法の下では，事業者の市場での活動のうち消費者に危害となる可能性の高い行為をあらかじめ制限あるいは禁止するという消費者行政が展開されることとなった。しかし，事前規制による方法は消費者保護の個別的実効性は高いものの，過剰な事前規制は経済成長の原動力ともなる事業者の創意工夫を殺ぐこととなってしまう。そのため，後述のように規制緩和政策が推し進められるなかで，消費者政策も見直しを迫られることとなった。こうして，2004（平成16）年に消費者保護基本法が改正され，市場の自律性を重視し，消費者が自立した主体として市場に参加できるよう支援することが政

府の役割であるとする消費者基本法が成立，施行された。

新基本法においては，消費者である国民は「保護されるべき弱者」というよりも「自立した主体」として市場に参加することが期待されている。新基本法はその基本理念において，日本の法律として初めて「消費者の権利」[4]という言葉を明記した点で画期的であったと評価されている。その権利について同法は，「国民の消費生活における基本的な需要が満たされ，その健全な生活環境が確保されるなかで，消費者の安全が確保され，商品及び役務について消費者の自主的かつ合理的な選択の機会が確保され，消費者に対し必要な情報及び教育の機会が提供され，消費者の意見が消費者政策に反映され，並びに消費者に被害が生じた場合には適切かつ迅速に救済されること」であると規定し，国や地方自治体は，こうした「消費者の権利の尊重」とともに「消費者の自立の支援」，すなわち，消費者が自らの利益の擁護・増進のために自主的かつ合理的に行動できるようになることを目的とした支援を行うこと，の2つを基本として消費者行政を推進すべきであると定めた。同法はさらに，事業者には消費者の安全や取引の公平の確保，消費者への明確かつ平易な情報の提供，消費者の知識・経験・財産状況への配慮，苦情処理体制の整備を行う責務があると規定し，消費者についても，消費生活に関する知識の習得や自主的・合理的な行動を求める努力規定を置いている。

このように消費者政策が大きく変わるなかで，私たち消費者の意識改革が強く求められている。行政や事業者がその責務を果たすだけでは消費者被害の発生を防ぐことはできない。消費者自身が主体的に消費生活に関する情報収集に努め，正しい情報理解に基づいて合理的な消費行動を採ることが要請されている。さらに，新基本法は消費者の権利を定めたが，その具体的な実現は，消費者自身が政府や事業者と協働して行う努力に委ねられている。消費者自身が，自らが暮らす経済社会のあり方について認識したうえで，消費者の権利を自らの権利として自覚し，その実現に向けて主体的に学習し，社会を構成する主体の一人として他の消費者や政府，事業者に主体的に関わり働きかけていく自立と自律が求められているといえよう。

2 消費生活環境の現状と学習課題

(1) 多様化・複雑化する消費者被害とその背景

　独立行政法人国民生活センターでは同センターや都道府県の消費生活センターに寄せられた消費者被害の相談等を集計し調査分析を行っている。その統計[5]によると，近年，消費者被害は発生件数の増加とともに多様化や複雑化が進んでいる。これは，従来からある安全性を欠いた製品（いわゆる欠陥製品）による消費者被害に加えて，販売方法や契約取引に起因する消費者被害が増えていることによる。こうした傾向には，経済のサービス化や情報通信の高度化による取引の複雑化に加えて1990年代後半より行われた規制緩和政策[6]が大きく影響している。

　幅広い分野で大幅な規制緩和が行われた結果，市場における事業者間の競争が促進され，多様な商品やサービスが提供されるようになり，市場には情報があふれ消費者の選択の自由度は広がった。しかし，それは同時に，事業者の販売姿勢を積極化させ，消費者に選択と選択した結果に対する責任（自己責任）を迫っている。消費者のなかには，自分に適した商品やサービスを選択することができないために不利益を被る者や，高齢者を中心に，行き過ぎた販売勧誘や悪質な事業者による詐欺的商法の被害者となる者が増加するという状況が生じている。私たち消費者には，世代に関係なく，契約に関する基礎的な知識とともに，確かな情報を得て自身の状況に合致した商品やサービスを選択できる力の習得が求められている。

(2) 金融に関する消費者問題

　近年はサービスのなかでもとくに金融サービスをめぐる消費者と事業者との間のトラブルが増えており，金融に関する消費者問題がいわれるようになっている。年金制度への不安の広がりに加えて，2000年頃から展開された「貯蓄から投資へ」という政策の影響等もあり，退職を控えた勤労世帯を中心に資産形成や運用に対する関心が高まったことが背景にある。金融サービスをめぐるトラブルの原因はさまざまであるが，金融サービスに固有の原因として，製品

のように手にとってその効用を確認できないうえに，契約時に交付される約款[7]等が難解であるため，商品・取引の仕組みや収益の不確実性（リスク）を十分に理解できないまま購入を決めてしまう一般消費者が多いことが指摘されている。加えて，1990年代後半に実施された金融分野の規制緩和（いわゆる日本版金融ビッグバン）によって金融商品や取引の多様化や複雑化が進んでおり，一般消費者がその仕組みを理解することがますます難しくなっていることが，トラブル増加を加速している。こうしたトラブルを防ぐためには，事業者の説明責任の強化や商品の簡素化に加えて，一般消費者の基礎的な金融知識とスキル（いわゆる金融リテラシー）を高めるための金融教育の必要性が認識されるようになっている。

多重債務も，その広がりと若年化が深刻な社会問題となっていることから，金融に関する消費者問題と位置づけ，救済とともに防止のための取り組みが始まっている。多重債務は，かつては一部の消費者の問題と考えられがちであったが，昨今は，クレジットやローン商品の多様化等規制緩和によって借りやすい環境ができたうえに，事業者によって次から次へと創出される流行や情報通信費の増大により支出が拡大する傾向にある。景気低迷による影響から家計所得も減少傾向にあり，一般の消費者が多重債務に陥りやすい環境にあるといっても過言ではない。限りある「お金」をどう使うかという意思決定や生活設計のスキルは，個人が尊厳のある生き方を実現していくうえで必要な技能となってきており，幼少時からの発達段階に応じた金銭教育へのニーズが高まっている[8]。

3　わが国の消費者教育の現状と課題

(1)　わが国における消費者教育の展開

消費者教育の必要性がますます高まり，消費者基本法においても教育を受ける権利が消費者の権利として規定されたことは先に紹介したとおりである。しかしながら，消費者教育の具体的内容は何かと問うと，明解な答えが得られな

いのが実状である。これは，わが国において行政，企業，教育機関，消費者団体または消費者という4つの主体がそれぞれに消費者教育を展開してきたが，それぞれの目的や目標が微妙にまたは大きく異なることから，積極的な連携が行われてこなかったこととも関係している。

　この4つの主体がどのような教育活動を行ってきたのか，一言でいうならば，従来のわが国の消費者教育は政府・自治体行政（主に都道府県の消費生活センター）および企業が主導する形で展開されてきたといっても過言ではあるまい（参考文献に挙げた『日本の消費者教育』を参照してほしい）。しかもその方法は，大半が講座形式であり，よりよい暮らしを実現するための生活技術に関する情報や，次から次へと市場に投入される新製品の購買や取り扱いに関する情報の提供が大部分を占めてきた。

　教育を担う主体である学校と社会教育行政については，消費者教育への取り組みは総じて消極的であったといわざるをえない。学校教育においては，1990年頃からようやく消費者教育らしき内容が家庭科や社会科に盛り込まれた。その後総合学習のなかでの取り組みも可能となり，最近では金融教育や金銭教育等に積極的に取り組む学校や教師も見られるが，消費者教育をすべての教科の統合教育と位置づけている米国や北欧と比べると，その位置づけは明確とはいえない。

　社会教育については，地域の消費生活センターでさまざまな消費者講座が提供されているが，これらは消費者行政が行っているものである。社会教育行政が地域の公民館や生涯学習センター等で行う教育活動を社会教育と定義するならば，現状では消費者教育はほとんど行われていない。縦割り行政の弊害に加えて，社会教育を担う社会教育主事の資格取得のための講習において消費者教育が選択科目にすぎないことが関係しているとの指摘もある。

　消費者団体や消費者による教育・学習活動は多様である。内閣府の消費者団体基本調査によれば，2008年10月現在で活動が確認された消費者団体は約2500あり，その多くが何らかの形で消費者教育に携わっている。消費者団体が行う教育は多岐にわたっており，主婦連合会や日本消費者協会のように全国

規模で多様な教育活動を展開しているところもあれば，各地の生協のように地域の組合員による活動を通じた学び合いを特徴とするもの[9]，クレジット・サラ金被害者の会のように多重債務者の生活再建という具体的目標のための学習を特徴とするところ等さまざまである。消費者が主体となって行われる学習活動については，消費者行政が行う消費生活モニターや消費者講座の修了生が呼びかけ人となって組織化されている場合が多い。市民グループによる学習会も行われているが，教育の担い手の育成や教材準備等の面で個人の力では限界があり，行政等の支援が不可欠となっている。

(2) **消費者教育推進上の課題と新しい動き**

これまで見てきたように，経済社会の変化とそれにともなう消費者被害の多様化は消費者教育に新たな課題への対応を追っている。それは，生活技術中心の環境適応型教育から消費者の自立を促すための能力開発をめざす環境醸成型教育への展開であり，学習課題の多様化への対応であり，幼年期から高齢期に至るさまざまなライフステージにおいて，消費者自身が必要な課題を主体的かつ効率的に学ぶことができる環境の整備等であろう。わが国においては，さまざまな主体が消費者教育に携わってきたが，主体間の連携や協力が積極的に行われてこなかったこともあって，開発された教育のノウハウや教材等の資源が，それらを必要としている教育の担い手や消費者の手元に届かず，必ずしも有効に利用されてきたとはいえない。今後の消費者教育の推進のためには，こうした主体間の連携や協力を支援するためのコーディネート機能の強化や，消費者教育を担う人々が必要とする教材や情報を容易に入手することができるポータルサイトの整備等が必要となっている[10]。

こうした要請に応える動きは金融に関する消費者教育においてすでに始まっている。民官の協働によって運営されている金融広報中央委員会[11]が中心となって金融に関する消費者教育を推進する取り組みが全国規模で展開されている。同委員会はウェブサイト『知るぽると』等を通じて，ライフステージ別の金融経済学習・教育や金銭教育の教材等を開発し，教育関係者や消費者に提供している。また，各都道府県で指導にあたる金融広報アドバイザーの委嘱や金

融学習グループの支援,教育研究校の委嘱等を通じて金融消費者教育の担い手の育成を支援している。

　行政についても新しい動きが見られる。2009年に消費者行政を統一的一元的に行うために発足した消費者庁が,ウェブサイト『消費者教育ポータルサイト』を開設し,教育の担い手やコーディネーター機能を担う主体に,必要な教材や消費者教育に関する情報提供を始めている。各地で行われている消費者教育や学習についての情報提供も始まっており,今後の展開が期待されている。

【永沢　裕美子】

注
1) 本章では,「自立」を自分で判断できること,「自律」を自立した後に自分が決めた方向へ進んでいくことという意味で用いている。
2) ミクロ経済学の「不完全情報の理論」では,市場における情報の非対称性が欠陥商品や企業(事業者)のモラル・ハザードを生むと説明する。経済学的な理解を深めるための入門書として,嶋村紘輝・酒井徹編著『経済と消費者』慶應義塾大学出版会,2009等がある。
3) 消費者教育は1920年代の米国に端を発したもので,日本の消費者教育はその影響を受けて発展してきた。米国で行われている消費者教育を知るには参考文献にあげた『賢い消費者—アメリカの消費者教育の教科書—』が参考になる。
4) 「消費者の権利」を最初に提示したのは1962年ケネディ米国大統領である。特別教書のなかで「消費者の4つの権利」として①安全を求める権利,②知らされる権利,③選ぶ権利,④意見を聞いてもらう権利をあげ,「消費者が支障なく権利を行使できるようにするのは政府の責任である」と述べた。その後,1975年フォード大統領が第5の権利として「教育を受ける権利」を付け加えた。
5) 国民生活センターでは毎年『消費生活年報』を刊行している。また,同センターのウェブサイト(http://www.kokusen.go.jp)の『消費生活相談データベース』では,どんな相談がどのくらい寄せられているかを検索することができる。同センターによると,都道府県の消費生活センターに持ち込まれる消費者紛争の7割が消費者と事業者との間の契約に関係している。
6) 規制緩和政策とは,政府が事業者の活動に課してきた制限(規制)を縮小することによって,事業者の活動の自由度を拡大して創意工夫を引き出し,経済の成長力を高めようとする政策である。社会の高齢化にともなう経済成長力の低下と経済のグローバル化への対応に迫られるなかで,経済社会の構造転換を図るべく,1996年に規制緩和政策が開始された。これによりわが国の行政は「事前規制型」から,市場におけるルールを

明確にしたうえで違反の有無を監督する「事後統制型」へと転換することとなった。
7）約款とは、事業者が不特定多数の利用者との契約を定型的に処理するためにあらかじめ作成した契約条項である。事業者が自分に都合のよい契約内容を一方的に定めることができる点も問題となっている。
8）金銭教育のもつ消費者教育としての可能性については、参考文献に紹介した宮坂広作の著書や、金融広報中央委員会のウェブサイト（『知るぽると』＝http://www.shiruporuto.jp/）などを参照されたい。
9）生活クラブ生協（首都圏）の「生活クラブ学校」等がよく知られている。
10）2007年6月に、内閣府・国民生活審議会が行った「消費者教育の体系的推進」と題した政策提言のなかでこうした方策の実行の必要性が示された。
11）国民に対し中立公正な立場から金融に関する広報又は消費者教育活動を行うことを目的とする組織。事務局は日本銀行内に置かれている。2002年に「金融に関する消費者教育推進に当たっての指針」を出している。

キーワード

消費者　事業者　市場　消費者被害　非対称性　合理的な購買行動　消費者基本法　消費者の権利　自己責任　金融に関する消費者問題

この章を深めるために

1．消費者と事業者の間の格差（非対称性）によって消費者の権利が脅かされている事例を探し、その例における問題解決のためにはどのような方策が必要か、検討してみよう。
2．あなたの住んでいる地域ではどのような消費者教育の講座・プログラムが行われているかを調べ、そこで行われている内容や方法の良い点や改善すべき点についてまとめよう。

参考文献

西村隆男『日本の消費者教育』有斐閣，1999
宮坂広作『消費者教育の開発―金銭教育を展望して―』明石書店，2004
ボニス＆バニスター（小木紀之・宮原佑弘監訳）『賢い消費者―アメリカの消費者教育の教科書―』家政教育社，1998

第17章　民主主義社会の創造とシティズンシップ

1　生涯学習推進の機軸としてのシティズンシップ教育

(1)　シティズンシップ教育への注目

　21世紀に入って，シティズンシップまたはシティズンシップ教育がにわかに注目されるようになってきた。2002年，イギリスで中等教育のナショナル・カリキュラム（全国統一カリキュラム）に「シティズンシップ」(citizenship) が教科として必修化され，さらに2003年にOECD（経済協力開発機構）より「キー・コンピテンシー」が提案されると，日本でも誘引されるように，シティズンシップ教育を求める声が高まってきた。

　社会科教育の専門家，ボランティア活動を教育に組み込もうとする実践者だけではなく，起業家教育（アントレプレナーシップ教育＝entrepreneurship education）やキャリア教育の関係者からも熱い視線が送られるようになり，一部の教育機関や地域では実験的な取り組みも行われている。現状では，シティズンシップ教育は学校を中心とした取り組みが多い。しかし，その影響は，どうやら，学校教育の改革にとどまるものではないようだ。地域・家庭・企業・NPOを含む生涯学習社会全体の変化・改革を促す力動を生起させるものとして，徐々にその存在感を強めている。

(2)　シティズンシップ教育とは

　シティズンシップには，一般に大きく2つの意味がある。ひとつは「市民としての身分，市民権，公民権」，もうひとつは「（社会の一員としての）市民性，（義務・役目としての）市民的行動」のことである（『ランダムハウス英和大辞典』）。シティズンシップ教育 (citizenship education または education for citizenship) とは，

その2つの意味を包摂しつつ，やや後者に力点を置いた教育実践の総称である。単に公民権・市民権を知識として知るだけではなく，その行使の方法やスキルを身につけ，自立した市民として行動するようになることが含意される。「市民性教育」と訳されることもあるが，その多義性を踏まえて，シティズンシップ教育と呼ばれることが多い。

(3) 学校と社会の連携のなかで進められるシティズンシップ教育

また，日本においてシティズンシップ教育を先導してきた経済産業省「シティズンシップ教育と経済社会での人々の活躍についての研究会」(以下，「経産省シティズンシップ教育研究会」と略) は，報告書のまとめ「シティズンシップ教育宣言」(2006年) において，シティズンシップの定義を，「多様な価値観や文化で構成される社会において，個人が自己を守り，自己実現を図るとともに，よりよい社会の実現に寄与するという目的のために，社会の意思決定や運営の過程において，個人としての権利と義務を行使し，多様な関係者と積極的に（アクティブに）関わろうとする資質」としている[1]。ここでいう「社会」および「個人」をより具体的に描いた先に，シティズンシップ教育の内実が見えてくることとなる。

たとえば，「社会」であれば，国際社会，地域社会，市民社会，企業社会あるいは近代社会や持続可能な社会などを想定しえる。また，具体的な「個人」には，子ども，青年，おとな，高齢者，女性，不登校児，障害者，病弱者，外国籍住民あるいはフリーターやサラリーマンなど，多層多様な特性・属性をもった人間が当てはまる。現実社会はこうした「社会」と「個人」が輻輳した関係構図の上に成り立っている。それゆえ，実際はともかく，シティズンシップ教育は，本来，多様かつ多義的なものであり，それは，あらゆる人々が，あらゆる機会を利用して，多様な連携のもとで推進される生涯学習の，ひとつの主軸になりえる実践ということができる。

2 シティズンシップ教育の特徴

(1) 多様な実践，類似する実践

シティズンシップ教育の先駆的事例としてよく紹介されるのは，「サービス・ラーニング」(Service Learning)の諸事例や，イギリス最大のボランティア組織であるCSV(Community Service Volunteers)の「アクティブ・ラーニング」(Active Learning)，Citizenship Foundationによる「模擬裁判大会」(a criminal mock trial in a real court)，アメリカの学校で施行されている「パブリック・アチーブメント」(Public Achievement)などである。日本では，東京都の区立小中学校の取り組みやお茶の水女子大学をはじめとする大学の附属小中学校での実験的事例が紹介されることが多い[2]。

もちろん，これまで実践されてきた市民性に係わる教育が含まれないというわけではない。「社会科」「公民」「現代社会」「倫理・社会」などの教科教育，人権教育，平和教育，政治教育などの現代的な課題に対応した教育，あるいは，日本の教育に大きな影響を与えたデューイ(Dewey, J.)の問題解決学習(Problem Solving Learning)なども，シティズンシップ教育の類似概念ということができる。1950年代に日本の青年教育として注目された「共同学習」も，民主主義理解を促す学習という意味でシティズンシップ教育の範疇に入れることができよう。

しかし，現在注目されているシティズンシップ教育は，こうした類似概念とは，やや異なる部分をもち，いくつかの特徴によってその意味が認められるところとなっている。

(2) 責任・参加・政治的リテラシー・経済活動

以下の3つの構成要素が組み込まれていることに，シティズンシップ教育の意味があるとされる。子どもや青年が「社会的・道徳的責任」(social and moral responsibility)をもって行動するようになること，コミュニティサービスへの参加などを通して「地域への関与・参加」(community involvement)の意識が育まれること，民主主義社会の担い手になるための知識・スキルを身につける「政治的リテラシー」(political literacy)が進むこと，の3つである[3]。

さらに，経産省シティズンシップ教育研究会が，「シティズンシップを内包し，シティズンシップなしには成立しえない分野」として，①公的・共同的な活動（社会・文化活動），②政治活動，③経済活動の３つを想定している点も特徴的である。憲法や人権・平和を素材として社会性・市民性を学ぶスタイルだけではなく，インフォーマルな地域活動や市場を含む経済活動の担い手づくりにも視点がおかれている。

　現代のシティズンシップ教育は，このように，自由・権利の獲得から責任の自覚へ，知識獲得から参加・行動の生起へ，社会・政治的な活動から経済活動へ，という，必ずしも断絶的な転換を意味しない連続的な変化のなかで推進される教育実践といえる。

(3) ワークショップ，フィールドワーク，ゲストティーチャー

　こうした構成要素をもつシティズンシップ教育の具体的な方法の中核をなすのが，主としてノンフォーマル教育の領域で開発されてきた種々の新しい教育手法およびそれと連結させた教育方法である。

　教師ではなくファシリテーターと呼ばれる進行役によって運営されるワークショップ，地域のさまざまな社会サービス・経済活動・政治活動への参加（フィールドワーク）を中心とする体験学習，あるいは，具体的な社会的活動を創成するなかで展開されるプロジェクト学習などが，カリキュラムのなかに組み込まれることが多い。初等・中等教育の学校を例にすれば，そのために，銀行員や弁護士などの本物の専門職がゲストティーチャーとして登場したり，ワークショップのファシリテーターを大学生が担当したりすることもある。高等教育では，協定を結ぶ企業へのインターンシップ事業や，大学生が多様な社会的活動に参画するきっかけづくりとしてボランティア活動を活用する例などもある。自覚的であるか否かは不明であるが，それらの多くは，デューイや正統的参加論を構想したレイヴ（Lave, J.）あるいは対話的教育論を提唱したフレイレ（Freire, P.）らによって意味づけられ，開発されてきた教育手法である。シティズンシップ教育は，フォーマル・ノンフォーマル・インフォーマルという教育の三相構造が学習過程のなかで連結して成立するということができる[4]。

3 「キー・コンピテンシー」という枠組みとの交差

(1) 「キー・コンピテンシー」という考え方

 シティズンシップ教育推進のリーダー的な役割を果たした経産省シティズンシップ教育研究会は，報告書では「キー・コンピテンシー」という言葉は使っていない。しかし，そこで用いられている「能力・力（ちから）」という言葉は，OECD の提唱する「キー・コンピテンシー」(key competency) と相関的な関係にあるものとしてとらえられている。

 「キー・コンピテンシー」とは，〈諸問題をかかえた現代社会が「正常に機能する社会」になると同時に，個人が幸せに人生を過ごすために，個人に必要とされる能力〉のことである[5]。2003 年，OECD は，ホリスティック（全人的）にその指標が統合されることを条件に，次の3つのカテゴリーに分類される「キー・コンピテンシー」を，国際的な学力水準として提唱した[6]。

 他者とうまく関わり，協力し合って紛争や対立に取り組む「社会的に異質な集団で交流する」ことのできるコンピテンシー（能力），大きな展望をもち，人生を設計することができ，自らの権利・欲求を主張または抑制する力を下位カテゴリーとする「自立的に活動する」というコンピテンシー，そして，社会的・文化的・技術的ツールを相互作用的に用いる力，すなわち，言語・数学・情報・科学などを理解し応用する力としての「リテラシー」というコンピテンシー，の3つである。これらが十全に発達することで，民主主義と市場経済を基盤とする社会が正常に持続可能となると同時に，人間が幸福を追求しえるものとなる，ということである。

(2) キー・コンピテンシーとしての「能力」の三相構造

 他方，経産省シティズンシップ教育研究会は，多様な先行事例を整理し先進地域のヒアリングデータも織り交ぜながら，「シティズンシップを発揮するために必要な能力」を，「意識・知識・スキル」の三相に分類する。「社会の中で，他者と協働し能動的に関わりを持つために必要な意識」「政治的分野，経済的分野，公的・社会的分野での活動に必要な知識」「多様な価値観・属性で構成

される社会で，自らを活かし，ともに社会に寄与するために必要なスキル」の3つである。

　これ自体がキー・コンピテンシーに重なるわけではない。しかし，その下位カテゴリー[7]と既述した3つのシティズンシップ教育の構成要素とを比較すると，シティズンシップ教育は，OECDの提唱するキー・コンピテンシーと密接なつながりがあるといわざるをえない。そこに共通する基盤としては，教育を能力・スキルの形成という視点でとらえること，民主主義と市場経済を軸とする社会をいかに持続させるかという問題意識が前提にあること，社会形成と人間形成を同時的なものとしてとらえていること，などである。

(3)　コンピテンシー論のメリット・デメリット

　生涯学習という枠組みでシティズンシップ教育をとらえると，シティズンシップ教育とキー・コンピテンシーとの連動は，メリットとデメリットを同時に想起させる。たしかに，能力・スキルとして学習効果をとらえることでカリキュラム化しやすくなり，教科教育としても展開しやすくなろう。また，さまざまな分野の専門家や活動団体が，より学校と連携しやすくもなるであろう。学社連携・学社融合を促進する効果は大きい。その結果，子どもや教師だけではなく，シティズンシップ教育に携わる関係者すべての間での相互の学びが生まれるきっかけともなりえるであろう。

　しかし，その一方で，ますますカリキュラムや指導に依存し自らの学習を自立的に計画できない「学校化された人間」が生まれてくることにならないかとも危惧される。ボランティア活動やプロジェクトを創出する活動あるいは地域サービスへの体験活動などは，そこでの学びのベクトルが予測不可能であるところに面白さがあるともいえる。コンピテンシーにそった学習が意識されればされるほど，インフォーマル性は乏しくなる。イリイチ (Illich, I.) が指摘したように，サービス過剰な社会のなかで主体性を喪失した「学校化された人間」が再生される危険性を，どう回避することになるのであろうか[8]。

　さらに，コンピテンシーという概念がエリート主義を想起させるだけに，階層化され抑圧されている人々が，エンパワーするプロセスをいかに実質化する

のかも大きな課題である。シティズンシップ教育は，国連のいう'Education for All'（あらゆる人への教育）にいかに連動されることになるのであろうか。

いずれにせよ，シティズンシップ教育がキー・コンピテンシー論と安易に結びつくと，狭小な学校教育実践に堕する危険性がある。

4 参加型民主主義とシティズンシップ教育

(1) 近代民主主義のほころび

シティズンシップ教育がそもそも現代において求められるようになったのは，近代民主主義にほころびが見え始めてきたからともいえる。古代ギリシャ時代のポリス（都市国家）に始まり，近代国家の成立と共に民主主義は発展してきた。ルソーのように直接民主主義を支持する者もいたが，国民からの信託（trust）を得た中央政府による統治，すなわち，代議制・政党政治を特徴とする間接民主主義こそが，社会の基本原理であった。

しかし，21世紀の現代は，近代国家の統御しえないグローバル化が進行し，政治不信が起こり，青年層を中心とする政治離れが深刻化している。新自由主義はエリートになりえない人々（社会的に抑圧されている人々）の生活を圧迫するが，その見返りが抵抗・衝突・紛争であることはよく知られるところとなっている。現代の民主主義は，国家に信託を与えずにヘゲモニー（hegemony, 覇権）を獲得しあう，「ヘゲモニー型民主主義」に立ち返ろうとしているかのようにさえみえる[9]。

(2) 参加型民主主義というアイデアの登場

それに対して，そうした葛藤を調整しえる新しい民主主義の形態が模索されるようになってきた。参加型民主主義と総称されるものがそれである。対話的公共性を論じたハーバーマス（Habermas, J.）の「熟議型民主主義」(deliberative democracy）や，当事者の関与・エンパワメント（empowerment，権限付与・権力行使）を前提とした「エンパワー型参加民主主義」と呼ばれるものは，当事者の参加の上での討議・コミュニケーションを前提とする直接民主主義の現代的

な一形態である[10]。パブリック・コメントを国民から求めるものの，決定権は委ねない，というような形式的参加ではない。当事者による十全な参加が基本となる。参加型民主主義をいかに実質化するかは，ポスト近代社会を標榜する現代の重要な政治的課題となっている。

「分断と統治」という支配原理に侵された現代社会に，こうした新しい民主主義を根づかせることは容易ではない。しかし，シティズンシップ教育は，権力闘争や一部の政治勢力の拡張に資するものとなったり，あるいは逆に，形式的な民主主義擁護者を育てることに帰結したりするようなことになってはならない。多様な問題について当事者意識をもちながら，対話とコミュニケーションを機軸に，あらゆる次元（政治・文化・経済）において積極的に場に関与・参画することのできる新しい人間集団を育てることが，その目的に据えられなくてはらならない。そして同時に，そうした人間集団が実際に活動しうる新しい参加型民主主義社会の創成に資することが，シティズンシップ教育に期待されるところのものということができる。

シティズンシップ教育は，たしかにコンピテンシー論と親近的関係にある。しかし，同時に，新しい社会づくりをめざす運動のなかに位置づけることも可能な実践として理解されなくてはならない。

(3) エンパワメント支援としてのシティズンシップ教育

このように考えると，シティズンシップ教育には，参加というキーワードをめぐって，今後，大きく2つの方向での展開が求められることになる。

ひとつは，問題の中心に位置しながらも当事者としての意識の希薄な人々が，十全に社会に参加するために，どのような支援が求められるのか，という方向である。フレイレの言葉を借りるならば「被抑圧者」が，個別の問題性・当事者性を意識し，政治・文化・経済的諸領域を包括した社会的舞台で十全に活動しえるように支援する，ということである。

次に大切なのは，被抑圧者の十全な参加が実現している場に，必ずしも当事者性の高くない人々がより多く接近するのを促進する，という方向での展開である。エンパワー型参加民主主義の場は，問題性が高く葛藤・対立が顕在した

場であるがゆえに，当事者性の低い人々には忌避されがちである。そうした人々が主体的かつ周辺的に参加し，徐々に当事者性を高め深めるような仕組みづくりも，シティズンシップ教育には求められる。

つまり，社会における自己の位置をより積極的に自覚し，葛藤の生起する場面で主体的かつ共同的に事に係わる経験を積むことのできるような参加をいかに現実化させるかという問いが重要になるということである。シティズンシップ教育は，人々が，シティズンを模索する集団的活動に参加・関与しながら，同時に自尊感情を高め能力を開花させる，というエンパワメントのプロセスのなかに，その本質がある，ととらえられなくてはならない。

こうしたシティズンシップ教育に対する考え方は，必然的に，支援母体の拡張，中心的学習者 (target) の変更を求めることになる。節を改めて，その点に触れておこう。

5 社会教育・生涯学習としてのシティズンシップ教育の可能性

(1) 子ども・青年のエンパワメントは学校で可能か

現在，シティズンシップ教育は学校を中心に展開されている。しかし，エンパワメントを機軸とした参加を，はたして学校は促進しえるのであろうか。

シティズンシップ教育は，教師と生徒という二大俳優のみで演じきれるものではない。多くの学校外の関係者や地域の人を巻き込むことになる。その結果，多様な質の関係のなかで子ども・青少年が育つことになり，エンパワメント支援が充実する可能性はより高くなる，との見方もできよう。

しかし，フォーマル性の高い学校には，教育基本法の改正 (2006年) 後も，経済活動，政治活動，宗教活動への制約・制限がある。それゆえ，社会的活動への参加を十全にプログラム化することは望めない。また，学校教育の停滞・偏向が指摘される状況の下，いわゆる学校文化から排除された人たち (不登校児・逸脱者・障害者) のシティズンとしての自己形成をどう支援するのかという問題は未解決のままである。逆に，すでに述べたように，主体性が飼いならされる

「学校化」の問題も深刻な課題として残っている。現実の学校が，あらゆる境遇の人々のエンパワメントに対応しうる場となっていないことは，いうまでもないであろう。

それゆえ，対象を子ども・青年に限定してとらえるにしても，フォーマルな教育だけではなく，公民館・NPO・企業などが中心となるノンフォーマルな教育の重要性はきわめて高い。現代の子ども・青年は学校に長時間拘束される傾向にあるが，放課後や長期休暇期間（夏休みなど）にどれほど地域・社会がシティズンシップ教育としての学習プログラムを提供できるかが，シティズンシップ教育実質化の鍵となる。

(2) よりよい社会づくりに不可欠なおとなのエンパワメント

さらに，現代日本には，市民活動の転換を予感させるいくつかの社会的変動が生まれつつある。フォーマル性の高い公教育に，その動きに連動する柔軟性・機動性は，はたしてあるのであろうか。変動を要素として羅列すると，以下のようになる。

①男女共同参画社会，高齢社会，「当事者主権」時代[11]が到来してきた。

②ソーシャルビジネスやコミュニティビジネス[12]などの，経済活動と政治・文化活動を接合するような社会的活動が生まれてきた。

③参加型民主主義の基盤としての広い意味でのNPO（nonprofit organization＝非営利組織）の活動が活発になってきた。

④行政と民間との協働によって公共性を再生させようとする「新しい公共」を踏まえた社会的事業が生まれつつある。

⑤「持続可能性」「持続可能な社会づくり」が標榜され，ESD（Education for Sustainable Development＝持続可能な開発のための教育）やグローカル（glocal）と呼ばれる特性をもった「地球市民」（global citizenship）の育成が求められるようになってきた。

これらの，いわば，新しい市民社会の動きに対応しえるのは，もちろん，子どもではない。当事者（主としておとな）が変動に敏感に反応して中心的な学習者となり参加型民主主義の内実を形づくる主体となってはじめて，その動きは

本物になる。それゆえ，より多くのおとながシティズンシップの内実を理解し行動するようになり，子どもや青少年はおとなの活動・学びの後またはそれに寄り添う形で新しい市民社会を学ぶ，というのが自然なかたちである。
　したがって，インフォーマルな教育を豊かに内包するものとしてシティズンシップ教育を発展させるには，おとなが新しい市民社会の動きの主体になってゆくことをいかにサポートするかが，もうひとつの大きな鍵となる。シティズンシップ教育は，よりよい社会づくりのために不可欠なおとな・当事者の学び（ノンフォーマル・インフォーマルな教育）として，より自覚的に進められるべき実践なのである。
　今日の生涯学習推進・支援の環境をみると，必ずしもそのような方向で整備されているとはいえない。いわゆる「学習ならば何でもOK」とされる全方向型学習支援体制は，学習者の個別ニーズに対応した学習支援の場を提供することに専心するあまり，シティズンシップ教育に求められるような，総合性，社会公共性，実践性を育む仕組みを発展させてこなかった。
　しかし，上記の5つの動きは確実に社会に広がりつつある。とりわけ，女性・高齢者あるいは当事者と呼ばれる人たちのエンパワメントは，20世紀後半より急速に実質化してきた。また，当事者性の高い人々が活躍する場も，ボランティアを基調とする地域活動だけではなく，企業・NPO・行政の協働による新しい経済・政治活動を包み込む形で充実してきた。人々がそこに参加し活動するための土壌，すなわちエンパワメント推進の基盤は徐々につくられつつあるといえるだろう。
　もちろん，今後に残された課題も多い。子ども・おとな・当事者のエンパワメントを本質とするシティズンシップ教育を，いかに「生涯」という長いスパンのなかで具体的なプログラムとして開発するのか，ソーシャルビジネスなどを推進する経済界とどのように連携するのか，シティズンシップ教育のコーディネーター，ファシリテーターをだれがどのように育成するのか，あるいは，シティズンシップ教育関連事業をプロデュースするためのリソース（経済的・社会関係的）をどのように確保するのか，などは，喫緊に検討すべき課題である。

さらに，シティズンシップ教育推進のプロセスで，公教育・行政・公的な社会教育の意味を再度問い直すことも求められるであろう。かつて，「たまねぎのような社会教育・生涯学習」と呼ばれたことがある。一片一片に味があることに意味はある。しかし，それらの集積が新しいシティズンの育成，新しい市民社会の創成に資するようになることも，時代が求めるところのもの，と考えられなければならない。

【松岡　廣路】

注
1）シティズンシップ教育と経済社会での人々の活躍についての研究会『報告書』経済通産省，2006，および「シティズンシップ教育宣言」経済通産省，2006 参照。
2）事例については，シティズンシップ教育と経済社会での人々の活躍についての研究会『報告書別冊』経済通産省，2006 参照。また，大学付属小中学校関係の実践については，今谷順重編『人生設計能力を育てる市民性教育』教育界発研究所，2007 に詳しい。
3）栗田充治「Citizenship Education の教育理念と内容」日本ボランティア協会『英国の「市民教育」』日本ボランティア学習協会，2000，p.26-40 に詳しい。
4）教育の三相構造については，松岡廣路『生涯学習論の探究』学文社，2006 を参照のこと。本章第3章第1節も参照。
5）ライチェン，D. S.，サルガニク，L. H. 編著（立田慶裕監訳）『キー・コンピテンシー――国際標準の学力をめざして』明石書店，2006［Rychen, D. S. & Salgamol, L. H., *Key Competencies for a Successful Life and a Well-Functioning Society*］を参照のこと。
6）「コンピテンシー」は，もともと，企業などで好業績を維持している優秀な人間（high performer）の行動・態度・思考・判断・選択などに見られる一定の傾向や特性のことである。指標化されることで人材育成・管理・運用に活用されたが，分析的に人間をとらえるという意味で問題も指摘されてきた。
7）下位カテゴリーについては，シティズンシップ教育と経済社会での人々の活躍についての研究会，*op. cit.*, p.24 を参照のこと。
8）イリイチ，I.（東洋・小沢周三訳）『脱学校の社会』東京創元社，1977［Illich, I., *De-schooling Society*, Harper & Row, 1971］
9）社会の諸勢力が覇権獲得をめざして成り立つ民主主義のこと。松下洌「グローバル・サウスにおけるローカル・ガヴァナンスと民主主義――参加型制度構築の視点と現状――」『立命館国際研究』第 20 巻 3 号，2008，p.153-196 参照。
10）同上に詳しい。
11）中西正司・上野千鶴子『当事者主権』岩波新書，2003.
12）ソーシャルビジネスについては，ムハマド・ユヌス（Yunus, M.）（猪熊弘子訳）『貧困

のない世界を創る―ソーシャル・ビジネスと新しい資本主義』早川書房，2008 を参照のこと。コミュニティビジネスについては，本間正明・金子郁容ほか『コミュニティビジネスの時代』岩波書店，2003 を参照のこと。

キーワード

シティズンシップ　　シティズンシップ教育　　市民性教育　　参加　　参加型民主主義
コミュニティサービス　　キー・コンピテンシー　　エンパワメント　　ESD

この章を深めるために

1. 「シティズンシップ教育」の実践事例をインターネットや新聞記事データベースなどで探し，その活動やプログラムの内容について評価してみよう。
2. これからの社会において市民に期待される役割を，「社会・文化活動」「政治活動」「経済活動」の3つの領域に分けて考えてみよう。
3. 生涯学習の事業や実践として，どのような学びの場や機会を実現できればシティズンシップ教育となりえるのか考えてみよう。

参考文献

植村邦彦『近代を支える思想―市民社会・世界史・ナショナリズム―』ナカニシヤ出版，2001
小玉重夫『シティズンシップの教育思想』白澤社，2003
鈴木崇弘編著『シチズン・リテラシー――社会をよりよくするために私たちにできること―』教育出版，2005
シティズンシップ教育と経済社会での人々の活躍についての研究会『報告書』経済産業省，2006
今谷順重編著『人生設計能力が育てる市民性教育』教育開発研究所，2007

第18章　生涯学習のこれまで・これから

1　生涯学習についての理解

　「生涯学習」という言葉は，なかなか使い勝手がいい言葉のようである。イメージも悪くはない。生涯学習社会といえば，さらにユートピアであるかのような印象を受ける。

　生涯学習という言葉についての認知度に関しては，経年的な調査がある。そのデータを見ると，認知度は次第に高まり，社会に定着してきていることがわかる。1988（昭和63）年度以降，総理府・内閣府（2008年度調査以降）が実施した全国調査のデータだと，「あなたは，『生涯学習』という言葉を聞いたことがありますか。」という問いに「ある」と答えた人の割合は，1988（昭和63）年，1992（平成4）年，1999（平成11）年，2005（平成17）年，2008（平成20）年の順に，58.0％，64.5％，74.0％，80.7％，80.5％であり，8割程度の認知度になっていることが示されている。(2008年度で見れば，20歳代と70歳以上では，7割程度と低く，40歳代では89.2％と高いことが示されている。なお，1988（昭和63）年度調査では，「生涯学習または生涯教育という言葉」というワーディングであった。) この数字を見れば，「生涯学習」という言葉自体の認知度については，ほとんど問題にならないようになってきている，と考えることができるであろう。

　ただ，「生涯学習」という言葉の内容の理解度に関しては，正確なデータは存在するわけではないが，皮相な理解にとどまっていると思われる。ここでは，それには踏み込まないが，単に好事家的にどのような誤解があるかを追究して悦に入るのでなく，その誤解がどうして出てくるのか，社会的にどのような意味をもってくるかを追究・論及することは重要なことであり，さらに，正確な

理解を得られる方策を考え，その方向での努力をすることの方がより生産的な活動であろう。

　生涯学習が社会教育の言い換えとして考えられることがあるが，これは日本の社会における歴史的な経緯，生涯教育という概念が移入されてきた後の経緯を辿れば理解できることではある[1]。では，なぜ，生涯学習という用語が正確に理解されないと問題であるのだろうか。とくに生涯学習という言葉が社会教育という言葉と混乱して用いられていることが問題になるのである。そもそも「学習」と「教育」は異なる概念であるわけだが[2]，生涯学習という概念がもつ多様性の一部のみが肥大化して，とりわけ高齢者が行う余暇を費やす学習，「生きがいづくり」・趣味の活動のための学習，趣味としての学習そのもの，などが「生涯学習」としてイメージされやすいということなのである。「生涯楽習」というような低次元な造語をもてあそぶような向きもあり，ますます混乱に拍車がかかる。

2　データに見る生涯学習の現在

　一方，人々の生涯学習の実態という側面の一つである学習者率に関しては，総理府・内閣府調査では，次のように示されている。つまり，この1年間に生涯学習をしたことがあるかと問われて，「していない」と答えた人は，47.6％［1992（平成4）年］，44.8％［1999（平成11）年］，51.7％［2005（平成17）年］，51.4％［2008（平成20）年］と推移してきているということである。それほどの変動はなく，半数程度の人が「生涯学習をしている」ということなのである。しかし，その学習内容に関しての検討は必要である。ここでは，2008（平成20）年の結果では，「健康・スポーツ」22.5％，「趣味的なもの」19.8％，「パソコン・インターネットに関すること」14.0％，「教養的なもの」10.2％，「職業上必要な知識・技能」9.3％，「家庭生活に役立つ技能」8.4％，などとなっていることを確認しておこう。

　文部科学省が行ってきている「社会教育調査」では，施設等別の学級・講座

受講者数が把握されている。それによると，1995（平成7）年度間，1998（平成10）年度間，2001（平成13）年度間，2004（平成16）年度間，2007（平成19）年度間の教育委員会・公民館・博物館・博物館類似施設・青少年教育施設・女性教育施設・文化会館・生涯学習センターの学級・講座への参加者の総数は，3038万人，2938万人，3239万人，3373万人，3420万人となっている。また，諸集会（講演会，文化・体育事業等）への参加者については，1億3860万人，1億1406万人，1億949万人，1億645万人，1億971万人という数値が示されている。さらに，公民館利用者は，2億2000万人，2億2180万人，2億2268万人，2億3312万人，2億3662万人，図書館利用者（図書帯出者）は，1億2001万人，1億3119万人，1億4310万人，1億7061万人，1億7136万人，博物館（類似施設を含む）利用者（入館者）は，2億8600万人，2億8065万人，2億6950万人，2億7268万人，2億7968万人，青少年教育施設利用者は，1954万人，2009万人，2077万人，2086万人，2210万人であるというデータが報告されている。この数字がどのような形で把握されたのかという手法の適否についての問題は置くとして，このような数字は把握されてはいるのである。

　この数字が大きいか小さいかについては，その判断基準をどう設定するかに依るのであるが，少なからず学習者は存在しているという表現は控えめすぎるであろう。人々の学習活動は，学問的にも，行政の課題としても検討の対象になるということは間違いないのである。

3　時流に乗った「生涯学習」

　生涯学習という言葉が日本の社会で広がったのは，それほど昔のことではない。すでに示したように，認知度に関する調査では，1988（昭和63）年に58.0％であったが，この時のワーディングは「生涯学習または生涯教育」というものであった。生涯教育という用語が社会へ出たのが1965（昭和40）年のユネスコの成人教育推進国際委員会後であり，50年近くは経つのではあるが，学校

教育の歴史と比較すると，それほど古いことではない，ということになる。少なくとも関係者間では，それほど古いことではない，という理解は共通の認識だといえる。いや，50年も経っているのだから十分古いことだといえるが，「きちんと」定着していると理解できる状況ではないという観点からは，まだ新しい言葉ということにもなるのだろう。生涯学習という用語は，昭和の末期の臨時教育審議会の議論以降の行政施策の展開にともなって広がってきたものであり，言葉の出自や背景，その意味するところは異なっているわけであるが，現在では，生涯教育より生涯学習という言葉の方が，広がっているということになる。

　もとより，人生のなかで子どもの時期ではなく，大人になってからも何かを学ぶことは，古い時代から存在していた。それは，人間の歴史とともに存在していたともいえるのだろう。もちろん偶発的に学ぶということではなくて，学ぼうと思って意図的に学ぶということについてである。このことと，ここでいう生涯学習ということは違うということをまず理解しておかなければならない。

　昭和末期以降，生涯学習という言葉が広がった理由は，いくつかの観点から説明できるだろう。もちろん，大前提は，臨時教育審議会の答申後の文教行政の動きによって誘導されたものであることは否めない。文部省の機構改革で社会教育局が筆頭局として生涯学習局に改編され（1988年），文部省庁舎の壁面に，漫画家・石ノ森章太郎の手になるマスコット・キャラクター「マナビィ」の絵と「新しい風　生涯学習」というキャッチ・コピーが書かれた垂れ幕が掲げられ，千葉県幕張で第1回全国生涯学習フェスティバルが開かれる（1989年）というような，文部省による積極的な生涯学習キャンペーンの存在の意義は大きい。この動きは，都道府県・市町村の教育委員会に伝わり，社会教育課が生涯学習課と名称変更されたり，国の支援のもと生涯学習関連イベントが開催されたりといった「生涯学習まちづくり」のキャンペーンが展開される。一部の政策に影響力をもった生涯学習研究者（などという人は，研究的な蓄積もなく，生涯学習の研究者としての養成もなされていないのだから実はいるはずはなく，基本的には社会教育研究者）や文部省生涯学習局の社会教育官などが，あたかも「生涯学習

の伝道師」として全国各地へ出向き，生涯学習の意義について説くというようなことが頻繁に行われた。各地のイベントでは，「なんでも生涯学習（と関係する）」というような乱暴な考え方も，よく見聞きされたものである。文部省のこの積極姿勢は，生涯学習という言葉，考え方の広がりの基盤形成に重要な役割を果たしたとはいえよう。

　多くの人々に生活の余裕が生じてきていたという社会状況が基礎になっていたことは間違いないであろう。第2次世界大戦敗戦後の困窮・混乱の時期から，日米安全保障条約改定問題・労使争議・学園紛争等の政治的対立の時期，それと入り組む形での，東京タワー・東京オリンピック・東海道新幹線・名神／東名高速道路に象徴される高度経済成長と公害問題等のその歪みの顕在化の時期を経て，大阪万博にみられる繁栄の謳歌という社会状況が定着して，政治の季節から経済の季節へと変化してきていたことなどは，背景として重要なことであろう。

　公民館活動に代表される地域課題と関連した学習機会を設置したり，青年団・婦人会等の地縁を基礎とする団体への支援だけではなく，学習情報提供や学習相談というあらたな個人学習に対応した学習支援サービスの展開が，社会教育行政の課題ともされてきた。経済的な豊かさは財政を豊かにし，必ずしも国民生活に必要不可欠な施策だけでなく，より豊かな生活をめざした施策が展開できる余裕ができてきたと見ることができる。なお，さまざまな住民運動の背後には，自律的な学習活動が存在していたことも忘れてはならない。

　民間の新聞社・放送局・百貨店等が提供する，カルチャーセンターやカルチャー教室等といわれる学習機会が大都会にも地方都市にも次第に定着し，全体として，さまざまな学習機会が増加してきたということなのである。学習機会を享受できる個人レベルの経済的な条件も，格差は存在するものの，総体的には整ってきたという状況もあった。また，高等学校への進学率は1960年57.7％から，1970年82.1％，1980年94.2％，1990年94.4％，1995年95.8％，2000年95.8％となっており，大学・短大への進学率も1960年10.3％，1970年23.6％，1980年37.4％，1990年36.3％，1995年45.2％，2000年49.1％となるなど，学

校教育の機会についての整備も義務教育を超えて，後期中等教育・高等教育へと展開してきていた。なお，1970年代には専修学校の制度も創出されたり，1980年代には放送大学が開設されたり，大学への社会人入学の制度もそれぞれの大学で工夫されるなど，多様な学習機会が設けられるような社会状況が存在していた。

4　「生涯学習」は，なぜ時流に乗ったか：その背景

　日本の社会において生涯学習ということが社会的に認知され，誤解あるいは一面的な理解がされつつも一般に広がってきたことの背景には，いくつかの意図的な要因があると考えられる。その何点かについて確認しておこう。
　1点目に考えられるのは，企業の人材開発・職業能力開発に関連する要因である。第2次世界大戦敗戦後，終身雇用制を背景とする企業内教育システムを整備・確立させることによって，企業は収益性を向上させてきた。しかし，日本的な雇用慣行の変化とともに，職業能力開発に関する考え方に変化が生じ，職務遂行上の能力を備えるための職業能力開発は労働者自身の課題であり，自己責任による自己啓発が基本であるというような発想が広がってきたということである。生涯学習は，必要に迫られて各自が行うものという位置づけになる。先走った言い方になるが，今日の非正規雇用の増大ということや安倍晋三内閣によって始められた「再チャレンジ」「学び直し」施策などにも密接に関連してくることなのである。
　2点目には，高齢期の問題に関連した要因が考えられる。平均寿命の伸びが著しく，トータルとしてみれば高齢者福祉施策も拡充されてきているなかで，健康で活動的な高齢者像が広がってきたことは，無視できないであろう。その高齢者が積極的な生涯学習の担い手となる，ということである。前述の労働者の生涯学習が，基本的に迫られて行うものであるのに対し，高齢者の生涯学習は，基本的に求めて行うものであると位置づけられるのかもしれないが，いずれも，自己責任・自助努力を基本とした，社会的な要請によるものでもあると

考えられるのであろう。

　3点目には，学校教育の行き詰まりに関連した要因があげられる。第2次世界大戦敗戦後のベビーブームへの対応とともに学校教育関係の整備は進んできたが，受験競争の激化，知育偏重への批判，「学級崩壊」「学校崩壊」と揶揄される学校教育における諸問題の深刻化は，生涯教育さらには生涯学習への期待を大きくしたものであるととらえることができるのであろう。学校が学校だけでは問題を解決できず，地域を中心とする社会全体へと救援を求めたのである。教育の世界において，「学校教育と社会教育は車の両輪」というフレーズはよく用いられたものであった[3]。2006（平成18）年の教育基本法改正に際して第13条として「学校，家庭及び地域住民等の相互の連携協力」が加えられることに繋がる動きであり，今日でも学校・家庭・地域の連携の必要性が強調されるのであるが，あたかも「教育」とは子どもに限った事柄であるかのような状況も見受けられるようになってしまっている。その一方で，小・中学校，高等学校だけでなく，大学にとっても，生涯学習への期待は大きくなった。大学進学が飽和状態になることが予見され，経営上の対応が求められ，新規の学生を「社会人学生」に求めることは当然の流れであった。また，公開講座の組織化を進め，生涯学習センターやエクステンションセンター等の呼び名の機関をつくって，生涯学習の領域へ積極的に乗り出してきたのである。

　4点目として，行政の組織自己拡張原理が働いたということも指摘できるのであろう。臨時教育審議会答申後の文部省・教育委員会の動きについてはすでに述べたが，「生涯学習」という「水戸黄門の印籠」や「錦の御旗」を利用した政策の展開がなされたのである。さまざまな「生涯学習」という冠をつけた事業の展開や施設の設置があったことも事実である。

　生涯学習とはどういう概念か，生涯教育や社会教育という概念とはどのように異なるのか，行政の役割はどのように考えられるべきか，などの基本的な事柄には無頓着な施策の展開がなされなかったかどうかが問われるのかもしれない[4]。

　他にも「生涯学習」が時流に乗った要因は考えられようが，基本的なことに

ついてのみ検討してきた。しかしながら，これらは，必ずしも「生涯学習」が社会的に定着するための必然的な要因ではなかったのかもしれない。生涯学習への，熱いまなざしは，その後冷めていくのであるから。

5 「生涯学習」は，なぜ時流から外れるのか

　近年，生涯学習支援施策は不振である，といえる状況にある。近年というのは，ほぼ21世紀初頭，平成10年代になってからのように考えられる。2006（平成18）年の教育基本法の全面改正によって，第3条で「生涯学習の理念」が唱えられ，第12条（社会教育）には「個人の要望や社会の要請にこたえ，社会において行われる教育は，国及び地方公共団体によって奨励されなければならない。」と社会教育の在り方が規定され，それに連動する2008（平成20）年の社会教育法の改正によって第3条2に「国及び地方公共団体は，前項の任務を行うに当たっては，国民の学習に対する多様な需要を踏まえ，これに適切に対応するために必要な学習の機会の提供及びその奨励を行うことにより，生涯学習の振興に寄与することとなるよう努めるものとする。」という規定が加わり，生涯学習の振興に関して，法律レベルでの整備が進んだにもかかわらず，である。

　生涯学習支援施策とはいうものの，実際は学校教育や家庭教育に関しての施策はそれなりに整備されてはきているが，その一つの重要な領域である社会教育に関しては，次第に行政施策が縮減されてきているといえるのであろう。単に「生涯学習」や「生涯学習社会」が，文教政策全体の推進のための，（中身は希薄だが）聞こえのよいキャッチフレーズとして用いられているだけであって，本来，その中核を担うはずの社会教育領域の施策が低調になってきているということなのである。

　その背後には，財政的な逼迫があることは容易に理解できよう。優先順位の低い施策として生涯学習関連施策が位置づけられるわけである。それは，「生涯学習」にまつわる無理解の一環である，個人的な楽しみを追求する学習というイメージが大いに影響しているということなのである。「生涯楽習」と言っ

てみたり,「何でも生涯学習」というような，その場限りの向こう受けを狙った報いとでもいうべきなのだろうか。もっぱら個人的な楽しみの追求のために公費を使うということは，愚民化政策以外には考えられないことである。「生涯学習」という聞こえのよい言葉に寄りかかって，教育として，社会教育として，何を行わなければならないかということが真剣に考えられてこなかったのである。学習と教育，生涯学習と社会教育，生涯学習支援と社会教育の区別というような基本的な事柄が，とくに行政関係者において安易に考えられすぎてきたということである[5]。

　学習内容が個人的な楽しみを追求するものである生涯学習支援施策が縮減されることについては，さして問題は大きくない。学習内容が公共性をもつ課題である場合に問題が生じるのである。さまざまな学習内容が存在する生涯学習を一律にとらえ，すべてを個人的な対応に任せてしまうことに問題があるわけである。社会教育として対応しなければならない公共的課題に迫る学習機会は，行政がまず対応しなければならないのであろう。この点，県レベルの行政で，この間「生涯学習課」を標榜してきたところが，意図的・自覚的に「社会教育課」に戻したということは，注目していいことであろう[6]。ただ，「生涯学習・社会教育行政研究会」(かつては，「文部省内社会教育行政研究会」であった) 編の『生涯学習・社会教育行政必携』(第一法規・隔年刊・かつては，『社会教育行政必携』であった) 平成22年版では，社会教育法が，突然，「基本法令」から外されたという事実もある。経緯や理念も考えない関係者がまだまだ多いことも事実である。

　いわゆる「バブル経済」の時期と重なるように生涯学習施策が展開され，さしたる根拠無しに施設が設置されたり事業が展開されるということも稀ではなかったのであり，施設の設置についても廃止についても合理的説得的な説明が困難な場合も存在していた。教育，社会教育の在り方としてきわめて不幸な状況ではあるのだが，そこで展開された活動の成果の継続・何らかの形での継承が重要な意味をもっているはずであり，その方向での努力が求められていると考えられる。

6　時流を越える「生涯学習」

　「生涯学習」という概念・発想が，バブル経済の時期と重なったり，一面的な理解が広がってきたということは，不幸なことであった。しかし，「生涯学習」という言葉を用いて，より前向きなことは考えられないであろうか。

　2009（平成21）年の総選挙で自民党に代わる民主党を中心とする政権が成立して以来，「新しい公共」というフレーズ・概念が用いられることが多くなってきている。しかし，この「新しい公共」という発想は特段新しいものではなく，公共性を行政だけが占有するものではないことは，社会教育の領域では，ごく当然のことと考えられてきている。社会教育関係団体という概念，その系としてのNPOの存在への意識，民間の教育文化事業の存在への目配りなど，社会教育の領域では古くからの課題として存在してきたことなのである（一部，新規参入の研究者もどきが，さも珍しそうに弄んでいる光景もよく目にする）。

　そのようなことに翻弄されるのではなく，世代や地域を越えた学習活動とその支援についての検討が，今日求められていることなのであろう。学習した成果が社会的に意味をもつ学習，公共的課題・社会的課題に迫る学習活動を，社会教育としてどう組織化，どう支援するかということである。そのためには，どこが責任をもつかということを突き詰めて考えなければいけない。もちろん個人が自発的主体的に生涯学習を実践するということになろうが，それを支援するのはNPOに任せればいいということではないのだろう。NPOも有力な担い手なのではあるが，NPOは成立も消滅もその任意性に特質があり，義務的制度的に存在するNPOというのは矛盾した存在なのであり，それゆえ，行政の存在意義が問われるのである。行政には，「個人の要望」と「社会の要請」とのバランスをとった社会教育としての生涯学習支援が求められているのである。

　このかんの，行政による社会教育が「生涯学習」（の支援）に傾斜し，やりたいことをやりたい時に，という「サービス」を提供することのみを善とする施策展開があったとしたら，それは見直されるべきであろう。個人学習のみでは

なく（共通の課題を追究する）集団学習の意義にも再度注目する必要もある。「生涯楽習」の支援を行政が担う必要性は低いのである。また,「参加体験型学習」の事業,ワークショップを取り入れた学習機会が広がってきているが,方法のみに気を取られ,課題そのものへの接近こそが重要であることを忘れがちになるのでは,問題であろう。「熟慮と討議」もいいが,前提になる正確な知識を欠いた「未熟な議論」になってはいけない。別な観点からいえば,教育的価値ということについて,自覚的になる必要性が存在しているということなのである。

　流行する言葉や技法などに惑わされない,社会教育を基軸にした生涯学習の支援,自立した個人の生涯学習が求められるのである。

7　「生涯学習」について学ぶということ

　「生涯学習」について学ぶ,ということはどういう意味をもつのであろうか。社会教育主事や図書館の司書や博物館の学芸員の資格を取得するためには,「生涯学習概論」という科目が必修と位置づけられている。多くの人（学生）は,否応なく,生涯学習についての教育を受けているということなのであろう。

　社会教育関係職員の養成科目として「学ばされている」学生は,図書館・博物館は小さい子どもから高齢者まで利用するから,生涯学習について学ぶ必要がある,というような誤解をしている場合が少なくない。しかし,かつては,「社会教育概論」がそのための必修科目だったわけであり,ここでもかなり無理矢理「生涯学習概論」へと変更された経緯もある。生涯学習の支援の一環としての社会教育の関係職員として,「生涯学習概論」を,それも社会教育さらには教育の役割をかなり意識しながら学ぶのだ,ということを確認しなければいけないのであろう。人々の生涯学習の支援者として,教育する側の人間として,「生涯学習」について学ぶのである。

　市民として生涯学習ということについて学ぶことにも意味がある。さまざまな思惑や経緯のなかで,生涯学習という言葉が広がってきているわけで,その

背景にはどのようなことがあるのかを理解しておくことも，市民としての責務なのかもしれない。単に，人生いつまでも学ぶことは大切だ，というようなことで生涯学習への注目がなされているわけではないのである。自律的な学習者として，生涯学習そのものについても，その学習課題に設定することができる。そのようにして，生涯学習さらには社会教育についての理解が多くの市民に広がっていくことを期待したいものである。

　そのためにも，研究者といわれる人間の責任は重大である。生涯学習という概念が広がり定着してきたのが高々ここ20年ほどなのであるから，生涯学習の専門的な研究者などというのは存在するわけではなく，社会教育の研究者や比較教育の研究者などが，生涯学習の研究者を僭称しているにすぎないのである。あるいは，特段の研究的訓練を受けていない教職関係者・行政職員などが，教育的価値の問題などには無頓着かつ無邪気に，職務遂行上の知りえた行政上の知識をもっていたり，講座等を表面的に「活性化」させるような技法に長けているということを売りにして「要領よく」大学等の教員として生涯学習の研究者然としている姿も目につく（安易な大学側に責任がある。もちろん，かつては実践家としても研究者としても有能な人がいたことは事実である）。また，生涯教育政策・生涯学習政策は国家による国民の意識・イデオロギー操作であるというように批判をしていた勢力に属する人々が，生涯学習という言葉を用いた著作物を刊行する，行政にすり寄るなど，わけのわからない状況もある。「生涯学習」という用語が曖昧な部分も含んでいるだけに，如何様にも利用できるということなのである。

　言うまでもなく，このような状況は，学ぶ者にとって不幸なことである。生涯学習の研究者などと言わずに，社会教育の研究者，比較教育の研究者と称すればいいのであって，その研究の重要な対象の一つとして生涯学習があるということで構わないのである。かつ，その研究者は，教育的価値に関わる研究者として，自覚的でなければならないのだろう。人々の生き方に関わる生涯学習を対象としているのであるから，おのずと研究者の生き方自体が問われることにもなる。研究は単なる生活資源を稼ぐ手段なのではない。もとより研究者が

聖人君子である必要はないのだが，他者を自身のために利用したり，他者を自身の基準から非難・誹謗中傷・陥れたりすることをせずに，その存在を尊重することは最低限必要で，物事をトータルに考えずに，いたずらに自己の短期的な利益を追求するだけであったりしては，研究者として，学習者として，いや人間としても失格であろう。完全無欠な人間は存在しないのだろうが，研究者として，学習者として，人間として致命的な問題のある人が，生涯学習について研究したり教育者として存在するということは，滑稽だ。また，理論研究を志向している研究者が，地域で展開している生涯学習の現実場面に関わったり，自身のそれまでの研究テーマと関わりの少ないテーマを「研究」として突然取り上げるという安易なことも多くみられるが，研究者の節度・節操が問われることでもある。評価される研究能力の領域とは異なる領域での「活躍」は，研究者としてではなく，市民としてなされるべきことであり，その際，研究者の肩書き・資格は捨てられることが必要である。研究は商売ではない。また，学位を取得することだけ，「業績」をあげることだけが生涯学習に関わる研究者の重要な目標であるということは滑稽なことであろう。「知」の（探求の）状況を心配する前に，人間としての存在の状況を心配した方がいい。

　研究者の集団的な活動の場としての「学会」といわれる組織にしても，そこでの支配的な考え方を中心にした活動を展開するということではなく，個人個人の研究者の自律的な研究活動が自由に展開できる場や機会の整備に努めることが重要なことである（もっとも，自身の都合で「学会」を利用・入退会する研究者もどきも存在するが）。当たり前のことであろうが，わが国のこれまでの生涯学習・社会教育の領域での「学会」を念頭に置くと，やはり指摘しておかねばならないことであろう。生涯学習支援・社会教育の在り方について研究者が社会に向けて積極的にアピールするためには，一つの立場からの考え方を主張をするのでなく，純粋に学問的に，事実に基づく論理的・合理的な考え方を基礎にした意見を表明し，採用すべき方策を提起することが必要である。相互扶助は一般の社会では好ましいことと考えられるが，仲間内の馴れ合い（学会誌に相互に持ち上げた書評を書き合うなど）は，滑稽であり哀れでもある。

生涯学習がこれからどのような形で社会に浸透していくか，個人と社会にとって意味のある存在になるかどうかは，生涯学習について学び研究する人々が，真摯な生き方ができるかどうかに関わってくるのだろう。おそらく，それは困難なことなのだろうが。
【鈴木　眞理】

注
 1 ）鈴木眞理「生涯学習社会の社会教育」鈴木眞理・松岡廣路編著『生涯学習と社会教育』（シリーズ生涯学習社会における社会教育　第 1 巻）学文社，2003，p.139-158.
 2 ）このあたりの基本的な整理を簡便に理解するには，鈴木眞理『学ばないこと学ぶこと—とまれ・生涯学習の・ススメ』学文社，2007 を参照されたい。
 3 ）学校教育と社会教育との連携についての問題に関しては，鈴木眞理「社会教育と学校教育の連携を考える視点」『学校運営』2009 年 8 月号，p.6-11 を参照されたい。
 4 ）松下圭一の「社会教育の終焉」論（1986 年）以降，文部省生涯学習局の成立に至る時期に関して，「社会教育の時代は終わり，生涯学習の時代が始まろうとしていた。場所と関係に規定された『教育』から個人の自発性を引き出す『学習』への変化である。」という指摘がある。佐藤卓己「『放送＝通信』教育の時代—国防教育国家から生涯学習社会へ」佐藤卓己・井上義和編『ラーニング・アローン—通信教育のメディア学』新曜社，2008，p.98. 松下圭一の終焉論と同様に，社会教育の領域外の研究者からの表現に凝った指摘であり興味深いが，後づけの議論であり（もともと整理は後づけではあるが），また，「時代が終わり」「時代が始まる」を客観的な事実としてだけとらえることについては疑問が残る。
 5 ）この点，2008（平成 20）年の中央教育審議会答申「新しい時代を切り拓く生涯学習の振興方策について—知の循環型社会の構築を目指して—」p.31-38 における概念の整理等は興味深い。内容が正確であるか合理的な把握がされているかも問題にはなるが，そもそも，それほど専門的な追究をしてきたわけでもない文部科学省職員によって概念が整理されなければならない状況（審議会の答申であるとはいっても，答申の策定過程を考えればこのように表現して問題ないであろう），またそれが「公認」のものとして流布するような状況自体が，大きな問題であることは間違いない。継続的で客観的な判断が可能になる研究の場が求められる。国立教育政策研究所社会教育実践研究センターや同研究所本体の役割であろうが，スタッフなどの状況を見れば，現状は「研究」の場にはほど遠いといわざるをえない。
 6 ）島根県の例。2010（平成 22）年 4 月。1993（平成 5 ）年に社会教育課から生涯学習課へ変更されていた。同時に県立生涯学習推進センターは社会教育研修センターに改編された。その背後には，社会教育について理解ができ，行政内でも力をもつ職員がいたことを認識しておきたい。なお，同時期に静岡県においても，生涯学習企画課が教育政策

課へと改編された。きわめて適切であると考えられる変更であり，いかに「生涯学習」という言葉が都合よく利用されていたかということを垣間見ることができよう。

キーワード

生涯学習社会　生涯教育　生涯学習　社会教育　ユネスコ　生涯学習審議会
臨時教育審議会　学校教育　公共性　新しい公共

この章を深めるために

自分の住んでいる自治体では，教育委員会の部署に「社会教育課」があるか，「生涯学習課」などがあるかを調べ，その変遷や名称が使われる理由を検討してみよう。現在の行政の担当者は，変遷などについてはおそらくはっきりとしたことはわからないでしょうが，そのことを含めて，生涯学習（の支援）と社会教育について考えてみよう。

〔資 料〕
関連法規

教育基本法

（平成18年12月22日法律第120号）
教育基本法（昭和22年法律第25号）の全部を改正する。

我々日本国民は，たゆまぬ努力によって築いてきた民主的で文化的な国家を更に発展させるとともに，世界の平和と人類の福祉の向上に貢献することを願うものである。

我々は，この理想を実現するため，個人の尊厳を重んじ，真理と正義を希求し，公共の精神を尊び，豊かな人間性と創造性を備えた人間の育成を期するとともに，伝統を継承し，新しい文化の創造を目指す教育を推進する。

ここに，我々は，日本国憲法の精神にのっとり，我が国の未来を切り拓く教育の基本を確立し，その振興を図るため，この法律を制定する。

第1章 教育の目的及び理念

(教育の目的)
第1条 教育は，人格の完成を目指し，平和で民主的な国家及び社会の形成者として必要な資質を備えた心身ともに健康な国民の育成を期して行われなければならない。

(教育の目標)
第2条 教育は，その目的を実現するため，学問の自由を尊重しつつ，次に掲げる目標を達成するよう行われるものとする。
一 幅広い知識と教養を身に付け，真理を求める態度を養い，豊かな情操と道徳心を培うとともに，健やかな身体を養うこと。
二 個人の価値を尊重して，その能力を伸ばし，創造性を培い，自主及び自律の精神を養うとともに，職業及び生活との関連を重視し，勤労を重んずる態度を養うこと。
三 正義と責任，男女の平等，自他の敬愛と協力を重んずるとともに，公共の精神に基づき，主体的に社会の形成に参画し，その発展に寄与する態度を養うこと。
四 生命を尊び，自然を大切にし，環境の保全に寄与する態度を養うこと。
五 伝統と文化を尊重し，それらをはぐくんできた我が国と郷土を愛するとともに，他国を尊重し，国際社会の平和と発展に寄与する態度を養うこと。

(生涯学習の理念)
第3条 国民一人一人が，自己の人格を磨き，豊かな人生を送ることができるよう，その生涯にわたって，あらゆる機会に，あらゆる場所において学習することができ，その成果を適切に生かすことのできる社会の実現が図られなければならない。

(教育の機会均等)
第4条 すべて国民は，ひとしく，その能力に応じた教育を受ける機会を与えられなければならず，人種，信条，性別，社会的身分，経済的地位又は門地によって，教育上差別されない。
2 国及び地方公共団体は，障害のある者が，その障害の状態に応じ，十分な教育を受けられるよう，教育上必要な支援を講じなければならない。
3 国及び地方公共団体は，能力があるにもかかわらず，経済的理由によって修学が困難な者に対して，奨学の措置を講じなければならない。

第2章 教育の実施に関する基本

(義務教育)
第5条 国民は，その保護する子に，別に法律で定めるところにより，普通教育を受けさせる義務を負う。
2 義務教育として行われる普通教育は，各個人の有する能力を伸ばしつつ社会において自立的に生きる基礎を培い，また，国家及び社会の形成者として必要とされる基本的な資質を養うことを目的として行われるものとする。
3 国及び地方公共団体は，義務教育の機会を保障し，その水準を確保するため，適切な役割分担及び相互の協力の下，その実施に責任を負う。

4　国又は地方公共団体の設置する学校における義務教育については，授業料を徴収しない。
（学校教育）
第6条　法律に定める学校は，公の性質を有するものであって，国，地方公共団体及び法律に定める法人のみが，これを設置することができる。
2　前項の学校においては，教育の目標が達成されるよう，教育を受ける者の心身の発達に応じて，体系的な教育が組織的に行われなければならない。この場合において，教育を受ける者が，学校生活を営む上で必要な規律を重んずるとともに，自ら進んで学習に取り組む意欲を高めることを重視して行われなければならない。
（大学）
第7条　大学は，学術の中心として，高い教養と専門的能力を培うとともに，深く真理を探究して新たな知見を創造し，これらの成果を広く社会に提供することにより，社会の発展に寄与するものとする。
2　大学については，自主性，自律性その他の大学における教育及び研究の特性が尊重されなければならない。
（私立学校）
第8条　私立学校の有する公の性質及び学校教育において果たす重要な役割にかんがみ，国及び地方公共団体は，その自主性を尊重しつつ，助成その他の適当な方法によって私立学校教育の振興に努めなければならない。
（教員）
第9条　法律に定める学校の教員は，自己の崇高な使命を深く自覚し，絶えず研究と修養に励み，その職責の遂行に努めなければならない。
2　前項の教員については，その使命と職責の重要性にかんがみ，その身分は尊重され，待遇の適正が期せられるとともに，養成と研修の充実が図られなければならない。
（家庭教育）
第10条　父母その他の保護者は，子の教育について第一義的責任を有するものであって，生活のために必要な習慣を身に付けさせるとともに，自立心を育成し，心身の調和のとれた発達を図るよう努めるものとする。
2　国及び地方公共団体は，家庭教育の自主性を尊重しつつ，保護者に対する学習の機会及び情報の提供その他の家庭教育を支援するために必要な施策を講ずるよう努めなければならない。
（幼児期の教育）
第11条　幼児期の教育は，生涯にわたる人格形成の基礎を培う重要なものであることにかんがみ，国及び地方公共団体は，幼児の健やかな成長に資する良好な環境の整備その他適当な方法によって，その振興に努めなければならない。
（社会教育）
第12条　個人の要望や社会の要請にこたえ，社会において行われる教育は，国及び地方公共団体によって奨励されなければならない。
2　国及び地方公共団体は，図書館，博物館，公民館その他の社会教育施設の設置，学校の施設の利用，学習の機会及び情報の提供その他の適当な方法によって社会教育の振興に努めなければならない。
（学校，家庭及び地域住民等の相互の連携協力）
第13条　学校，家庭及び地域住民その他の関係者は，教育におけるそれぞれの役割と責任を自覚するとともに，相互の連携及び協力に努めるものとする。
（政治教育）
第14条　良識ある公民として必要な政治的教養は，教育上尊重されなければならない。
2　法律に定める学校は，特定の政党を支持し，又はこれに反対するための政治教育その他政治的活動をしてはならない。
（宗教教育）
第15条　宗教に関する寛容の態度，宗教に関する一般的な教養及び宗教の社会生活における地位は，教育上尊重されなければならない。
2　国及び地方公共団体が設置する学校は，特定の宗教のための宗教教育その他宗教的活動をしてはならない。

第3章　教育行政

（教育行政）
第16条　教育は，不当な支配に服することなく，この法律及び他の法律の定めるところにより行われるべきものであり，教育行政は，国と地方公共団体との適切な役割分担及び相互の協力の下，公正かつ適正に行われなければならない。
2　国は，全国的な教育の機会均等と教育水準の維持向上を図るため，教育に関する施策を総合的に策定し，実施しなければならない。

3　地方公共団体は，その地域における教育の振興を図るため，その実情に応じた教育に関する施策を策定し，実施しなければならない。
4　国及び地方公共団体は，教育が円滑かつ継続的に実施されるよう，必要な財政上の措置を講じなければならない。

(教育振興基本計画)
第17条　政府は，教育の振興に関する施策の総合的かつ計画的な推進を図るため，教育の振興に関する施策についての基本的な方針及び講ずべき施策その他必要な事項について，基本的な計画を定め，これを国会に報告するとともに，公表しなければならない。
2　地方公共団体は，前項の計画を参酌し，その地域の実情に応じ，当該地方公共団体における教育の振興のための施策に関する基本的な計画を定めるよう努めなければならない。

第4章　法令の制定

第18条　この法律に規定する諸条項を実施するため，必要な法令が制定されなければならない。

附　則〔抄〕

(施行期日)
1　この法律は，公布の日から施行する。

生涯学習の振興のための施策の推進体制等の整備に関する法律

(平成2年6月29日法律第71号)
(最終改正：平成14年3月31日法律第15号)

(目的)
第1条　この法律は，国民が生涯にわたって学習する機会があまねく求められている状況にかんがみ，生涯学習の振興に資するための都道府県の事業に関しその推進体制の整備その他の必要な事項を定め，及び特定の地区において生涯学習に係る機会の総合的な提供を促進するための措置について定めるとともに，都道府県生涯学習審議会の事務について定める等の措置を講ずることにより，生涯学習の振興のための施策の推進体制及び地域における生涯学習に係る機会の整備を図り，もって生涯学習の振興に寄与することを目的とする。

(施策における配慮等)
第2条　国及び地方公共団体は，この法律に規定する生涯学習の振興のための施策を実施するに当たっては，学習に関する国民の自発的意思を尊重するよう配慮するとともに，職業能力の開発及び向上，社会福祉等に関し生涯学習に資するための別に講じられる施策と相まって，効果的にこれを行うよう努めるものとする。

(生涯学習の振興に資するための都道府県の事業)
第3条　都道府県の教育委員会は，生涯学習の振興に資するため，おおむね次の各号に掲げる事業について，これらを相互に連携させつつ推進するために必要な体制の整備を図りつつ，これらを一体的かつ効果的に実施するよう努めるものとする。
一　学校教育及び社会教育に係る学習(体育に係るものを含む。以下この項において「学習」という。)並びに文化活動の機会に関する情報を収集し，整理し，及び提供すること。
二　住民の学習に対する需要及び学習の成果の評価に関し，調査研究を行うこと。
三　地域の実情に即した学習の方法の開発を行うこと。
四　住民の学習に関する指導者及び助言者に対する研修を行うこと。
五　地域における学校教育，社会教育及び文化に関する機関及び団体に対し，これらの機関及び団体相互の連携に関し，照会及び相談に応じ，並びに助言その他の援助を行うこと。
六　前各号に掲げるもののほか，社会教育のための講座の開設その他の住民の学習の機会の提供に関し必要な事業を行うこと。
2　都道府県の教育委員会は，前項に規定する事業を行うに当たっては，社会教育関係団体その他の地域において生涯学習に資する事業を行う機関及び団体との連携に努めるものとする。

(都道府県の事業の推進体制の整備に関する基準)
第4条　文部科学大臣は，生涯学習の振興に資するため，都道府県の教育委員会が行う前条第1項に規定する体制の整備に関し望ましい基準を定めるものとする。
2　文部科学大臣は，前項の基準を定めようとするときは，あらかじめ，審議会等(国家行

政組織法（昭和23年法律第120号）第8条に規定する機関をいう。以下同じ。）で政令で定めるものの意見を聴かなければならない。これを変更しようとするときも、同様とする。

（地域生涯学習振興基本構想）
第5条 都道府県は、当該都道府県内の特定の地区において、当該地区及びその周辺の相当程度広範囲の地域における住民の生涯学習の振興に資するため、社会教育に係る学習（体育に係るものを含む。）及び文化活動その他の生涯学習に資する諸活動の多様な機会の総合的な提供を民間事業者の能力を活用しつつ行うことに関する基本的な構想（以下「基本構想」という。）を作成することができる。
2　基本構想においては、次に掲げる事項について定めるものとする。
　一　前項に規定する多様な機会（以下「生涯学習に係る機会」という。）の総合的な提供の方針に関する事項
　二　前項に規定する地区の区域に関する事項
　三　総合的な提供を行うべき生涯学習に係る機会（民間事業者により提供されるものを含む。）の種類及び内容に関する基本的な事項
　四　前号に規定する民間事業者に対する資金の融通の円滑化その他の前項に規定する地区において行われる生涯学習に係る機会の総合的な提供に必要な業務であって政令で定めるものを行う者及び当該業務の運営に関する事項
　五　その他生涯学習に係る機会の総合的な提供に関する重要事項
3　都道府県は、基本構想を作成しようとするときは、あらかじめ、関係市町村に協議しなければならない。
4　都道府県は、基本構想を作成しようとするときは、前項の規定による協議を経た後、文部科学大臣及び経済産業大臣に協議することができる。
5　文部科学大臣及び経済産業大臣は、前項の規定による協議を受けたときは、都道府県が作成しようとする基本構想が次の各号に該当するものであるかどうかについて判断するものとする。
　一　当該基本構想に係る地区が、生涯学習に係る機会の提供の程度が著しく高い地域であって政令で定めるもの以外の地域のうち、交通条件及び社会的自然的条件からみて生涯学習に係る機会の総合的な提供を行うことが相当と認められる地区であること。
　二　当該基本構想に係る生涯学習に係る機会の総合的な提供が当該基本構想に係る地区及びその周辺の相当程度広範囲の地域における住民の生涯学習に係る機会に対する要請に適切にこたえるものであること。
　三　その他文部科学大臣及び経済産業大臣が判断に当たっての基準として次条の規定により定める事項（以下「判断基準」という。）に適合するものであること。
6　文部科学大臣及び経済産業大臣は、基本構想につき前項の判断をするに当たっては、あらかじめ、関係行政機関の長に協議するとともに、文部科学大臣にあっては前条第2項の政令で定める審議会等の意見を、経済産業大臣にあっては産業構造審議会の意見をそれぞれ聴くものとし、前項各号に該当するものであると判断するに至ったときは、速やかにその旨を当該都道府県に通知するものとする。
7　都道府県は、基本構想を作成したときは、遅滞なく、これを公表しなければならない。
8　第3項から前項までの規定は、基本構想の変更（文部科学省令、経済産業省令で定める軽微な変更を除く。）について準用する。

（判断基準）
第6条 判断基準においては、次に掲げる事項を定めるものとする。
　一　生涯学習に係る機会の総合的な提供に関する基本的な事項
　二　前条第1項に規定する地区の設定に関する基本的な事項
　三　総合的な提供を行うべき生涯学習に係る機会（民間事業者により提供されるものを含む。）の種類及び内容に関する基本的な事項
　四　生涯学習に係る機会の総合的な提供に必要な事業に関する基本的な事項
　五　生涯学習に係る機会の総合的な提供に際し配慮すべき重要事項
2　文部科学大臣及び経済産業大臣は、判断基準を定めるに当たっては、あらかじめ、総務大臣その他関係行政機関の長に協議するとともに、文部科学大臣にあっては第4条第2項の政令で定める審議会等の意見を、経済産業大臣にあっては産業構造審議会の意見をそれぞれ聴かなければならない。
3　文部科学大臣及び経済産業大臣は、判断基

準を定めたときは，遅滞なく，これを公表しなければならない。
4　前二項の規定は，判断基準の変更について準用する。

第7条　削除

(基本構想の実施等)
第8条　都道府県は，関係民間事業者の能力を活用しつつ，生涯学習に係る機会の総合的な提供を基本構想に基づいて計画的に行うよう努めなければならない。
2　文部科学大臣は，基本構想の円滑な実施の促進のため必要があると認めるときは，社会教育関係団体及び文化に関する団体に対し必要な協力を求めるものとし，かつ，関係地方公共団体及び関係事業者等の要請に応じ，その所管に属する博物館資料の貸出しを行うよう努めるものとする。
3　経済産業大臣は，基本構想の円滑な実施の促進のため必要があると認めるときは，商工会議所及び商工会に対し，これらの団体及びその会員による生涯学習に係る機会の提供その他の必要な協力を求めるものとする。
4　前二項に定めるもののほか，文部科学大臣及び経済産業大臣は，基本構想の作成及び円滑な実施の促進のため，関係地方公共団体に対し必要な助言，指導その他の援助を行うよう努めなければならない。
5　前三項に定めるもののほか，文部科学大臣，経済産業大臣，関係行政機関の長，関係地方公共団体及び関係事業者は，基本構想の円滑な実施が促進されるよう，相互に連携を図りながら協力しなければならない。

第9条　削除

(都道府県生涯学習審議会)
第10条　都道府県に，都道府県生涯学習審議会(以下「都道府県審議会」という。)を置くことができる。
2　都道府県審議会は，都道府県の教育委員会又は知事の諮問に応じ，当該都道府県の処理する事務に関し，生涯学習に資するための施策の総合的な推進に関する重要事項を調査審議する。
3　都道府県審議会は，前項に規定する事項に関し必要と認める事項を当該都道府県の教育委員会又は知事に建議することができる。
4　前三項に定めるもののほか，都道府県審議会の組織及び運営に関し必要な事項は，条例で定める。

(市町村の連携協力体制)
第11条　市町村(特別区を含む。)は，生涯学習の振興に資するため，関係機関及び関係団体等との連携協力体制の整備に努めるものとする。

附　則〔抄〕

(施行期日)
1　この法律は，平成2年7月1日から施行する。

社会教育法

（昭和24年6月10日法律第207号）
（最終改正：平成25年6月14日法律第44号）

第1章　総則

(この法律の目的)
第1条　この法律は，教育基本法(平成18年法律第120号)の精神に則り，社会教育に関する国及び地方公共団体の任務を明らかにすることを目的とする。

(社会教育の定義)
第2条　この法律で「社会教育」とは，学校教育法(昭和22年法律第26号)に基き，学校の教育課程として行われる教育活動を除き，主として青少年及び成人に対して行われる組織的な教育活動(体育及びレクリエーションの活動を含む。)をいう。

(国及び地方公共団体の任務)
第3条　国及び地方公共団体は，この法律及び他の法令の定めるところにより，社会教育の奨励に必要な施設の設置及び運営，集会の開催，資料の作製，頒布その他の方法により，すべての国民があらゆる機会，あらゆる場所を利用して，自ら実際生活に即する文化的教養を高め得るような環境を醸成するように努めなければならない。
2　国及び地方公共団体は，前項の任務を行うに当たつては，国民の学習に対する多様な需要を踏まえ，これに適切に対応するために必要な学習の機会の提供及びその奨励を行うことにより，生涯学習の振興に寄与することとなるよう努めるものとする。
3　国及び地方公共団体は，第1項の任務を行うに当たつては，社会教育が学校教育及び家庭教育との密接な関連性を有することにかんがみ，学校教育との連携の確保に努め，及び

家庭教育の向上に資することとなるよう必要な配慮をするとともに,学校,家庭及び地域住民その他の関係者相互間の連携及び協力の促進に資することとなるよう努めるものとする。
（国の地方公共団体に対する援助）
第４条　前条第１項の任務を達成するために,国は,この法律及び他の法令の定めるところにより,地方公共団体に対し,予算の範囲内において,財政的援助並びに物資の提供及びそのあつせんを行う。
（市町村の教育委員会の事務）
第５条　市（特別区を含む。以下同じ。）町村の教育委員会は,社会教育に関し,当該地方の必要に応じ,予算の範囲内において,次の事務を行う。
一　社会教育に必要な援助を行うこと。
二　社会教育委員の委嘱に関すること。
三　公民館の設置及び管理に関すること。
四　所管に属する図書館,博物館,青年の家その他の社会教育施設の設置及び管理に関すること。
五　所管に属する学校の行う社会教育のための講座の開設及びその奨励に関すること。
六　講座の開設及び討論会,講習会,講演会,展示会その他の集会の開催並びにこれらの奨励に関すること。
七　家庭教育に関する学習の機会を提供するための講座の開設及び集会の開催並びに家庭教育に関する情報の提供並びにこれらの奨励に関すること。
八　職業教育及び産業に関する科学技術指導のための集会の開催並びにその奨励に関すること。
九　生活の科学化の指導のための集会の開催及びその奨励に関すること。
十　情報化の進展に対応して情報の収集及び利用を円滑かつ適正に行うために必要な知識又は技能に関する学習の機会を提供するための講座の開設及び集会の開催並びにこれらの奨励に関すること。
十一　運動会,競技会その他体育指導のための集会の開催及びその奨励に関すること。
十二　音楽,演劇,美術その他芸術の発表会等の開催及びその奨励に関すること。
十三　主として学齢児童及び学齢生徒（それぞれ学校教育法第18条に規定する学齢児童及び学齢生徒をいう。）に対し,学校の授業の終了後又は休業日において学校,社会教育施設その他適切な施設を利用して行う学習その他の活動の機会を提供する事業の実施並びにその奨励に関すること。
十四　青少年に対しボランティア活動など社会奉仕体験活動,自然体験活動その他の体験活動の機会を提供する事業の実施及びその奨励に関すること。
十五　社会教育における学習の機会を利用して行つた学習の成果を活用して学校,社会教育施設その他地域において行う教育活動その他の活動の機会を提供する事業の実施及びその奨励に関すること。
十六　社会教育に関する情報の収集,整理及び提供に関すること。
十七　視聴覚教育,体育及びレクリエーションに必要な設備,器材及び資料の提供に関すること。
十八　情報の交換及び調査研究に関すること。
十九　その他第３条第１項の任務を達成するために必要な事務
（都道府県の教育委員会の事務）
第６条　都道府県の教育委員会は,社会教育に関し,当該地方の必要に応じ,予算の範囲内において,前条各号の事務（第三号の事務を除く。）を行うほか,次の事務を行う。
一　公民館及び図書館の設置及び管理に関し,必要な指導及び調査を行うこと。
二　社会教育を行う者の研修に必要な施設の設置及び運営,講習会の開催,資料の配布等に関すること。
三　社会教育施設の設置及び運営に必要な物資の提供及びそのあつせんに関すること。
四　市町村の教育委員会との連絡に関すること。
五　その他法令によりその職務権限に属する事項
（教育委員会と地方公共団体の長との関係）
第７条　地方公共団体の長は,その所掌事項に関する必要な広報宣伝で視聴覚教育の手段を利用しその他教育の施設及び手段によることを適当とするものにつき,教育委員会に対し,その実施を依頼し,又は実施の協力を求めることができる。
２　前項の規定は,他の行政庁がその所掌に関する必要な広報宣伝につき,教育委員会に対し,その実施を依頼し,又は実施の協力を求める場合に準用する。
第８条　教育委員会は,社会教育に関する事務

を行うために必要があるときは，当該地方公共団体の長及び関係行政庁に対し，必要な資料の提供その他の協力を求めることができる。
（図書館及び博物館）
第9条 図書館及び博物館は，社会教育のための機関とする。
2 図書館及び博物館に関し必要な事項は，別に法律をもつて定める。

第2章 社会教育主事及び社会教育主事補

（社会教育主事及び社会教育主事補の設置）
第9条の二 都道府県及び市町村の教育委員会の事務局に，社会教育主事を置く。
2 都道府県及び市町村の教育委員会の事務局に，社会教育主事補を置くことができる。
（社会教育主事及び社会教育主事補の職務）
第9条の三 社会教育主事は，社会教育を行う者に専門的技術的な助言と指導を与える。ただし，命令及び監督をしてはならない。
2 社会教育主事は，学校が社会教育関係団体，地域住民その他の関係者の協力を得て教育活動を行う場合には，その求めに応じて，必要な助言を行うことができる。
3 社会教育主事補は，社会教育主事の職務を助ける。
（社会教育主事の資格）
第9条の四 次の各号のいずれかに該当する者は，社会教育主事となる資格を有する。
一 大学に2年以上在学して62単位以上を修得し，又は高等専門学校を卒業し，かつ，次に掲げる期間を通算した期間が3年以上になる者で，次条の規定による社会教育主事の講習を修了したもの
　イ 社会教育主事補の職にあつた期間
　ロ 官公署，学校，社会教育施設又は社会教育関係団体における職で司書，学芸員その他の社会教育主事補の職と同等以上の職として文部科学大臣の指定するものにあつた期間
　ハ 官公署，学校，社会教育施設又は社会教育関係団体が実施する社会教育に関係のある事業における業務であつて，社会教育主事として必要な知識又は技能の習得に資するものとして文部科学大臣が指定するものに従事した期間（イ又はロに掲げる期間に該当する期間を除く。）
二 教育職員の普通免許状を有し，かつ，5年以上文部科学大臣の指定する教育に関する職にあつた者で，次条の規定による社会教育主事の講習を修了したもの
三 大学に2年以上在学して，62単位以上を修得し，かつ，大学において文部科学省令で定める社会教育に関する科目の単位を修得した者で，第一号イからハまでに掲げる期間を通算した期間が1年以上になるもの
四 次条の規定による社会教育主事の講習を修了した者（第一号及び第二号に掲げる者を除く。）で，社会教育に関する専門的事項について前3号に掲げる者に相当する教養と経験があると都道府県の教育委員会が認定したもの
（社会教育主事の講習）
第9条の五 社会教育主事の講習は，文部科学大臣の委嘱を受けた大学その他の教育機関が行う。
2 受講資格その他社会教育主事の講習に関し必要な事項は，文部科学省令で定める。
（社会教育主事及び社会教育主事補の研修）
第9条の六 社会教育主事及び社会教育主事補の研修は，任命権者が行うもののほか，文部科学大臣及び都道府県が行う。

第3章 社会教育関係団体

（社会教育関係団体の定義）
第10条 この法律で「社会教育関係団体」とは，法人であると否とを問わず，公の支配に属しない団体で社会教育に関する事業を行うことを主たる目的とするものをいう。
（文部科学大臣及び教育委員会との関係）
第11条 文部科学大臣及び教育委員会は，社会教育関係団体の求めに応じ，これに対し，専門的技術的指導又は助言を与えることができる。
2 文部科学大臣及び教育委員会は，社会教育関係団体の求めに応じ，これに対し，社会教育に関する事業に必要な物資の確保につき援助を行う。
（国及び地方公共団体との関係）
第12条 国及び地方公共団体は，社会教育関係団体に対し，いかなる方法によつても，不当に統制的支配を及ぼし，又はその事業に干渉を加えてはならない。
（審議会等への諮問）
第13条 国又は地方公共団体が社会教育関係団体に対し補助金を交付しようとする場合には，あらかじめ，国にあつては文部科学大臣

が審議会等（国家行政組織法（昭和23年法律第120号）第8条に規定する機関をいう。第51条第3項において同じ。）で政令で定めるものの，地方公共団体にあつては教育委員会が社会教育委員の会議（社会教育委員が置かれていない場合には，条例で定めるところにより社会教育に係る補助金の交付に関する事項を調査審議する審議会その他の合議制の機関）の意見を聴いて行わなければならない。

（報告）

第14条　文部科学大臣及び教育委員会は，社会教育関係団体に対し，指導資料の作製及び調査研究のために必要な報告を求めることができる。

第4章　社会教育委員

（社会教育委員の構成）

第15条　都道府県及び市町村に社会教育委員を置くことができる。

2　社会教育委員は，教育委員会が委嘱する。

第16条　削除

（社会教育委員の職務）

第17条　社会教育委員は，社会教育に関し教育長を経て教育委員会に助言するため，左の職務を行う。

一　社会教育に関する諸計画を立案すること。
二　定時又は臨時に会議を開き，教育委員会の諮問に応じ，これに対して，意見を述べること。
三　前2号の職務を行うために必要な研究調査を行うこと。

2　社会教育委員は，教育委員会の会議に出席して社会教育に関し意見を述べることができる。

3　市町村の社会教育委員は，当該市町村の教育委員会から委嘱を受けた青少年教育に関する特定の事項について，社会教育関係団体，社会教育指導者その他関係者に対し，助言と指導を与えることができる。

（社会教育委員の委嘱の基準等）

第18条　社会教育委員の委嘱の基準，定数及び任期その他社会教育委員に関し必要な事項は，当該地方公共団体の条例で定める。この場合において，社会教育委員の委嘱の基準については，文部科学省令で定める基準を参酌するものとする。

第19条　削除

第5章　公民館

（目的）

第20条　公民館は，市町村その他一定区域内の住民のために，実際生活に即する教育，学術及び文化に関する各種の事業を行い，もつて住民の教養の向上，健康の増進，情操の純化を図り，生活文化の振興，社会福祉の増進に寄与することを目的とする。

（公民館の設置者）

第21条　公民館は，市町村が設置する。

2　前項の場合を除くほか，公民館は，公民館の設置を目的とする一般社団法人又は一般財団法人（以下この章において「法人」という。）でなければ設置することができない。

3　公民館の事業の運営上必要があるときは，公民館に分館を設けることができる。

（公民館の事業）

第22条　公民館は，第20条の目的達成のために，おおむね，左の事業を行う。但し，この法律及び他の法令によつて禁じられたものは，この限りでない。

一　定期講座を開設すること。
二　討論会，講習会，講演会，実習会，展示会等を開催すること。
三　図書，記録，模型，資料等を備え，その利用を図ること。
四　体育，レクリエーション等に関する集会を開催すること。
五　各種の団体，機関等の連絡を図ること。
六　その施設を住民の集会その他の公共的利用に供すること。

（公民館の運営方針）

第23条　公民館は，次の行為を行つてはならない。

一　もつぱら営利を目的として事業を行い，特定の営利事務に公民館の名称を利用させその他営利事業を援助すること。
二　特定の政党の利害に関する事業を行い，又は公私の選挙に関し，特定の候補者を支持すること。

2　市町村の設置する公民館は，特定の宗教を支持し，又は特定の教派，宗派若しくは教団を支援してはならない。

（公民館の基準）

第23条の二　文部科学大臣は，公民館の健全な発達を図るために，公民館の設置及び運営上必要な基準を定めるものとする。

2　文部科学大臣及び都道府県の教育委員会は，市町村の設置する公民館が前項の基準に従つて設置され及び運営されるように，当該市町村に対し，指導，助言その他の援助に努めるものとする。
（公民館の設置）
第24条　市町村が公民館を設置しようとするときは，条例で，公民館の設置及び管理に関する事項を定めなければならない。
第25条及び第26条　削除
（公民館の職員）
第27条　公民館に館長を置き，主事その他必要な職員を置くことができる。
2　館長は，公民館の行う各種の事業の企画実施その他必要な事務を行い，所属職員を監督する。
3　主事は，館長の命を受け，公民館の事業の実施にあたる。
第28条　市町村の設置する公民館の館長，主事その他必要な職員は，教育長の推薦により，当該市町村の教育委員会が任命する。
（公民館の職員の研修）
第28条の二　第9条の六の規定は，公民館の職員の研修について準用する。
（公民館運営審議会）
第29条　公民館に公民館運営審議会を置くことができる。
2　公民館運営審議会は，館長の諮問に応じ，公民館における各種の事業の企画実施につき調査審議するものとする。
第30条　市町村の設置する公民館にあつては，公民館運営審議会の委員は，当該市町村の教育委員会が委嘱する。
2　前項の公民館運営審議会の委員の委嘱の基準，定数及び任期その他当該公民館運営審議会に関し必要な事項は，当該市町村の条例で定める。この場合において，委員の委嘱の基準については，文部科学省令で定める基準を参酌するものとする。
第31条　法人の設置する公民館に公民館運営審議会を置く場合にあつては，その委員は，当該法人の役員をもつて充てるものとする。
（運営の状況に関する評価等）
第32条　公民館は，当該公民館の運営の状況について評価を行うとともに，その結果に基づき公民館の運営の改善を図るため必要な措置を講ずるよう努めなければならない。
（運営の状況に関する情報の提供）

第32条の二　公民館は，当該公民館の事業に関する地域住民その他の関係者の理解を深めるとともに，これらの者との連携及び協力の推進に資するため，当該公民館の運営の状況に関する情報を積極的に提供するよう努めなければならない。
（基金）
第33条　公民館を設置する市町村にあつては，公民館の維持運営のために，地方自治法（昭和22年法律第67号）第241条の基金を設けることができる。
（特別会計）
第34条　公民館を設置する市町村にあつては，公民館の維持運営のために，特別会計を設けることができる。
（公民館の補助）
第35条　国は，公民館を設置する市町村に対し，予算の範囲内において，公民館の施設，設備に要する経費その他必要な経費の一部を補助することができる。
2　前項の補助金の交付に関し必要な事項は，政令で定める。
第36条　削除
第37条　都道府県が地方自治法第232条の二の規定により，公民館の運営に要する経費を補助する場合において，文部科学大臣は，政令の定めるところにより，その補助金の額，補助の比率，補助の方法その他必要な事項につき報告を求めることができる。
第38条　国庫の補助を受けた市町村は，左に掲げる場合においては，その受けた補助金を国庫に返還しなければならない。
一　公民館がこの法律若しくはこの法律に基く命令又はこれらに基いてした処分に違反したとき。
二　公民館がその事業の全部若しくは一部を廃止し，又は第20条に掲げる目的以外の用途に利用されるようになつたとき。
三　補助金交付の条件に違反したとき。
四　虚偽の方法で補助金の交付を受けたとき。
（法人の設置する公民館の指導）
第39条　文部科学大臣及び都道府県の教育委員会は，法人の設置する公民館の運営その他に関し，その求めに応じて，必要な指導及び助言を与えることができる。
（公民館の事業又は行為の停止）
第40条　公民館が第23条の規定に違反する行為を行つたときは，市町村の設置する公民館

にあつては市町村の教育委員会，法人の設置する公民館にあつては都道府県の教育委員会は，その事業又は行為の停止を命ずることができる。
2　前項の規定による法人の設置する公民館の事業又は行為の停止命令に関し必要な事項は，都道府県の条例で定めることができる。
(罰則)
第41条　前条第1項の規定による公民館の事業又は行為の停止命令に違反する行為をした者は，1年以下の懲役若しくは禁錮又は3万円以下の罰金に処する。
(公民館類似施設)
第42条　公民館に類似する施設は，何人もこれを設置することができる。
2　前項の施設の運営その他に関しては，第39条の規定を準用する。

第6章　学校施設の利用

(適用範囲)
第43条　社会教育のためにする国立学校(学校教育法第2条第2項に規定する国立学校をいう。以下同じ。)又は公立学校(同項に規定する公立学校をいう。以下同じ。)の施設の利用に関しては，この章の定めるところによる。
(学校施設の利用)
第44条　学校(国立学校又は公立学校をいう。以下この章において同じ。)の管理機関は，学校教育上支障がないと認める限り，その管理する学校の施設を社会教育のために利用に供するように努めなければならない。
2　前項において「学校の管理機関」とは，国立学校にあつては設置者である国立大学法人(国立大学法人法(平成15年法律第112号)第2条第1項に規定する国立大学法人をいう。)の学長又は独立行政法人国立高等専門学校機構の理事長，公立学校のうち，大学にあつては設置者である地方公共団体の長又は公立大学法人(地方独立行政法人法(平成15年法律第118号)第68条第1項に規定する公立大学法人をいう。以下この項及び第48条第1項において同じ。)の理事長，高等専門学校にあつては設置者である地方公共団体に設置されている教育委員会又は公立大学法人の理事長，大学及び高等専門学校以外の学校にあつては設置者である地方公共団体に設置されている教育委員会をいう。

(学校施設利用の許可)
第45条　社会教育のために学校の施設を利用しようとする者は，当該学校の管理機関の許可を受けなければならない。
2　前項の規定により，学校の管理機関が学校施設の利用を許可しようとするときは，あらかじめ，学校の長の意見を聞かなければならない。
第46条　国又は地方公共団体が社会教育のために，学校の施設を利用しようとするときは，前条の規定にかかわらず，当該学校の管理機関と協議するものとする。
第47条　第45条の規定による学校施設の利用が一時的である場合には，学校の管理機関は，同条第1項の許可に関する権限を学校の長に委任することができる。
2　前項の権限の委任その他学校施設の利用に関し必要な事項は，学校の管理機関が定める。
(社会教育の講座)
第48条　文部科学大臣は国立学校に対し，地方公共団体の長は当該地方公共団体が設置する大学又は当該地方公共団体が設立する公立大学法人が設置する大学若しくは高等専門学校に対し，地方公共団体に設置されている教育委員会は当該地方公共団体が設置する大学以外の公立学校に対し，その教育組織及び学校の施設の状況に応じ，文化講座，専門講座，夏期講座，社会学級講座等学校施設の利用による社会教育のための講座の開設を求めることができる。
2　文化講座は，成人の一般的教養に関し，専門講座は，成人の専門的学術知識に関し，夏期講座は，夏期休暇中，成人の一般的教養又は専門的学術知識に関し，それぞれ大学，高等専門学校又は高等学校において開設する。
3　社会学級講座は，成人の一般的教養に関し，小学校又は中学校において開設する。
4　第1項の規定する講座を担当する講師の報酬その他必要な経費は，予算の範囲内において，国又は地方公共団体が負担する。

第7章　通信教育

(適用範囲)
第49条　学校教育法第54条，第70条第1項，第82条及び第84条の規定により行うものを除き，通信による教育に関しては，この章の定めるところによる。
(通信教育の定義)

第50条　この法律において「通信教育」とは，通信の方法により一定の教育計画の下に，教材，補助教材等を受講者に送付し，これに基き，設問解答，添削指導，質疑応答等を行う教育をいう。
2　通信教育を行う者は，その計画実現のために，必要な指導者を置かなければならない。
（通信教育の認定）
第51条　文部科学大臣は，学校又は一般社団法人若しくは一般財団法人の行う通信教育で社会教育上奨励すべきものについて，通信教育の認定（以下「認定」という。）を与えることができる。
2　認定を受けようとする者は，文部科学大臣の定めるところにより，文部科学大臣に申請しなければならない。
3　文部科学大臣が，第1項の規定により，認定を与えようとするときは，あらかじめ，第13条の政令で定める審議会等に諮問しなければならない。
（認定手数料）
第52条　文部科学大臣は，認定を申請する者から実費の範囲内において文部科学省令で定める額の手数料を徴収することができる。ただし，国立学校又は公立学校が行う通信教育に関しては，この限りでない。
第53条　削除
（郵便料金の特別取扱）
第54条　認定を受けた通信教育に要する郵便料金については，郵便法（昭和22年法律第165号）の定めるところにより，特別の取扱を受けるものとする。
（通信教育の廃止）
第55条　認定を受けた通信教育を廃止しようとするとき，又はその条件を変更しようとするときは，文部科学大臣の定めるところにより，その許可を受けなければならない。
2　前項の許可に関しては，第51条第3項の規定を準用する。
（報告及び措置）
第56条　文部科学大臣は，認定を受けた者に対し，必要な報告を求め，又は必要な措置を命ずることができる。
（認定の取消）
第57条　認定を受けた者がこの法律若しくはこの法律に基く命令又はこれらに基いてした処分に違反したときは，文部科学大臣は，認定を取り消すことができる。

2　前項の認定の取消に関しては，第51条第3項の規定を準用する。

附　則〔抄〕
1　この法律は，公布の日から施行する。

（中略）

附　則　（昭和34年4月30日法律第158号）〔抄〕
（施行期日）
1　この法律は，公布の日から施行する。
（社会教育主事等の経過規定）
2　この法律の施行の際，現に社会教育主事の置かれていない市町村にあつては社会教育主事を，現に社会教育主事補の置かれていない市にあつては社会教育主事補を，この法律による改正後の社会教育法第9条の二の規定にかかわらず，市にあつては昭和37年3月31日までの間，町村にあつては政令で定めるところにより，政令で定める間，それぞれ置かないことができる。

図書館法

（昭和25年4月30日法律第118号）
（最終改正：平成23年12月14日法律第122号）

第1章　総則
（この法律の目的）
第1条　この法律は，社会教育法（昭和24年法律第207号）の精神に基き，図書館の設置及び運営に関して必要な事項を定め，その健全な発達を図り，もつて国民の教育と文化の発展に寄与することを目的とする。
（定義）
第2条　この法律において「図書館」とは，図書，記録その他必要な資料を収集し，整理し，保存して，一般公衆の利用に供し，その教養，調査研究，レクリエーション等に資することを目的とする施設で，地方公共団体，日本赤十字社又は一般社団法人若しくは一般財団法人が設置するもの（学校に附属する図書館又は図書室を除く。）をいう。
2　前項の図書館のうち，地方公共団体の設置する図書館を公立図書館といい，日本赤十字社又は一般社団法人若しくは一般財団法人の設置する図書館を私立図書館という。

（図書館奉仕）
第3条　図書館は，図書館奉仕のため，土地の事情及び一般公衆の希望に沿い，更に学校教育を援助し，及び家庭教育の向上に資することとなるように留意し，おおむね次に掲げる事項の実施に努めなければならない。
　一　郷土資料，地方行政資料，美術品，レコード及びフィルムの収集にも十分留意して，図書，記録，視聴覚教育の資料その他必要な資料（電磁的記録（電子的方式，磁気的方式その他人の知覚によつては認識することができない方式で作られた記録をいう。）を含む。以下「図書館資料」という。）を収集し，一般公衆の利用に供すること。
　二　図書館資料の分類排列を適切にし，及びその目録を整備すること。
　三　図書館の職員が図書館資料について十分な知識を持ち，その利用のための相談に応ずるようにすること。
　四　他の図書館，国立国会図書館，地方公共団体の議会に附置する図書室及び学校に附属する図書館又は図書室と緊密に連絡し，協力し，図書館資料の相互貸借を行うこと。
　五　分館，閲覧所，配本所等を設置し，及び自動車文庫，貸出文庫の巡回を行うこと。
　六　読書会，研究会，鑑賞会，映写会，資料展示会等を主催し，及びこれらの開催を奨励すること。
　七　時事に関する情報及び参考資料を紹介し，及び提供すること。
　八　社会教育における学習の機会を利用して行つた学習の成果を活用して行う教育活動その他の活動の機会を提供し，及びその提供を奨励すること。
　九　学校，博物館，公民館，研究所等と緊密に連絡し，協力すること。
（司書及び司書補）
第4条　図書館に置かれる専門的職員を司書及び司書補と称する。
2　司書は，図書館の専門的事務に従事する。
3　司書補は，司書の職務を助ける。
（司書及び司書補の資格）
第5条　次の各号のいずれかに該当する者は，司書となる資格を有する。
　一　大学を卒業した者で大学において文部科学省令で定める図書館に関する科目を履修したもの
　二　大学又は高等専門学校を卒業した者で次条の規定による司書の講習を修了したもの
　三　次に掲げる職にあつた期間が通算して3年以上になる者で次条の規定による司書の講習を修了したもの
　　イ　司書補の職
　　ロ　国立国会図書館又は大学若しくは高等専門学校の附属図書館における職で司書補の職に相当するもの
　　ハ　ロに掲げるもののほか，官公署，学校又は社会教育施設における職で社会教育主事，学芸員その他の司書補の職と同等以上の職として文部科学大臣が指定するもの
2　次の各号のいずれかに該当する者は，司書補となる資格を有する。
　一　司書の資格を有する者
　二　学校教育法（昭和22年法律第26号）第90条第1項の規定により大学に入学することのできる者で次条の規定による司書補の講習を修了したもの
（司書及び司書補の講習）
第6条　司書及び司書補の講習は，大学が，文部科学大臣の委嘱を受けて行う。
2　司書及び司書補の講習に関し，履修すべき科目，単位その他必要な事項は，文部科学省令で定める。ただし，その履修すべき単位数は，15単位を下ることができない。
（司書及び司書補の研修）
第7条　文部科学大臣及び都道府県の教育委員会は，司書及び司書補に対し，その資質の向上のために必要な研修を行うよう努めるものとする。
（設置及び運営上望ましい基準）
第7条の二　文部科学大臣は，図書館の健全な発達を図るために，図書館の設置及び運営上望ましい基準を定め，これを公表するものとする。
（運営の状況に関する評価等）
第7条の三　図書館は，当該図書館の運営の状況について評価を行うとともに，その結果に基づき図書館の運営の改善を図るため必要な措置を講ずるよう努めなければならない。
（運営の状況に関する情報の提供）
第7条の四　図書館は，当該図書館の図書館奉仕に関する地域住民その他の関係者の理解を深めるとともに，これらの者との連携及び協力の推進に資するため，当該図書館の運営の

状況に関する情報を積極的に提供するよう努めなければならない。
(協力の依頼)
第8条　都道府県の教育委員会は，当該都道府県内の図書館奉仕を促進するために，市（特別区を含む。以下同じ。）町村の教育委員会に対し，総合目録の作製，貸出文庫の巡回，図書館資料の相互貸借等に関して協力を求めることができる。
(公の出版物の収集)
第9条　政府は，都道府県の設置する図書館に対し，官報その他一般公衆に対する広報の用に供せられる独立行政法人国立印刷局の刊行物を2部提供するものとする。
2　国及び地方公共団体の機関は，公立図書館の求めに応じ，これに対して，それぞれの発行する刊行物その他の資料を無償で提供することができる。

第2章　公立図書館

(設置)
第10条　公立図書館の設置に関する事項は，当該図書館を設置する地方公共団体の条例で定めなければならない。
第11条　削除
第12条　削除
(職員)
第13条　公立図書館に館長並びに当該図書館を設置する地方公共団体の教育委員会が必要と認める専門的職員，事務職員及び技術職員を置く。
2　館長は，館務を掌理し，所属職員を監督して，図書館奉仕の機能の達成に努めなければならない。
(図書館協議会)
第14条　公立図書館に図書館協議会を置くことができる。
2　図書館協議会は，図書館の運営に関し館長の諮問に応ずるとともに，図書館の行う図書館奉仕につき，館長に対して意見を述べる機関とする。
第15条　図書館協議会の委員は，当該図書館を設置する地方公共団体の教育委員会が任命する。
第16条　図書館協議会の設置，その委員の任命の基準，定数及び任期その他図書館協議会に関し必要な事項については，当該図書館を設置する地方公共団体の条例で定めなければ

ならない。この場合において，委員の任命の基準については，文部科学省令で定める基準を参酌するものとする。
(入館料等)
第17条　公立図書館は，入館料その他図書館資料の利用に対するいかなる対価をも徴収してはならない。
第18条　削除
第19条　削除
(図書館の補助)
第20条　国は，図書館を設置する地方公共団体に対し，予算の範囲内において，図書館の施設，設備に要する経費その他必要な経費の一部を補助することができる。
2　前項の補助金の交付に関し必要な事項は，政令で定める。
第21条　削除
第22条　削除
第23条　国は，第20条の規定による補助金の交付をした場合において，左の各号の一に該当するときは，当該年度におけるその後の補助金の交付をやめるとともに，既に交付した当該年度の補助金を返還させなければならない。
一　図書館がこの法律の規定に違反したとき。
二　地方公共団体が補助金の交付の条件に違反したとき。
三　地方公共団体が虚偽の方法で補助金の交付を受けたとき。

第3章　私立図書館

第24条　削除
(都道府県の教育委員会との関係)
第25条　都道府県の教育委員会は，私立図書館に対し，指導資料の作製及び調査研究のために必要な報告を求めることができる。
2　都道府県の教育委員会は，私立図書館に対し，その求めに応じて，私立図書館の設置及び運営に関して，専門的，技術的の指導又は助言を与えることができる。
(国及び地方公共団体との関係)
第26条　国及び地方公共団体は，私立図書館の事業に干渉を加え，又は図書館を設置する法人に対し，補助金を交付してはならない。
第27条　国及び地方公共団体は，私立図書館に対し，その求めに応じて，必要な物資の確保につき，援助を与えることができる。
(入館料等)

第28条　私立図書館は，入館料その他図書館資料の利用に対する対価を徴収することができる。
（図書館同種施設）
第29条　図書館と同種の施設は，何人もこれを設置することができる。
2　第25条第2項の規定は，前項の施設について準用する。

　　　　附　則〔抄〕
1　この法律は，公布の日から起算して3月を経過した日から施行する。但し，第17条の規定は，昭和26年4月1日から施行する。
2　図書館令（昭和8年勅令第175号），公立図書館職員令（昭和8年勅令第176号）及び公立図書館司書検定試験規程（昭和11年文部省令第18号）は，廃止する。

博物館法

（昭和26年12月1日法律第285号）
（最終改正：平成23年12月14日法律第122号）

第1章　総則

（この法律の目的）
第1条　この法律は，社会教育法（昭和24年法律第207号）の精神に基き，博物館の設置及び運営に関して必要な事項を定め，その健全な発達を図り，もつて国民の教育，学術及び文化の発展に寄与することを目的とする。
（定義）
第2条　この法律において「博物館」とは，歴史，芸術，民俗，産業，自然科学等に関する資料を収集し，保管（育成を含む。以下同じ。）し，展示して教育的配慮の下に一般公衆の利用に供し，その教養，調査研究，レクリエーション等に資するために必要な事業を行い，あわせてこれらの資料に関する調査研究をすることを目的とする機関（社会教育法による公民館及び図書館法（昭和25年法律第118号）による図書館を除く。）のうち，地方公共団体，一般社団法人若しくは一般財団法人，宗教法人又は政令で定めるその他の法人（独立行政法人（独立行政法人通則法（平成11年法律第103号）第2条第1項に規定する独立行政法人をいう。第29条において同じ。）を除く。）が設置するもので次章の規定による登録を受けたものをいう。

2　この法律において，「公立博物館」とは，地方公共団体の設置する博物館をいい，「私立博物館」とは，一般社団法人若しくは一般財団法人，宗教法人又は前項の政令で定める法人の設置する博物館をいう。
3　この法律において「博物館資料」とは，博物館が収集し，保管し，又は展示する資料（電磁的記録（電子的方式，磁気的方式その他人の知覚によつては認識することができない方式で作られた記録をいう。）を含む。）をいう。
（博物館の事業）
第3条　博物館は，前条第1項に規定する目的を達成するため，おおむね次に掲げる事業を行う。
一　実物，標本，模写，模型，文献，図表，写真，フィルム，レコード等の博物館資料を豊富に収集し，保管し，及び展示すること。
二　分館を設置し，又は博物館資料を当該博物館外で展示すること。
三　一般公衆に対して，博物館資料の利用に関し必要な説明，助言，指導等を行い，又は研究室，実験室，工作室，図書室等を設置してこれを利用させること。
四　博物館資料に関する専門的，技術的な調査研究を行うこと。
五　博物館資料の保管及び展示等に関する技術的研究を行うこと。
六　博物館資料に関する案内書，解説書，目録，図録，年報，調査研究の報告書等を作成し，及び頒布すること。
七　博物館資料に関する講演会，講習会，映写会，研究会等を主催し，及びその開催を援助すること。
八　当該博物館の所在地又はその周辺にある文化財保護法（昭和25年法律第214号）の適用を受ける文化財について，解説書又は目録を作成する等一般公衆の当該文化財の利用の便を図ること。
九　社会教育における学習の機会を利用して行つた学習の成果を活用して行う教育活動その他の活動の機会を提供し，及びその提供を奨励すること。
十　他の博物館，博物館と同一の目的を有する国の施設等と緊密に連絡し，協力し，刊行及び情報の交換，博物館資料の相互貸借等を行うこと。

十一　学校，図書館，研究所，公民館等の教育，学術又は文化に関する諸施設と協力し，その活動を援助すること。
2　博物館は，その事業を行うに当つては，土地の事情を考慮し，国民の実生活の向上に資し，更に学校教育を援助し得るようにも留意しなければならない。
（館長，学芸員その他の職員）
第4条　博物館に，館長を置く。
2　館長は，館務を掌理し，所属職員を監督して，博物館の任務の達成に努める。
3　博物館に，専門的職員として学芸員を置く。
4　学芸員は，博物館資料の収集，保管，展示及び調査研究その他これと関連する事業についての専門的事項をつかさどる。
5　博物館に，館長及び学芸員のほか，学芸員補その他の職員を置くことができる。
6　学芸員補は，学芸員の職務を助ける。
（学芸員の資格）
第5条　次の各号のいずれかに該当する者は，学芸員となる資格を有する。
　一　学士の学位を有する者で，大学において文部科学省令で定める博物館に関する科目の単位を修得したもの
　二　大学に2年以上在学し，前号の博物館に関する科目の単位を含めて62単位以上を修得した者で，3年以上学芸員補の職にあつたもの
　三　文部科学大臣が，文部科学省令で定めるところにより，前2号に掲げる者と同等以上の学力及び経験を有する者と認めた者
2　前項第二号の学芸員補の職には，官公署，学校又は社会教育施設（博物館の事業に類する事業を行う施設を含む。）における職で，社会教育主事，司書その他の学芸員補の職と同等以上の職として文部科学大臣が指定するものを含むものとする。
（学芸員補の資格）
第6条　学校教育法（昭和22年法律第216号）第90条第1項の規定により大学に入学することのできる者は，学芸員補となる資格を有する。
（学芸員及び学芸員補の研修）
第7条　文部科学大臣及び都道府県の教育委員会は，学芸員及び学芸員補に対し，その資質の向上のために必要な研修を行うよう努めるものとする。
（設置及び運営上望ましい基準）
第8条　文部科学大臣は，博物館の健全な発達を図るために，博物館の設置及び運営上望ましい基準を定め，これを公表するものとする。
（運営の状況に関する評価等）
第9条　博物館は，当該博物館の運営の状況について評価を行うとともに，その結果に基づき博物館の運営の改善を図るため必要な措置を講ずるよう努めなければならない。
（運営の状況に関する情報の提供）
第9条の二　博物館は，当該博物館の事業に関する地域住民その他の関係者の理解を深めるとともに，これらの者との連携及び協力の推進に資するため，当該博物館の運営の状況に関する情報を積極的に提供するよう努めなければならない。

　　　　　第2章　登録

（登録）
第10条　博物館を設置しようとする者は，当該博物館について，当該博物館の所在する都道府県の教育委員会に備える博物館登録原簿に登録を受けるものとする。
（登録の申請）
第11条　前条の規定による登録を受けようとする者は，設置しようとする博物館について，左に掲げる事項を記載した登録申請書を都道府県の教育委員会に提出しなければならない。
　一　設置者の名称及び私立博物館にあつては設置者の住所
　二　名称
　三　所在地
2　前項の登録申請書には，次に掲げる書類を添付しなければならない。
　一　公立博物館にあつては，設置条例の写し，館則の写し，直接博物館の用に供する建物及び土地の面積を記載した書面及びその図面，当該年度における事業計画書及び予算の歳出の見積りに関する書類，博物館資料の目録並びに館長及び学芸員の氏名を記載した書面
　二　私立博物館にあつては，当該法人の定款の写し又は当該宗教法人の規則の写し，館則の写し，直接博物館の用に供する建物及び土地の面積を記載した書面及びその図面，当該年度における事業計画書及び収支の見積りに関する書類，博物館資料の目録並びに館長及び学芸員の氏名を記載した書

面

(登録要件の審査)
第12条　都道府県の教育委員会は，前条の規定による登録の申請があつた場合においては，当該申請に係る博物館が左に掲げる要件を備えているかどうかを審査し，備えていると認めたときは，同条第1項各号に掲げる事項及び登録の年月日を博物館登録原簿に登録するとともにその旨を当該登録申請者に通知し，備えていないと認めたときは，登録しない旨をその理由を附記した書面で当該登録申請者に通知しなければならない。
　一　第2条第1項に規定する目的を達成するために必要な博物館資料があること。
　二　第2条第1項に規定する目的を達成するために必要な学芸員その他の職員を有すること。
　三　第2条第1項に規定する目的を達成するために必要な建物及び土地があること。
　四　1年を通じて150日以上開館すること。

(登録事項等の変更)
第13条　博物館の設置者は，第11条第1項各号に掲げる事項について変更があつたとき，又は同条第2項に規定する添付書類の記載事項について重要な変更があつたときは，その旨を都道府県の教育委員会に届け出なければならない。
2　都道府県の教育委員会は，第11条第1項各号に掲げる事項に変更があつたことを知つたときは，当該博物館に係る登録事項の変更登録をしなければならない。

(登録の取消)
第14条　都道府県の教育委員会は，博物館が第12条各号に掲げる要件を欠くに至つたものと認めたとき，又は虚偽の申請に基いて登録した事実を発見したときは，当該博物館に係る登録を取り消さなければならない。但し，博物館が天災その他やむを得ない事由により要件を欠くに至つた場合においては，その要件を欠くに至つた日から2年間はこの限りでない。
2　都道府県の教育委員会は，前項の規定により登録の取消しをしたときは，当該博物館の設置者に対し，速やかにその旨を通知しなければならない。

(博物館の廃止)
第15条　博物館の設置者は，博物館を廃止したときは，すみやかにその旨を都道府県の教育委員会に届け出なければならない。
2　都道府県の教育委員会は，博物館の設置者が当該博物館を廃止したときは，当該博物館に係る登録をまつ消しなければならない。

(規則への委任)
第16条　この章に定めるものを除くほか，博物館の登録に関し必要な事項は，都道府県の教育委員会の規則で定める。
第17条　削除

第3章　公立博物館

(設置)
第18条　公立博物館の設置に関する事項は，当該博物館を設置する地方公共団体の条例で定めなければならない。

(所管)
第19条　公立博物館は，当該博物館を設置する地方公共団体の教育委員会の所管に属する。

(博物館協議会)
第20条　公立博物館に，博物館協議会を置くことができる。
2　博物館協議会は，博物館の運営に関し館長の諮問に応ずるとともに，館長に対して意見を述べる機関とする。
第21条　博物館協議会の委員は，当該博物館を設置する地方公共団体の教育委員会が任命する。
第22条　博物館協議会の設置，その委員の任命の基準，定数及び任期その他博物館協議会に関し必要な事項は，当該博物館を設置する地方公共団体の条例で定めなければならない。この場合において，委員の任命の基準については，文部科学省令で定める基準を参酌するものとする。

(入館料等)
第23条　公立博物館は，入館料その他博物館資料の利用に対する対価を徴収してはならない。但し，博物館の維持運営のためにやむを得ない事情のある場合は，必要な対価を徴収することができる。

(博物館の補助)
第24条　国は，博物館を設置する地方公共団体に対し，予算の範囲内において，博物館の施設，設備に要する経費その他必要な経費の一部を補助することができる。
2　前項の補助金の交付に関し必要な事項は，政令で定める。
第25条　削除

(補助金の交付中止及び補助金の返還)
第26条 国は，博物館を設置する地方公共団体に対し第24条の規定による補助金の交付をした場合において，左の各号の一に該当するときは，当該年度におけるその後の補助金の交付をやめるとともに，第一号の場合の取消が虚偽の申請に基いて登録した事実の発見に因るものである場合には，既に交付した補助金を，第三号及び第四号に該当する場合には，既に交付した当該年度の補助金を返還させなければならない。
一　当該博物館について，第14条の規定による登録の取消があつたとき。
二　地方公共団体が当該博物館を廃止したとき。
三　地方公共団体が補助金の交付の条件に違反したとき。
四　地方公共団体が虚偽の方法で補助金の交付を受けたとき。

第4章　私立博物館

(都道府県の教育委員会との関係)
第27条 都道府県の教育委員会は，博物館に関する指導資料の作成及び調査研究のために，私立博物館に対し必要な報告を求めることができる。
2　都道府県の教育委員会は，私立博物館に対し，その求めに応じて，私立博物館の設置及び運営に関して，専門的，技術的指導又は助言を与えることができる。

(国及び地方公共団体との関係)
第28条 国及び地方公共団体は，私立博物館に対し，その求めに応じて，必要な物資の確保につき援助を与えることができる。

第5章　雑則

(博物館に相当する施設)
第29条 博物館の事業に類する事業を行う施設で，国又は独立行政法人が設置する施設にあつては文部科学大臣が，その他の施設にあつては当該施設の所在する都道府県の教育委員会が，文部科学省令で定めるところにより，博物館に相当する施設として指定したものについては，第27条第2項の規定を準用する。

　　　　附　則〔抄〕

(施行期日)
1　この法律は，公布の日から起算して3箇月を経過した日から施行する。

生涯学習・社会教育関係年表（第2次世界大戦以降）

西暦（元号）	一　般	日　本	外　国
1945（昭20）	日本敗戦，第2次世界大戦終結 国際連合発足	文部省『新日本建設の教育方針』 GHQ，教育の民主化に対する指令。 文部省社会教育局復活	
1946（昭21）	日本国憲法公布 並木路子「リンゴの唄」	米国教育使節団報告書。教育刷新委員会設置。 文部省，公民館の設置運営に関する通牒。 寺中作雄『公民館の建設』	
1947（昭22）		教育基本法・学校教育法公布	
1948（昭23）	大韓民国・朝鮮民主主義人民共和国成立 国連世界人権宣言	教育委員会法公布 IFEL（「教育長等講習」，後に「教育指導者講習」）第1期開催	
1949（昭24）	中華人民共和国成立 湯川秀樹が日本人初のノーベル賞（物理学賞）受賞 藤山一郎「青い山脈」	社会教育法公布。農業改良普及事業はじまる	
1950（昭25）	朝鮮戦争	図書館法・文化財保護法公布。第2次米国教育使節団報告書 雑誌『教育と社会』が『社会教育』に改題	
1951（昭26）	サンフランシスコ講和条約・日米安全保障条約締結。日本のユネスコ加盟承認。	博物館法公布。「児童憲章」制定 日本青年団協議会（日青協）結成 社会教育主事講習等規程公布	〔米〕合衆国成人教育協会設立
1952（昭27）		地方教育委員会発足。日本PTA結成 全国地域婦人団体連絡協議会（全地婦連）結成	
1953（昭28）	NHKテレビ放送開始。 町村合併促進される	中央教育審議会発足。青年学級振興法公布	
1954（昭29）	自衛隊発足 この頃，プロレスで力道山ブーム	教育二法（教育の政治的中立確保・教員の政治活動規制）成立。日本社会教育学会創立。高校進学率50％に達する 日本青年団協議会『共同学習の手引』	
1955（昭30）	自由民主党結成・日本社会党統一により，「55年体制」成立	日本青年団協議会第1回全国青年大会 第1回日本母親大会	
1956（昭31）	日本の国連加盟可決	「地方教育行政の組織及び運営に関する法律」公布。愛媛県教育委員会，教員の勤務評定の実施決定	
1957（昭32）	〔ソ〕人工衛星スプートニク1号打上げ成功	『月刊社会教育』創刊	
1958（昭33）	日本電波塔（東京タワー）完工	小中学校学習指導要領を官報告示，学校教育法施行規則改定し道徳教育義務化。	〔米〕国家防衛教育法制定

246

西暦（元号）	一般	日本	外国
1959（昭34）	日米安保条約改定阻止運動つづく 長嶋茂雄，日本プロ野球史上初の天覧試合でサヨナラホームラン 『週刊少年マガジン』創刊 『週刊少年サンデー』創刊	職業訓練法公布 社会教育関係団体への補助金交付など，社会教育法改正 国立中央青年の家（国立青年の家第1号）開所 「公民館の設置及び運営に関する基準」公布	
1960（昭35）	日米新安保条約発効 政府「国民所得倍増計画」決定（高度経済成長政策）		
1961（昭36）	大相撲，大鵬が横綱に昇進	農業基本法公布。文部省，全国一斉学力テスト。スポーツ振興法公布	
1963（昭38）	原研，原子力発電に成功	経済審議会「経済発展における人的能力開発の課題と対策」答申 大阪府枚方市教育委員会「社会教育をすべての市民に」（枚方テーゼ）	
1964（昭39）	日本，OECDに加盟 東海道新幹線開通。東京オリンピック 『平凡パンチ』創刊	家庭教育学級開設国庫補助開始	
1965（昭40）	名神高速道路全通	家永三郎，教科書検定を違憲と提訴 国立社会教育研修所設置 「オリンピック記念青少年総合センター」が，文部省所管の特殊法人として発足	ユネスコ「生涯教育」を提唱
1966（昭41）	「建国記念の日」を決定	中教審「期待される人間像」答申	〔中〕「文化大革命についての決定」採択
1967（昭42）	公害対策基本法公布 欧州共同体（EC）発足		
1968（昭43）	日本及び世界各地で学園紛争・学制叛乱 『週刊少年ジャンプ』創刊	文化庁設置	ハッチンス『学習社会』
1969（昭44）	〔米〕アポロ11号，月着陸に成功。日本，GNP資本主義国で第2位 「東名高速道路」全線開通	国民生活審議会コミュニティ問題小委員会「コミュニティ」報告	
1970（昭45）	日本万国博覧会（大阪）		フレイレ『被抑圧者の教育学』
1971（昭46）	環境庁設置	中教審「今後における学校教育の総合的な拡充整備のための基本的施策について」答申 社教審「急激な社会構造の変化に対処する社会教育のあり方について」答申	〔英〕オープン・ユニバーシティ開校 イリイチ『脱学校の社会』
1972（昭47）	沖縄，日本復帰 札幌冬季オリンピック	高等教育への進学率30％に達する。学制百年記念式典挙行	ユネスコ，フォール委員会報告『未来の学習』

西暦（元号）	一般	日本	外国
1973（昭48）	あさま山荘事件 日本と中華人民共和国，国交正常化宣言 石油ショック 円が変動相場制に移行 あべ静江「みずいろの手紙」 ハイセイコー，中央競馬に移籍し活躍	東北大学に大学教育開放センター設置	〔英〕ラッセル・レポート OECD『リカレント教育―生涯学習のための戦略―』
1974（昭49）	長嶋茂雄，現役を引退し読売巨人軍の監督に就任	高校進学率90％を超える。朝日カルチャーセンター（東京）開講。社教審「在学青少年に対する社会教育の在り方について」答申 派遣社会教育主事給与国庫補助開始	ILO「有給教育休暇に関する条約」
1975（昭50）	ベトナム戦争終結。中国「四つの近代化」提唱，四人組摘発	専修学校設置など，学校教育法改正	国連国際婦人年開始
1976（昭51）	ロッキード事件で田中元首相逮捕 子門真人「およげ！たいやきくん」	室戸少年自然の家（国立少年自然の家第1号）事業開始	
1977（昭52）	王貞治，日米本塁打記録（756本）を達成し，同年に創設された内閣総理大臣顕彰「国民栄誉賞」の受賞者第1号に	国立婦人教育会館開館	
1978（昭53）	新東京国際空港（成田空港）開港		
1979（昭54）		国立大学共通1次入学試験実施 立教大学，社会人入学制度実施	
1980（昭55）	アメリカ，日本などモスクワオリンピック不参加	日本生涯教育学会創立	
1981（昭56）	〔米〕初のスペースシャトル（コロンビア号）打ち上げ	中教審「生涯教育について」答申。放送大学学園法成立（1985年より学生受け入れ）。東京都中野区で教育委員の「準公選」	
1983（昭58）	東京ディズニーランド開園		
1984（昭59）		臨時教育審議会設置	
1985（昭60）	御巣鷹山にて，日本航空123便墜落。国際科学技術博覧会（「つくば博」当時の茨城県筑波郡にて）	職業能力開発促進法公布 臨教審1次答申 男女雇用機会均等法公布	ユネスコ第4回国際成人教育会議において，「学習権宣言」採択
1986（昭61）	チェルノブイリ原発事故	碓井正久・倉内史郎編『新社会教育』	
1987（昭62）	日本国有鉄道（国鉄），	臨教審4次（最終）答申	

西暦（元号）	一般	日本	外国
1988（昭63）	JRに移行 リクルート事件 青函トンネル開通 瀬戸大橋開通	文部省，社会教育局廃止，生涯学習局新設 特別非常勤講師制度など，教育職員免許法改正	
1989（平元）	消費税導入 マルタ会談において，「冷戦」終結宣言 天安門事件	幕張メッセにて文部省第1回「生涯学習フェスティバル」開催	国連総会「子どもの権利条約」採択
1990（平2）	東西ドイツ統一	中教審「生涯学習の基盤整備について」答申 生涯学習振興法公布 大学入試センター試験開始	
1991（平3）	湾岸戦争 ソビエト連邦解体	文部省「生涯学習ボランティア活動総合推進事業」開始	
1992（平4）	国連平和維持活動協力法（PKO法）公布 毛利衛が日本人初の宇宙飛行士としてスペースシャトルに搭乗	生涯学習審議会「今後の社会の動向に対応した生涯学習の振興方策について」答申 学校週5日制月1回開始	
1993（平5）	自民党単独内閣から連立内閣へ 欧州連合（EU）発足 サッカープロリーグ（Jリーグ）開幕		
1994（平6）	関西国際空港開港		
1995（平7）	阪神・淡路大震災 地下鉄サリン事件	学校週5日制月2回に移行 文部省調査研究協力者会議「国立青年の家・少年自然の家の改善について」報告において，「学社融合」に関する提言 高齢社会対策基本法公布	人権教育のための国連10年開始
1996（平8）		生涯審「地域における生涯学習機会の充実方策について」答申	ユネスコ21世紀教育国際委員会報告『学習―秘められた宝』（ドロール報告書）
1997（平9）		公立社会教育施設整備国庫補助廃止	ユネスコ第5回国際成人教育会議において，「成人の学習に関するハンブルク宣言」採択
1998（平10）	長野冬季オリンピック	特定非営利活動促進法（NPO法）公布 生涯審「社会の変化に対応した今後の社会教育行政の在り方について」答申 派遣社会教育主事給与国庫補助廃止 中等教育学校設置など，学校教育法改正	
1999（平11）		「地方分権の推進を図るための関係法律の整備等に関する法律」公布に伴い，公	

西暦（元号）	一　般	日　本	外　国
2000（平12）		運審必置規定の廃止など社会教育法改正，青年学級振興法廃止など 男女共同参画社会基本法公布 家庭教育手帳などの配布開始 生涯審「学習の成果を幅広く生かす」答申 生涯審「生活体験・自然体験が日本の子どもの心をはぐくむ」答申 学校評議員設置など，学校教育法改正 「教育改革国民会議」開催 「人権教育及び人権啓発の推進に関する法律」公布	
2001（平13）	〔米〕同時多発テロ（9.11）	文部省と科学技術庁が統合し「文部科学省」発足，文科省に「生涯学習政策局」「スポーツ・青少年局」設置 国立科学博物館，国立青年の家，国立少年自然の家，国立オリンピック記念青少年総合センター，国立女性教育会館などが独立行政法人に移行 家庭教育の向上・体験活動の実施奨励など，社会教育法改正 体験活動の充実など，学校教育法改正 文化芸術振興基本法公布 「子どもの読書活動の推進に関する法律」公布	OECD，第1回国際学習到達度調査（PISA）結果発表
2002（平14）	日韓共催サッカーワールドカップ	完全学校週5日制 「総合的な学習の時間」など，小・中学校で新学習指導要領実施 専門職大学院設置など，学校教育法改正 中教審「青少年の奉仕活動・体験活動の推進方策等について」答申	
2003（平15）	イラク戦争	中教審「新しい時代にふさわしい教育基本法と教育振興基本計画の在り方について」答申 「シリーズ生涯学習社会における社会教育」（全7巻）刊行 指定管理者制度など，地方自治法改正	国連識字の10年開始
2004（平16）		学校運営協議会設置など，地教行法改正 少子化社会対策基本法，次世代育成支援対策推進法公布 国立大学の設置者が国から「国立大学法人」に移行	OECD，第2回国際学習到達度調査結果発表
2005（平17）	「2005年日本国際博覧会」（愛知万博）	大検が「高等学校卒業程度認定試験」に移行	「国連持続可能な開発のための教育の10年」開始
2006（平18）	第1回ワールドベースボ	国立青年の家，国立少年自然の家，国立	

西暦（元号）	一般	日本	外国
	ールクラシックで日本代表が優勝	オリンピック記念青少年総合センターの三法人が統合し「独立行政法人国立青少年教育振興機構」発足，国立青年の家は「国立青少年交流の家」に，国立少年自然の家は「国立青少年自然の家」にそれぞれ名称変更。 生涯学習の理念，家庭・学校・地域住民の連携協力，教育振興基本計画策定など，教育基本法改正	
2007（平19）	郵政民営化により日本郵政株式会社が発足	特別支援学校設置など，学校教育法改正 スポーツ・文化の首長部局移管可など，地教行法改正 免許更新制度など，教育職員免許法改正 文部科学省「全国学力・学習状況調査」開始（小6・中3）	OECD，第3回国際学習到達度調査結果発表
2008（平20）	〔米〕オバマ大統領誕生	中教審「新しい時代を切り拓く生涯学習の振興方策について」答申 生涯学習の振興，社会教育主事の学校への助言，社会教育関係団体への補助金交付の諮問の例外など，社会教育法改正。 施設の運営状況に関する評価や情報提供など，図書館法・博物館法改正 教育振興基本計画が閣議決定	
2009（平21）	衆院選で民主党が第一党になり「政権交代」 政府の行政刷新会議による第1回「事業仕分け」実施 第2回ワールドベースボールクラシックで日本代表が連覇	授業時数の増加など，小・中学校で新学習指導要領を先行実施	ユネスコ第6回国際成人教育会議において，「行動のためのベレン・フレームワーク」採択
2010（平22）	社会保険庁廃止に伴い，日本年金機構発足 アラブの春	「公立高等学校に係る授業料の不徴収及び高等学校等就学支援金の支給に関する法律」公布（いわゆる「高校無償化」）	OCED，第4回国際学習到達度調査結果発表
2011（平23）	東日本大震災 サッカー女子ワールドカップで日本代表が優勝	スポーツ基本法公布 公運審委員の委嘱基準など，社会教育法改正 協議会委員の任命基準など，図書館法・博物館法改正	
2012（平24）	東京スカイツリー完工	子ども・子育て関連3法公布	
2013（平25）	2020年夏季オリンピックの開催地が東京に決定	第2期教育振興基本計画が閣議決定 中教審「今後の地方教育行政の在り方について」答申	OCED，第1回国際成人力調査（PIAAC）及び第5回国際学習到達度調査結果発表

（作成／鈴木眞理・松橋義樹）

索　引

ESD（持続可能な開発のための教育）43, 129, 209
EU　84
NPO　100, 165, 176, 209
OECD　15, 27, 83, 204
Off-JT　113
OJT　113
PISA　26
1919年レポート　12
21世紀における国民健康づくり運動（健康日本21）　145

あ

遊び　153
「新しい公共」　128, 222
アニマシオン　76
アンドラゴジー　104, 106
「生きる力」　27, 49
意図的学習　122
異年齢交流　112
居場所　155
イリイチ, I.　34, 83, 205
インフォーマルな教育　36
インフォームド・コンセント　183
梅棹忠夫　134, 167
エリクソン, E. H.　109
エンパワメント　83, 206
オタワ憲章　144

か

階級社会　77
カイヨワ, R.　153
科学技術リテラシー　126
学芸員　95
学社融合　28, 45
学社連携　28, 45

学習課題　125, 197
学習社会　14
学校開放　31
学校教育　23, 219
学校支援地域本部　32
家庭教育　47
　　──学級　52
　　──支援　51
家庭の教育力　49
過保護　50
カルチャーセンター　81, 92, 154
機械工講習所　77
企業メセナ　165
キー・コンピテンシー　27, 204
基礎教育　82
教育委員会　39, 68
教育基本法　10, 67
教育振興基本計画　67
行政委嘱委員　100
金銭教育　196
金融教育　196
グルントヴィ, N. F. S.　77
グローバル化　171
芸術文化活動　163
健康寿命　143
現代的課題　41, 42, 125
広域スポーツセンター　148
公共性　222
公民館　91
合理的な購買行動　192
高齢者　105, 106, 114, 218
国際成人力調査　27
国民統合　78
個人学習　96, 98
個人の要望　36, 67, 115, 222
子育てサークル　53

253

コーヒーハウス　75, 160
コミュニティサービス　202
コンセンサス会議　186

さ

サードプレイス（第3の場所）　156
参加型民主主義　206
ジェルピ，E.　16, 83
ジェロゴジー　104, 106
識字　128
事業者　191
自己教育力　26
自己決定性　106
自己責任　194
司書　95
持続可能な開発のための教育（ESD）　43, 129, 209
しつけ　47
指定管理者制度　100, 165
シティズンシップ　200
　——教育　200, 201
市民　41
市民参加　127
市民性教育　201
社会化　47
社会教育　35, 214
　——委員　100
　——関係団体　37
　——局　62
　——施設　36, 91, 93
　——主事　94
　——審議会　60
　——調査　214
　——法　35, 68
社会体育　147
社会の要請　36, 67, 115, 222
ジャントー　75
集会学習　96
宗教文化教育　175
宗教リテラシー　175
集合学習　96
集団学習　96
生涯学習　7, 8, 10, 213, 222
　——局　62
　——施設　91
　——社会　11, 63
　——審議会　63-65
　——振興法　63
　——政策局　66
　——体系　25, 61, 62
　——まちづくり　166
生涯教育　8, 60, 215
生涯スポーツ　146
生涯発達　110
消費者　191
　——基本法　193
　——教育　195
　——行政　192
情報活用能力　137
情報（通信）技術　133
情報社会　133
情報リテラシー　137
職業能力　79
　——開発　80, 113, 218
女性教育施設　93
ショトーカ運動　75
垂直的統合　13
水平的統合　13
スポーツ振興基本計画　147
スポーツ立国戦略　147
生活習慣病　143
青少年教育施設　93
成人教育推進国際委員会　11
総合型地域スポーツクラブ　100, 148

た

大学拡張　77
体験活動　66
他者理解　187
多文化共生　172
たまり場　157
ターミナル・ケア　175
男女共同参画　129
地域の教育力　56
知識社会　17, 133
知の循環型社会　67

チャージ／ディスチャージ　167
中央教育審議会　9, 61, 62, 66, 67
通学合宿　112
デューイ，J.　33, 202
当事者性　208
図書館　93
ドラッカー，P.　134
ドロール報告書　18

な

南北問題　82
人間関係能力　48
人間形成　47
ネットワーク型行政　43
ノンフォーマルな教育　36

は

ハヴィガースト，R. J.　108
博物館　93
発達課題　108
発達段階　109, 195
パートナーシップ　41
早寝早起き朝ごはん　56, 144
必要課題　124
開かれた学校づくり　32
ファシリテーター　98, 203
フォーマルな教育　29, 35
フォール報告書　13
不登校　155
フードファディズム　149
フランクリン，B.　75
フレイレ，P.　33, 82, 203
文化芸術振興基本法　164
文化庁　163
文化の時代　162
文化立国　163

ペダゴジー　104, 106
ベル，D.　134
ヘルスプロモーション　144
ホイジンガ，J.　154
放課後子ども教室　57, 155
冒険遊び場　153
奉仕活動　66
保護者　47
ボランタリズム　75
ボランティア　64, 101

ま

松下圭一　37, 226
マンスブリッジ，A.　87
ミレニアム開発目標　129
民衆教育　77
民衆大学　77, 78
無意図的学習　122
メディア・リテラシー　139
文部科学省　66, 68

や

ゆとり教育　28
ユネスコ　11, 83, 84, 215
要求課題　124

ら

ライシャム運動　75
ラングラン，P.　12, 124
リカレント教育　15, 64
臨時教育審議会　61, 216
労働者教育協会（WEA）　87

わ

ワークショップ　97, 203
ワーク・ライフ・バランス　113, 115

生涯学習の基礎 [新版]

2011年3月15日	第1版第1刷発行		
2015年1月30日	第1版第4刷発行	著者	鈴木　眞理
			永井　健夫
			梨本雄太郎

発行者　田中　千津子　　〒153-0064　東京都目黒区下目黒3-6-1
　　　　　　　　　　　　電話　03（3715）1501 ㈹
発行所　株式会社 学文社　　FAX　03（3715）2012
　　　　　　　　　　　　http://www.gakubunsha.com

©M. Suzuki/K. Nagai/Y. Nashimoto 2011　　　　印刷／新灯印刷

乱丁・落丁の場合は本社でお取替えします。
定価は売上カード，カバーに表示。

ISBN978-4-7620-2143-5

鈴木眞理・松岡廣路編著 **社会教育の基礎** A5判 270頁 定価 2415円	社会教育とは何か。歴史的背景，学校教育・行政との関係，国際事情などさまざまな視点から包括的に考察していく。主に初学者を対象とし，わかりやすく解説。社会教育入門編テキスト。 1583-0 C3037
鈴木眞理・山本珠美・熊谷愼之輔編著 **社会教育計画の基礎[新版]** A5判 256頁 定価 2415円	社会教育計画の策定に役立つように構成，また社会教育についての基礎的な理解が深められるよう配慮をした最良の概論テキストの新版。社会教育主事講習や研修などにも最適の1冊。 2272-2 C3037
鈴木眞理著 **ボランティア活動と集団** ──生涯学習・社会教育論的探求── A5判 320頁 定価 2625円	生涯学習・社会教育の領域においてボランティア活動・集団活動の支援はどのようになされているのか，その課題はどのようなものであるか等を，原理的なレベルから掘り起こし，総合的に検討する。 1282-2 C3037
鈴木眞理著 **学ばないこと・学ぶこと** ─とまれ・生涯学習のススメ─ 四六判 192頁 定価 1470円	「人が学んでいるとき，そこには学ばないという選択も含めて，その人の生き方が反映されている」。様々な「学び」が氾濫する現代社会において，生涯学習・社会教育・学ぶことの意味を根底から問い直す。 1618-9 C0037
北田耕也著 **自己という課題** ──成人の発達と学習・文化活動── A5判 240頁 定価 2415円	成人の学習活動と知的発達，芸術文化活動と感性の陶冶，学習・文化活動と行動様式の変革，の三部構成により，成人の発達と学習・文化活動はいかにかかわるかを検証。社会教育の原理論構築をめざす。 0836-8 C3037
松岡廣路著 **生涯学習論の探究** ─交流・解放・ネットワーク─ A5判 240頁 定価 2520円	フレイレの教育論のテーマである「解放」に根ざし，これまでの社会教育・生涯学習論のパラダイムの超克をめざして，インフォーマル・エデュケーションを中心にすえた新しい教育を探究する。 1617-2 C3037
津田英二著 **知的障害のある成人の学習支援論** ─成人学習論と障害学の出会い─ A5判 248頁 定価 2625円	社会教育に軸をおきながら，社会福祉論や障害学との接点となる「自己決定」をキーワードに知的障害のある成人の学習支援を考察し，サポートする学習支援論の道筋を示していく。 1619-6 C3037
(特活)開発教育協会内ESD開発教育カリキュラム研究会編 **開発教育で実践するESDカリキュラム** ─地域を掘り下げ，世界とつながる学びのデザイン─ A5判 224頁 定価 2520円	これまでの開発教育カリキュラムの課題について反省を加えながら，国連・持続可能な開発のための教育の10年におけるESD実践や2011年度からの新学習指導要領での開発教育実践を推進する手引書。 2102-2 C3037